SACALE PARTIDO A TU CEREBRO

NÉSTOR BRAIDOT
Con la colaboración especial de
PABLO BRAIDOT ANNECCHINI

SACALE PARTIDO A TU CEREBRO

Todo lo que necesitás saber para mejorar tu memoria, tomar mejores decisiones y aprovechar todo tu potencial

GRANICA

BUENOS AIRES - MÉXICO - SANTIAGO - MONTEVIDEO

© 2011 by Centro Libros PAPF
© 2012 by Ediciones Granica S.A.

© Centro Libros PAPF, S. L. U., 2011
Gestión 2000 es un sello editorial de Centro Libros PAPF, S. L. U.
Grupo Planeta - Av. Diagonal, 662-664 - 08034 Barcelona

Corrección de estilo, redacción y revisión final: Viviana Brunatto
Ilustraciones: © Santi Gámez, 2011

BUENOS AIRES	Ediciones Granica S.A. Lavalle 1634 - 3° G C1048AAN Buenos Aires, Argentina Tel.: +5411-4374-1456 Fax: +5411-4373-0669 E-mail: granica.ar@granicaeditor.com
MÉXICO	Ediciones Granica México S.A. de C.V. Valle de Bravo N° 21 Col. El Mirador 53050 Naucalpan de Juárez, México Tel.: +5255-5360-1010 Fax: +5255-5360-1100 E-mail: granica.mx@granicaeditor.com
SANTIAGO	Ediciones Granica de Chile S.A. Padre Alonso Ovalle 748 Santiago, Chile E-mail: granica.cl@granicaeditor.com
MONTEVIDEO	Ediciones Granica S.A. Salto 1212 11200 Montevideo, Uruguay Tel./Fax: +5982-410-4307 E-mail: granica.uy@granicaeditor.com

www.granica.com

Braidot, Néstor Pedro
   Sacale partido a tu cerebro : todo lo que necesitás
saber para mejorar tu memoria, tomar mejores
decisiones y aprovechar todo tu potencial . - 1a ed. -
Buenos Aires : Granica, 2012.
   288 p. ; 22x15 cm.

   ISBN 978-950-641-623-2

   1. Neurociencias. I. Título.
   CDD 616

Quiero dedicar este libro a personas muy especiales, personas que residen en diferentes partes del mundo y con quienes he vivido las más diversas experiencias.
A aquellos que me han enseñado con sus libros, con sus mails y con diálogos inolvidables. A aquellos que me han iluminado con sus conocimientos y me han incentivado para seguir investigando: Antonio Damasio, Edouard Punset, Daniel Cardinali, Héctor Allegri, Ramón Leiguarda, Eliana Roldán, Daniel Cerquetti, David Rock, Héctor Maturana, Mónica Deza, Francisco Rubia, Javier Piedrahita y tantos otros.
También quiero dedicar esta obra a aquellos con quienes he compartido largas charlas sobre estos temas y también sobre la vida. Una vida que, en definitiva, queda inscripta en las conexiones neuronales de nuestro cerebro: Miguel Ángel Diez (director de la revista *Mercado*) y Alberto Grimaldi (CEO de La Segunda Seguros Generales), a quienes además de su profesionalismo y sus consejos agradezco su amistad.
A José Santoro, un maestro lleno de experiencias, alguien que, más que en el aula, adquirió sabiduría en la vida, tanto en un lado como en el otro del Océano Atlántico. Gracias, José, por las enseñanzas que me transmitió con pocas palabras y grandes verdades.
A mi amigo Pablo Muñoz, catedrático de mi querida Universidad de Salamanca y a mis queridísimos Petri y Andrés, que tanto velan por el café y los churros en las frías mañanas salmantinas del "Café del Oviedo".

Índice

Prólogo

Hemos entrado de lleno en la "revolución de las neurociencias". Comenzamos una era en la que sus avances y aplicaciones se extienden a los más diversos campos de la actividad humana y, muy especialmente, a nuestra vida cotidiana.

En cualquier profesión, en cualquier actividad, incluso en el día a día se abre un abanico infinito de posibilidades de desarrollo de nuestras habilidades. Aunque venimos al mundo con una plataforma con características específicas, hoy sabemos mejor que nunca que en el desarrollo de la inteligencia no puede aplicarse el determinismo.

En lo que se refiere a las capacidades cerebrales, podemos decir que la única relación causa-consecuencia es la que parte de la voluntad de superación y culmina en un conjunto de resultados extraordinarios, porque la inteligencia no es algo fijo, algo que nos viene dado y no se puede cambiar. La inteligencia es maleable. Debido al maravilloso fenómeno de la plasticidad cerebral, todos podemos alcanzar altos grados de desarrollo siempre que exista la decisión de hacerlo.

Por eso subrayo con frecuencia que "la experiencia no es lo que nos ocurre", sino más bien "lo que hacemos con lo que nos ocurre". Y, precisamente, ése es uno de los principales objetivos de este libro: incentivar al lector para que aprenda a conocer cómo funciona su cerebro y cuáles son las herramientas que tiene a su alcance para desarrollar las habilidades que necesita.

Quiero destacar muy especialmente que al hablar de capacidades cerebrales no hablamos sólo de capacidades intelectuales, como velocidad de procesamiento de la información, memoria o inteligencia creativa. Significa también, y esto es muy importante, hablar de las emociones.

En este sentido, las últimas investigaciones no dejan lugar a dudas: las mejores decisiones que tomamos en la vida tienen una base emocional-metaconsciente (en contra de lo que se pensó durante muchos años), y las funciones ejecutivas del cerebro (que son las que necesitamos para razonar, planificar, elegir cursos de acción) no pueden operar a pleno sin un adecuado autoliderazgo emocional.

En función de lo expuesto, este libro está integrado por dos partes. En la primera parte podrá entender, de forma amena, sencilla e ilustrada con casos, ejemplos e investigaciones, cómo es y cómo funciona, hasta donde "hoy se sabe", el cerebro humano. De hecho, y aun cuando se avanza a pasos agigantados, todavía queda mucho camino por recorrer.

En la segunda parte encontrará un conjunto de herramientas y ejercicios prácticos para que comience a trabajar en pos de su propio desarrollo neurocognitivo (con un programa estructurado para un mes, día por día) y, para que implemente posterior o paralelamente (como prefiera), un conjunto de técnicas que, practicadas con constancia, lo ayudarán en la senda que deberá transitar para lograr su propio liderazgo emocional.

He intentado llevar al mínimo las descripciones anatómicas con la idea de que sean fáciles de asimilar e incorporar. No podemos soslayarlas porque, de hecho, no es posible hablar de memoria sin saber qué es y qué funciones tiene el hipocampo; tampoco podemos abordar el tema de las emociones sin informar qué es y de qué se ocupa la amígdala cerebral.

En todos los casos, los contenidos teóricos son abordados con constantes referencias a situaciones de la vida real que casi todos podemos observar a nuestro alrededor o en nosotros mismos y, en la parte práctica, los ejercicios indican con claridad qué función se está entrenando mientras se realizan.

Espero haber cumplido mi objetivo de ofrecerle un libro que si bien utiliza un lenguaje sencillo y comprensible, aborda temas muy avanzados e interesantes, como los relacionados con las diferencias de funcionamiento según el género (cerebro masculino y cerebro femenino) y, fundamentalmente, contagiarle mi entusiasmo para que incluya entre sus proyectos el que puede convertirse en uno de los más importantes de su vida dado el impresionante "retorno de la inversión": el trabajo sistemático para optimizar sus capacidades cerebrales.

Por último, quiero señalar que mi trabajo no termina aquí. En nuestra página web: www.braidot.com/sacalepartidoatucerebro podrá sintonizar la música adecuada para escuchar mientras se entrena y, además, seguir aprendiendo mediante la lectura de documentos, ensayos y material informativo adicional que iré incorporando a medida que avancen las investigaciones. También podrá dejarnos sus propios aportes, inquietudes y comentarios.

Lo espero.

NÉSTOR BRAIDOT

Primera parte
Conociendo nuestro cerebro

I
Por qué somos como somos.
La arquitectura cerebral

1. Por qué somos como somos. La arquitectura cerebral

Todo está inscrito en nuestro cerebro: la capacidad de sentir y pensar, de emocionarnos y razonar, de aprender y memorizar, de enamorarnos y olvidar. También está inscrita la predisposición para agredir o conciliar, para perdonar o guardar rencor, para ganar o perder, para estar alegre o deprimido, para alcanzar el éxito o fracasar.

Por eso, el cerebro es un órgano que debemos "entrenar" y cuidar más que cualquier otro, y éste es el objetivo principal de este libro, ya que, como bien explican los expertos a aquellos que imaginan escenarios en los que la ciencia hará que todo sea posible, "habrá trasplantes de corazón, de hígado, de pulmones, pero nunca habrá trasplantes de cerebro".

Esto se debe, en lo fundamental, a que la característica distintiva del cerebro es la **neuroplasticidad**, es decir, el fenómeno que hace que este órgano se vaya modificando a lo largo de la vida como respuesta a las condiciones medioambientales, al aprendizaje y a las experiencias que vamos incorporando y, sobre todo, a lo que "nosotros" hacemos con esas experiencias.

Y si bien el período de mayor plasticidad cerebral es el que se encuentra comprendido entre la gestación y los tres años, lo cierto es *que la morfología cerebral va cambiando durante toda la vida*, por eso:

- cada cerebro es único y completamente diferente de los demás;
- cuando las condiciones medioambientales son favorables, el cerebro es el producto de lo que cada persona hace, aprende, siente y experimenta a lo largo de su vida.

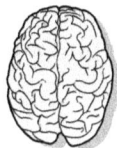

Por ejemplo, el cerebro de un piloto profesional tiene áreas diferentes que las de un actor o un matemático y, entre los pilotos, habrá quienes tengan determinadas capacidades más desarrolladas que otros.

Un caso interesante para ilustrar este concepto es el de Lewis Hamilton, quien obtuvo notables éxitos en un lapso muy corto, después de un entrenamiento cerebral enfocado especialmente en la memoria visual y en aumentar las sensaciones, los canales de comunicación entre los hemisferios cerebrales y la velocidad de procesamiento de información.

Como resultado de este trabajo, Hamilton puede utilizar más puntos de referencia (almacenados en su memoria visual, también entrenada) que le permiten percibir de forma anticipada y más rápidamente cualquier desviación o suceso en el camino deseado.[1] Ahora bien, ¿todos los pilotos pueden lograr lo que Hamilton logró si se lo proponen? En principio, podemos responder que todo ser humano puede alcanzar las metas que desea en cuanto al desarrollo de sus capacidades cerebrales si trabaja acertadamente y con constancia.

Sin embargo, y con independencia de la voluntad de superación de cada individuo, *hay un conjunto de factores que determinan el rendimiento neurocognitivo*, es decir, influyen tanto en el desarrollo del cerebro como en que una persona sea más capaz que otra para aprender, razonar, memorizar, crear y tomar decisiones acertadas (entre muchos otros aspectos).

Algunos de esos factores no pueden ser controlados por el individuo, como los genéticos y ambientales (durante la niñez), mientras que, como veremos a lo largo de este libro, otros son perfectamente monitorizables durante la vida adulta.

1.1. ¿Qué traemos en los genes?

Muchas veces nos preguntamos si es cierto aquello de que "de tal palo tal astilla", es decir, si Carlos es tan inteligente porque su madre, María, era una mujer brillante. La respuesta es que es cierto sólo en parte.

---

1. Véase el caso completo en Néstor Braidot, *Neuromanagement*, Ediciones Granica, Buenos Aires, 2008, capítulo 16.

Esto significaría que genéticamente una persona pudiera nacer con condiciones para desarrollar una inteligencia superior; sin embargo, este desarrollo dependerá tanto de factores que no puede controlar (como el medio ambiente en que se desarrollarán sus primeros años), como de aquellos que sí puede controlar, esto es, todo lo que haga en la vida para optimizar el funcionamiento de su cerebro.

> La mayoría de los seres humanos venimos a este mundo con una plataforma dotada de un enorme potencial. Lo que suceda posteriormente dependerá tanto del medio ambiente en que nos desarrollemos como de lo que nosotros mismos hagamos para potenciar nuestras capacidades cerebrales.

El modo verbal utilizado en el apartado anterior, "pudiera",[2] tiene sus fundamentos en el hecho de que no siempre los hijos de padres con inteligencia superior son, a su vez, muy inteligentes. Sin embargo, cuando las condiciones medioambientales son favorables, el componente genético influye en las capacidades cerebrales.

En este sentido, una de las investigaciones más conocidas e interesantes es la realizada con gemelos (con genes iguales) y mellizos (que sólo compartían la mitad de los genes) en la Universidad de California, Estados Unidos.[3]

Mediante resonancia magnética se estudió el cerebro de veinte gemelos y veinte mellizos del mismo sexo. Se llegó a la conclusión de que los genes tienen influencia en el desarrollo de determinadas partes del cerebro, en especial las vinculadas con las capacidades cognitivas.

Las regiones que los investigadores determinaron como "altamente heredables" son las áreas del lenguaje, que se conocen como áreas de Broca y de Wernicke, y la región frontal, que tiene un papel muy importante en la cognición.

2. El modo subjuntivo se utiliza cuando se desea connotar incertidumbre, subjetividad o posibilidad.

3. P. Thompson *et al.*, "Genetic influences on brain structure", *Nature Neuroscience*, Volumen 4, n.º 12 (diciembre de 2001).

Área de Broca

Áreas del lenguaje

Área de Wernicke

Los genes influyen en el desarrollo de las zonas relacionadas con las capacidades cognitivas.

Entre las que más se heredan se encuentran las del lenguaje.

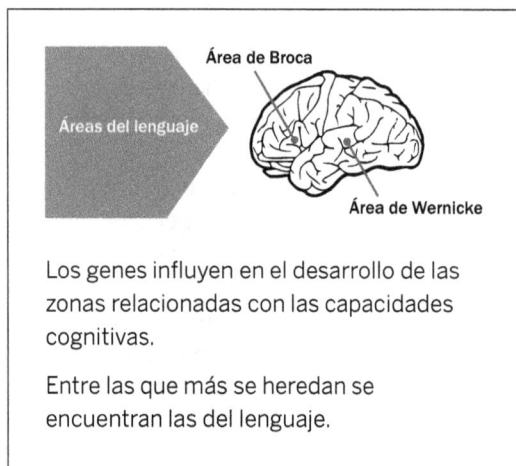

En los gemelos, las áreas del lenguaje mostraron entre un 95 y un 100 por ciento de correlación, lo cual indica que son prácticamente iguales.

Ahora bien, ¿es suficiente la herencia genética para que un individuo desarrolle lo que suele definirse como mente brillante? Todo indica que no, debido a que los genes (junto a las sustancias químicas) son solamente (y nada menos) "los primeros componentes que se necesitan para construir el cerebro, igual que la arena y el cemento en el caso de un edificio".[4]

Esto significa que el elemento genético debe considerarse información inicial, primaria, ya que nuestro desarrollo cerebral depende, como ya hemos dicho, de lo que nosotros mismos hagamos por él (siempre que nos toque nacer en un medio ambiente favorable, tanto en los aspectos afectivos como en los relacionados con una adecuada alimentación).

No obstante, y dado que más de la mitad de los casi 30.000 genes que componen nuestro genoma están representados en el cerebro, es posible suponer que ese componente de base es, por cierto, muy importante.

1.2. ¿De dónde venimos y hacia dónde vamos?
Del cerebro reptil al cerebro pensante

Uno de los grandes misterios sobre la evolución del hombre es el abismo que existe entre el cerebro del primer homínido (ligeramente mayor que el del mono) y el del último *erectus* (con una corteza casi del mismo tamaño que el humano moderno).

4. Susan Greenfield, *El poder del cerebro*, Editorial Crítica, Barcelona, 2007, p. 30.

Sin embargo, prácticamente ya no se discute que el hombre desciende de los primates (el ADN de los chimpancés difiere del humano en sólo un 1 por ciento) y que su cerebro es el resultado de sucesivas adaptaciones. La más importante, que implicó un aumento del 20 por ciento en la masa de la corteza cerebral, se produjo de forma vertiginosa, aún no se sabe por qué, hace unos doscientos cincuenta mil años.

> Durante la evolución, el cerebro creció desproporcionadamente con relación al crecimiento del cuerpo.
>
> Se cree que la solución que halló la naturaleza para permitir el nacimiento (dado que la pelvis femenina tampoco se modificó en proporción) consistió en plegar el cerebro sobre sí mismo, dentro del cráneo.

Para la ciencia moderna, estas adaptaciones han creado un cerebro compuesto por un mosaico de estructuras cognitivas surgidas a lo largo de los años como respuesta a los requerimientos del entorno.[5]

En opinión de Paul MacLean, autor de la conocida teoría del **cerebro triuno** (1990), estas adaptaciones dieron como resultado la superposición progresiva de tres niveles que funcionan de manera interconectada, cada uno de ellos con sus características específicas: el sistema reptiliano (instintivo), el sistema límbico (emocional) y el córtex (cerebro pensante).[6]

Para explicar su teoría, MacLean solía recurrir al siguiente ejemplo: "Es como si en nuestra cabeza convivieran un cocodrilo, un caballo y

---

5. Francisco Rubia, *El cerebro nos engaña*, Ediciones Temas de Hoy, Madrid, 2000, p. 49.
6. La teoría del cerebro triuno es aceptada y utilizada por gran parte de la comunidad científica actual como modelo de análisis a escala general.

un ser humano, y que entre los tres tomaran las decisiones (aunque no siempre de común acuerdo)."[7]

Sugirió, además, que estos tres cerebros actúan como si fueran tres biocomputadoras interconectadas, cada una de ellas con su propia subjetividad, su propio sentido del tiempo y el espacio, y su propia memoria (entre otras funciones).[8]

Veamos en qué consisten esos tres niveles.

El cerebro reptiliano

Es la parte más antigua del cerebro (se desarrolló hace aproximadamente quinientos millones de años). Está integrada por el **cerebelo**, responsable de la modulación del movimiento muscular y del equilibrio postural; **la médula espinal**, que gestiona importantes funciones del cuerpo, como el sistema cardiovascular y la respiración; y los **ganglios basales**, implicados en el control del movimiento y otras acciones rutinarias.

Esta zona desempeña un papel fundamental en la vida instintiva, es decir, no es la que utilizamos para razonar y hacer cálculos,

> ### El cerebro triuno
>
> El reptiliano es un cerebro funcional, territorial, responsable de conservar la vida y muy resistente al cambio. En esta zona se organizan y procesan muchas funciones que tienen que ver con el hacer, como el comportamiento rutinario y los hábitos.
>
>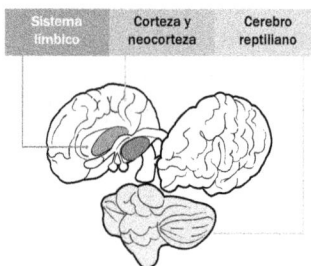
>
> Sistema límbico | Corteza y neocorteza | Cerebro reptiliano

sino para actuar ante circunstancias relacionadas con la supervivencia (como la seguridad y la alimentación) y la reproducción (conducta sexual), por eso se la suele definir como un conjunto de reguladores programados que preservan el equilibrio biológico, ya que mantienen

---

7. P. MacLean, *The triune brain in evolution: Role in paleocerebra functions*, Plenum Press, Nueva York, 1990.

8. P. MacLean, *The triune brain in evolution*.

despierto el instinto de conservación y controlan una gran cantidad de comportamientos y reacciones.

El sistema límbico[9]

El sistema límbico es una especie de cerebro que recubre la parte reptiliana y rige las funciones relacionadas con la autoconservación, la lucha y, fundamentalmente, los sentimientos.

Se ubica debajo de la corteza cerebral y comprende estructuras muy importantes, entre ellas, la amígdala, cuyo papel es fundamental en la vida afectiva.

Si bien hay algunas discusiones en cuanto a las estructuras que lo componen, la idea de que el sistema límbico regula la vida emocional es ampliamente aceptada y, más aún, se le atribuye la capacidad de traer el pasado hacia el presente (un aspecto clave en el aprendizaje y la memoria emocional).

El sistema límbico tiene su origen en investigaciones realizadas por el neurólogo francés Paul Broca, publicadas en 1878.

Broca observó que en la superficie medial del cerebro todos los mamíferos poseen un grupo de áreas subcorticales que se diferencian con claridad de la corteza circundante y denominó a estas áreas lóbulo límbico, porque forman un anillo o borde (en latín *limbus* significa "borde") alrededor del tronco cerebral.

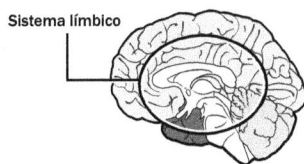

Sistema límbico

El córtex o cerebro pensante

Recubre las partes más primitivas y es la zona más nueva (tiene aproximadamente tres millones de años) e importante del cerebro, ya que a los sistemas que procesan y regulan nuestros instintos y emociones (reptiliano y límbico), les añade nada menos que las capacidades de pensar, razonar y planificar.

9. El estudio sobre el sistema límbico como sistema de las emociones tuvo su origen en las investigaciones del neurólogo francés Paul Broca en 1878, aunque su denominación fue introducida en 1952 por MacLean.

Las áreas más evolucionadas del córtex se conocen como "neocórtex" y aluden a la parte de la corteza cerebral más reciente, caracterizada por una serie de pliegues y repliegues en forma de surcos y cisuras que separan las circunvoluciones.

Si sacáramos la corteza del interior del cráneo y la extendiéramos, podríamos observar que alcanza una superficie de aproximadamente dos metros cuadrados.

Como vemos, en cada uno de nosotros existe un cerebro primitivo que contiene

Si comparamos el cerebro del hombre con el de un chimpancé veremos que, al nacer, ambos tienen un tamaño similar. Sin embargo, el cerebro del hombre se expandirá en forma extraordinaria: al llegar a la vida adulta, su corteza cerebral ocupará una superficie dos veces mayor que la del primate.

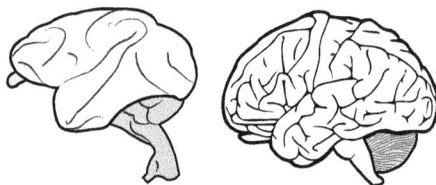

Simio   Homo sapiens

En el desarrollo del neocórtex se manifiesta todo lo que nos define como humanos: la elaboración del yo, la consciencia de nosotros mismos, de nuestras emociones y de nuestro entorno.

todos los programas de defensa que les fueron útiles a nuestros ancestros para huir del peligro o pelear, así como también las estructuras necesarias para llevar a cabo una vida rica en afectos, inteligente y socialmente adaptada en el siglo XXI.

Por ejemplo, ante la aparición repentina de un temporal cuando caminamos a la orilla del mar, es el cerebro reptiliano el que nos conduce a buscar rápidamente un lugar donde protegernos, mientras que el miedo generado por el viento huracanado tiene su origen en la activación de estructuras del sistema límbico. Lo que hagamos luego, una vez pasado el primer momento (caracterizado por reacciones veloces y automáticas), dependerá del córtex o cerebro pensante.

El desafío consiste en lograr un mayor desarrollo cerebral impulsado por el neocórtex, donde se aloja también nuestro sistema de creencias y valores, es decir, abocarnos a incrementar nuestra propia inteligencia y, paralelamente, mejorar nuestra calidad de vida.

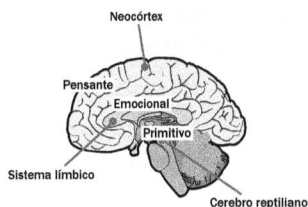

En la vida cotidiana, el predominio de uno u otro nivel cerebral suele variar según las personas. Por ejemplo, si un individuo basa gran parte de su vida en el razonamiento lógico, tenderá a mantener distancia de sus emociones, lo cual impedirá a su sistema límbico trabajar con libertad para desplegar todo su potencial. En cambio, si es excepcionalmente emotivo, sus impulsos pueden ocupar todo el espacio sin que pueda intervenir demasiado la función evaluadora y analítica del córtex.

Esto último también sucede (y lo vemos todos los días) con el cerebro reptiliano, que ha sido diseñado para responder a situaciones de supervivencia. Si bien protegió al ser humano primitivo, su prevalencia en los hombres y mujeres de hoy puede constituir un problema, no sólo para establecer relaciones satisfactorias con los demás, sino también para su desarrollo como personas.

Afortunadamente, en la época que nos ha tocado vivir todos podemos mejorar lo que está inscrito en la naturaleza de nuestro cerebro y continuar hacia un desarrollo superior.

De hecho, en 2005 se publicó una investigación de la Universidad de Chicago[10] en la que se revela que dos de los genes que determinan el tamaño del cerebro continuaron desarrollándose durante los últimos sesenta mil años, por lo tanto, la evolución de nuestra especie no se detuvo, como se creía, y se calcula que si sobrevivimos otro millón de años la estructura de nuestro cerebro será diferente a la que se conoce en el presente.

10. *Science*, 309 (2005), pp. 1717-1722. <http://www.compte.cat/esclerosi/cerebro.html>.

Como vemos, los nuevos conocimientos científicos y la revolución producida en la denominada "década del cerebro" revelan que, más que nunca, estamos "equipados" para realizar el trabajo que falta desde una dirección consciente, actuando como artífices de nuestra propia evolución. Sobre esos aspectos trabajaremos al llegar a la segunda parte de este libro, ya que, sin ninguna duda, "todos podemos hacerlo".

2. El cerebro como soporte físico de la mente

Hace unos cuantos años, cuando me encontraba en uno de mis viajes a la India, me llegó la noticia de que Mirtha, una colega a la que siempre aprecié muchísimo, había sufrido un accidente en la autopista que une la ciudad de Buenos Aires con Mar del Plata que le provocó un traumatismo de cráneo (su cerebro resultó afectado por un fuerte golpe en la zona frontal).

Cuando volví a verla, caminaba con mucha lentitud, con ayuda, y casi no podía mover un brazo. Sin embargo, lo que en realidad me impactó fue el hecho de encontrarme con una persona completamente distinta a la que yo había conocido y frecuentado.

Como había pasado casi un año desde la última vez que estuve con Mirtha, podría pensarse que la ausencia de su eterna sonrisa y su actitud más bien ausente podían deberse a las secuelas psicológicas del golpe. Más que nada, a la pérdida de autonomía debida a sus dificultades motrices.

Sin embargo, su hija me confirmó lo que yo suponía (en aquella época ya habían comenzado mis investigaciones sobre el funcionamiento del cerebro): los cambios en la personalidad de Mirtha, que de alegre, equilibrada y divertida, pasó a ser una persona irascible y malhumorada, se debían a las lesiones que había sufrido en los lóbulos frontales.

Este caso que, lo admito, me tocó muy de cerca, es uno de los que mejor me ayuda a explicar

> Las lesiones cerebrales afectan a la mente.
>
> La anatomía cerebral está estrechamente relacionada no sólo con el desempeño neurocognitivo, sino también con la personalidad y la conducta.

que no sólo las funciones cognitivas (como hablar, comprender o memorizar) dependen de un cerebro sano, sino que también los sentimientos y la personalidad necesitan de un adecuado soporte relacionado con la anatomía cerebral.

Es interesante señalar aquí que durante muchos años, incluso en la actualidad, hay quienes se adhieren al pensamiento cartesiano de que el alma es un ente espiritual que trasciende al cerebro, es decir, que determinados fenómenos son intangibles y pueden separarse del funcionamiento del cuerpo. Sin embargo, las neurociencias corroboran día a día que todo lo que pensamos y sentimos tiene algún tipo de base física en el cerebro y hay muchas evidencias en ese sentido.[11]

Por ejemplo, alguien que sufra un daño en los lóbulos frontales puede cambiar su personalidad y pasar de ser social a antisocial, de equilibrado a agresivo o de optimista a depresivo.

Si la lesión se produce en la parte anterior o lateral, puede perder, incluso, la noción de las consecuencias que su conducta provoca en quienes lo rodean. Veamos dos ejemplos más:

Cuando el daño afecta algunas partes del lóbulo parietal, el individuo puede volverse negligente y sufrir estados de confusión que le impidan realizar muchas de las actividades sencillas de la vida cotidiana, como ordenar su casa o hacer la compra. Si la zona dañada es el lóbulo temporal derecho también pueden producirse trastornos en la personalidad, entre ellos, pérdida del sentido del humor, obsesiones y desinterés por la sexualidad.

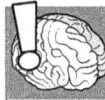

> **La mente es un producto del funcionamiento del cerebro.**
>
> Mente y cerebro no son comportamientos estancos, porque no sólo nuestra capacidad de pensar, hablar, memorizar y caminar dependen del cerebro. También los sentimientos, los juicios morales, la ética, incluso nuestras creencias religiosas, están inscritas en nuestras redes neuronales.

11. Susan Greenfield, *El poder del cerebro*.

Recientemente, una investigación realizada con resonancia magnética funcional por imágenes [fMRI] detectó que personas con daños cerebrales en la región orbitofrontal, prefrontal y en el circuito límbico mantenían intactas sus capacidades cognitivas-intelectivas; sin embargo, presentaban cambios de personalidad, se comportaban de manera impulsiva, agresiva y fría emocionalmente. Esta ausencia de registro emocional las llevaba a tomar decisiones erróneas con frecuencia (algunas terminaron financieramente en la ruina) y a alejarse de sus familiares y amigos.[12]

Como vemos, ya no hay dudas de que el cerebro es el soporte físico de la mente. Asimismo, y dado que trabaja en red y las actividades cognitivas y emocionales normalmente necesitan la participación de varias zonas, para lograr un buen rendimiento es necesario que funcionen a pleno aquellas estructuras que son imprescindibles para determinadas funciones.

Por ejemplo:

- Para interactuar en forma satisfactoria con los demás, es necesario que estén sanas varias estructuras que desempeñan un papel clave en estos procesos, entre ellas, las cortezas sensoriales superiores (percepción de los signos sociales), la amígdala (significado emocional de los estímulos) y la corteza prefrontal ventromedial (toma de decisiones y razonamiento social).

El cerebro es indisociable de la mente y del cuerpo, y ya no hay dudas de que existe una base neurobiológica en las emociones, los sentimientos y el comportamiento social.

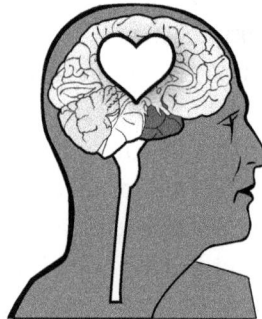

12. N. Naqvi, B. Shiv y A. Bechara, "The role of emotion in decision making: A cognitive neuroscience perspective", *Current Directions in Psychological Science*, 15 (2006), pp. 260-264. J. Antonakis, N. Ashkanasy y Marie T. Dasborough, "Does leadership need emotional intelligence?", *The Leadership Quarterly*, 20 (2009), pp. 247-261.

- Para registrar información en nuestra memoria y cartografiar el entorno, necesitamos que funcione correctamente una pequeña estructura, denominada hipocampo.
- Para grabar en nuestra memoria la carga afectiva asociada a nuestros recuerdos, como la alegría que sentimos el día que nos entregaron nuestro primer diploma, necesitamos de la amígdala.
- Para conocer el mundo a través de las imágenes necesitamos de la corteza visual primaria.
- Para vivir una experiencia mística necesitamos activar una red neuronal que se encuentra en todo el cerebro, así como también varias estructuras, entre ellas, el núcleo caudado (relacionado con el aprendizaje, la memoria y el enamoramiento) y la corteza media prefrontal izquierda (relacionada con los pensamientos y emociones positivos y el estado de calma).

  Una de las investigaciones que corrobora esta afirmación fue realizada con fMRI por científicos de la Universidad de Montreal, Canadá, quienes la plasmaron en la obra *The spiritual brain*.[13]
- Para aprender por imitación, comunicarnos y, fundamentalmente, para comprender las emociones de los demás necesitamos de las neuronas espejo, que se encuentran en el hemisferio izquierdo de nuestro cerebro, cerca de la región del habla, procesamiento del lenguaje y comprensión.

Éstos han sido sólo algunos ejemplos. A medida que avancemos en este libro, fundamentalmente en el capítulo II, comenzaremos a familiarizarnos con las estructuras que influyen y determinan el fascinante funcionamiento de la mente humana, es decir, iremos conociendo con mayor detalle cómo es el soporte físico que determina cómo pensamos, cómo sentimos, cómo nos movemos, cómo nos comunicamos, cómo interactuamos con los demás.

---

13. M. Beauregard y D. O'Leary, *The spiritual brain*, Harper Collins Publishers, Nueva York, 2007.

2.1. El pensamiento como creador de realidades y escultor de la arquitectura cerebral

La concepción de que los pensamientos influyen en el destino del hombre perteneció durante varios milenios al área de la espiritualidad. Por ejemplo, yo recuerdo al párroco de mi pueblo diciéndonos, cuando éramos pequeños, que alejáramos de nuestra mente los "malos" pensamientos.

Ahora bien, ¿qué son los pensamientos buenos y los pensamientos malos? Para algunas personas, esta calificación se relaciona con factores morales, ideológicos e incluso religiosos; de hecho, un mal pensamiento puede convertir a quien lo experimenta en un pecador.

En este libro daremos otro significado a esos términos: lo que nos interesa analizar son los pensamientos positivos (como buenos) y los negativos (como malos) y cómo ello afecta al presente y al futuro de nuestras vidas, sin subestimar la influencia del entorno (algo contra lo cual, sin duda, más de una vez tendremos que luchar).

> Los pensamientos dan forma al cerebro y se convierten en una parte intrínseca de nuestra identidad: quiénes somos y cómo percibimos el mundo.
>
> Por ello, deben orientarnos no sólo a conectar con programas positivos, sino también hacia el equilibrio en el funcionamiento de nuestros tres niveles cerebrales.

Por ejemplo, hace varios años, cuando había comenzado a interesarme por el estudio del cerebro y por los que, en aquel entonces, se denominaban "métodos de control mental", me llamó la atención el resultado de una sencilla encuesta que hicieron mis alumnos, según la cual el 75 por ciento de los pensamientos de los habitantes de la ciudad de Buenos Aires eran negativos.

Al exponer el trabajo, uno de los estudiantes razonó que la melancolía y el escepticismo se manifiestan con claridad en las letras de tango, y es suficiente tomar uno de los más conocidos internacionalmente, *Cambalache*, para ver los fundamentos de esta idea: "Que el mundo fue y será/ una porquería, ya lo sé. / En el quinientos seis / y en el dos mil también. / [...] Pero que el siglo veinte / es un despliegue / de

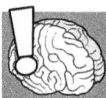

maldá insolente, / ya no hay quien lo niegue. / [...] ¡Todo es igual! / ¡Nada es mejor! / Lo mismo un burro / que un gran profesor."[14]

Si bien este tango fue escrito en 1934 (su autor es Enrique Santos Discépolo), durante un período histórico conocido como la Década Infame,[15] a la cual alude, lo cierto es que cualquier amante del tango que recorra sus letras podrá observar que, aun cuando el universo temático de este género es variado, abundan aspectos existenciales negativos: "Caminito cubierto de cardos, / la mano del tiempo tu huella borró; / yo a tu lado quisiera caer / y que el tiempo nos mate a los dos."[16]

> Las neurociencias demuestran día a día que no sólo el entorno modela el cerebro, también es posible lograr un cambio de una manera simple: enfocando la atención en un pensamiento determinado.

Los efectos de la negatividad ocasionados por el entorno que se evidenciaron en la mencionada encuesta tienen su mejor opuesto en la famosa alegría de la samba brasileña. Ambos pueden ser estudiados y analizados hoy a la luz de las neurociencias, ya que día a día se publican investigaciones que confirman que el pensamiento crea realidades, y que éstas pueden ser positivas y negativas.

En este sentido, el fenómeno conocido como *neuroplasticidad autodirigida* ha favorecido la aparición de nuevas herramientas cuya aplicación es sumamente interesante. Por ejemplo, el famoso golfista Jack Nicklaus decía que, minutos antes de golpear una pelota, se imaginaba varias veces la acción tal como esperaba que sucediera.

Walt Disney dijo un día: "Si lo puedes soñar, lo puedes lograr", y sus allegados cuentan que vivió siempre con el total convencimiento de que así era. Los resultados están a la vista.

Al analizar el éxito que han obtenido no sólo quienes crearon un imperio, como Disney, sino también grandes líderes y deportistas, es

---

14. Escritos en lunfardo, jerga originada y desarrollada en la ciudad de Buenos Aires.
15. La denominada "Década Infame" comenzó con un golpe de Estado en 1930 y abarcó aproximadamente trece años.
16. *Caminito*, de Gabino Coria Peñaloza.

Como el cerebro reacciona ante lo que pensamos "creyendo que es verdad", las imágenes mentales y los pensamientos actúan como escultores, no sólo de nuestra arquitectura cerebral, sino también de nuestras propias realidades.

Las herramientas para automonitorizar los "buenos pensamientos" y neutralizar los "malos" son sumamente eficaces, no sólo para lograr el éxito en aquello que nos propongamos, sino también para obtener una mejor calidad de vida.

posible detectar un factor en común: muchos han comentado, de forma anecdótica o explícita, que utilizaron la capacidad de generar mentalmente una imagen clara y definida del objetivo que deseaban alcanzar. Luego, sus acciones estuvieron guiadas por esa visión, lo cual confirma que la imaginación posee la extraordinaria capacidad de dar forma al cerebro y, como consecuencia, a la realidad. Esta capacidad tiene hoy una explicación científica que, en varios casos, fue avalada por estudios realizados con fMRI que muestran cómo la mente es capaz de afectar la realidad y cómo nuestros pensamientos pueden ser determinantes sobre las sensaciones y la conducta. Veamos algunos ejemplos:

- Si una persona se concentra y visualiza una postura o una acción determinada, su pensamiento puede condicionar la respuesta del cuerpo del mismo modo que lo haría la postura física si, en vez de imaginarla, la adoptara.[17] Muchos deportistas utilizan este método para mecanizar y automatizar determinadas acciones con el objetivo de mejorar su destreza.

Por ejemplo, Michael Jordan contaba que, milésimas de segundos antes de hacer un lanzamiento, visualizaba en su mente la pelota entrando en la cesta sin tocar el aro. (Este famoso basquet-

17. C. Davoli y R. Abrams, "Reaching out with the Imagination", *Psychological Science*, 20 (2009), pp. 293-295.

bolista es considerado el jugador con el mayor porcentaje de eficacia desde cualquier sector de la pista.)

- Los pensamientos relacionados con expectativas pueden influir en la sensación subjetiva de dolor: durante una investigación[18] se detectó que, cuando el participante de un experimento esperaba sentir dolor, la sensación de malestar aumentaba. Sucedía lo contrario cuando su expectativa disminuía.

> La activación de las regiones cerebrales implicadas en el registro del dolor ante experiencias mentales sugiere que si una persona imagina que sentirá dolor, su cuerpo "realmente" lo experimentará.

- El efecto placebo, que es el fenómeno por el cual las personas se sienten mejor después de tomar un medicamento creyendo que en verdad va a aliviar sus síntomas, cuando en realidad están ingiriendo una sustancia inocua, demuestra la capacidad del pensamiento para disminuir o eliminar el dolor.

Uno de los científicos que ha estudiado este tema es Brian Knutson, de la Universidad de Stanford, Estados Unidos. Durante una de sus investigaciones observó que un falso fármaco lograba que un grupo de personas aquejadas por un dolor más o menos duradero sintieran una súbita y notable reducción de éste debido a las expectativas que habían depositado en el medicamento.

> La primera batalla que debemos enfrentar en nuestra guerra contra el fracaso o la mala calidad de vida no se libra en las universidades, ni en las empresas ni en la calle, se libra en el terreno de nuestra mente.

Todo indica que el cerebro puede ser engañado a base de promesas que generen determinadas expectativas. Anatómicamente,

---

18. T. Koyama, J. McHaffie, P. Laurienti y R. Coghill, "The subjective experience of pain: Where expectations become reality", *PNAS*, 102 (2005), pp. 12950-12955.

Asociado con el centro del placer del cerebro, con el sistema de recompensa y apego. Al activarse, provoca sensación placentera.

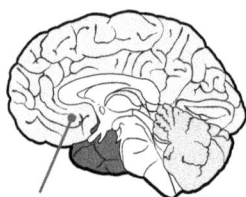

Núcleo accumbens

cuando una persona cree que se beneficiará de alguna manera, en este caso, con la supresión de un malestar físico, se activa el núcleo accumbens.

Este proceso conlleva la liberación en esta zona de una abundante cantidad de un neurotransmisor llamado dopamina, que en estos casos actúa como analgésico sobre el organismo.

Otro ejemplo interesante es el de las técnicas de meditación, que son sumamente eficaces para crear realidades utilizando el pensamiento. Esto también ha sido estudiado por la ciencia, y verificado en la realidad de ciertas prácticas.

En uno de mis viajes a Oriente pude ver budistas expertos que lograban controlar su fisiología al punto de no sentir frío con una temperatura ambiental inferior a cero grados.

En la Universidad de Wisconsin (Estados Unidos) se destaca el aporte realizado por Richard Davidson, quien concluye que la meditación tiene efectos biológicos y produce cambios en el cerebro asociados a emociones positivas.

Al realizar un experimento, las neuroimágenes revelaron que durante esta práctica se produce un incremento en la actividad del lóbulo frontal izquierdo (donde se procesan las emociones positivas) y, al mismo tiempo, una reducción de la activación del polo derecho (en la misma zona). Dado que las personas que utilizan más la parte izquierda necesitan menos tiempo para eliminar emociones negativas, queda claro que esta técnica proporciona notables beneficios.[19]

Como vemos, la capacidad de modificar físicamente el cerebro por medio de los pensamientos está comprobada, y quienes tienen una tendencia a generar pensamientos negativos, activando el córtex de-

19. A. Boto, "La meditación sana", Suplemento n.º 547, ‹www.elmundo.es›.

recho del cerebro, favorecen el surgimiento de estrés, o la desesperanza. Esto puede traer consigo depresión, ansiedad y otras enfermedades físicas derivadas de estos estados, como migrañas, úlceras, problemas cardíacos, entre otros.

En cambio, quienes logran automonitorizar sus pensamientos focalizándolos en los aspectos positivos de la vida están ejercitando su córtex izquierdo. En este sentido, el optimismo moderado conduce, en la práctica, a resultados más satisfactorios. Por lo tanto, el método consiste en trabajar de manera sistemática para debilitar los "músculos" de los pensamientos negativos y ejercitar los otros.

3. El medio ambiente como factor clave en el desarrollo y potenciación de habilidades cerebrales

Cuando nacemos, el cableado neuronal se encuentra en desarrollo. El cerebro comienza a formarse alrededor del decimoctavo día de gestación. A partir de allí, evoluciona hasta alcanzar su estructura definitiva, lo cual ocurre más o menos a los veinte años.

El punto crítico parece estar hacia los sesenta y cinco años, cuando pierde alrededor del 10 por ciento de su peso y recibe cinco veces menos irrigación sanguínea.

Esto no significa que exista un deterioro funcional a esa edad, ya que un cerebro que se mantenga ocupado cuenta con mayor número de neuronas y una mejor conexión entre ellas.

Lo relevante es que los factores ambientales tienen un efecto determinante tanto en el desarrollo del cerebro —fundamentalmente desde la gestación y durante los

Si trabajamos en pos del desarrollo de nuestras capacidades cerebrales, las conexiones neuronales se incrementarán.

Esto sólo puede producirse en un medio ambiente caracterizado por la motivación, el aprendizaje continuo y la incorporación de nuevas experiencias.

primeros años de vida— como en la potenciación de sus capacidades durante la edad adulta.

Afortunadamente, los nuevos avances en el estudio de la mente confirman el fenómeno de la neuroplasticidad en todas las edades, por lo cual los ancianos cuya vida transcurra en un medio ambiente agradable y estimulante también podrán modificar la forma física de su cerebro y mejorar su funcionamiento mediante nuevas experiencias y aprendizajes.

Ahora volvamos atrás en el tiempo e imaginemos lo que sucede apenas llegamos a este mundo. Se calcula que nacemos con más de cien mil millones de neuronas y que cada una de ellas puede producir una gran cantidad de sinapsis, que son las conexiones que se establecen entre estas células y van configurando el cableado de nuestro cerebro.

Dado que la mayor parte de las sinapsis se crean durante los tres primeros años de vida y se mantienen relativamente estables hasta los diez, el papel del medio ambiente en este período es crucial. Sin duda, cuando un niño está bien alimentado y es estimulado genera una mayor cantidad de contactos sinápticos y va configurando redes neuronales más ricas y complejas, lo cual aumenta el potencial de desarrollo de sus capacidades neurocognitivas.

Durante la edad adulta, el cerebro continúa siendo vulnerable a los factores ambientales, tanto de forma positiva como negativa. Esto significa que la mente se puede ir perfeccionando o deteriorando según los estímulos que reciba.

> El cerebro sufre una evolución en estrecha interacción con el entorno, incluido, y muy especialmente, el entorno que el propio hombre crea.
>
> FRANCISCO RUBIA,
> El cerebro nos engaña.

Por ejemplo, la capacidad del hombre para lanzar una nave al espacio no es un don natural, sino el resultado de un trabajo caracterizado por la interacción de sus estructuras cognitivas y emocionales con el tipo de actividades que desarrolla a medida que crea y resuelve los problemas que van surgiendo en el medio ambiente en el que se desenvuelve.

Cuanto más desafiante es ese medio ambiente, mayores son las áreas cerebrales que se activan y se entrenan. ¿Recuerdan la célebre frase "Houston, tenemos un problema"? Es de la famosa película *Apolo 13* (basada en un hecho real), en la que un equipo trabajó contrarreloj y, sobre todo, con autocontrol emocional, para regresar a tierra desde el espacio una nave averiada.

Lo interesante, para el tema que estamos analizando, no es qué hizo la gente de Houston y la que se encontraba en la nave para resolver el problema, sino lo que se puede lograr cuando el cerebro se encuentra entrenado y se ponen a prueba sus capacidades, tanto intelectuales como emocionales, y para ello no hace falta trabajar en la NASA.

Lo único que se necesita es la decisión de recurrir a las técnicas de entrenamiento que se han desarrollado como resultado del avance de las neurociencias y comenzar un trabajo sistemático (y constante) para optimizar el funcionamiento cerebral.

Como veremos a medida que avancemos en este libro, un entorno favorable para el desarrollo del cerebro incluye, además de los desafíos que presentan las actividades que rompen con la monotonía, una alimentación adecuada, un plan de ejercicios físicos bien diseñado y una vida rica en materia de intereses, afectos y placeres.[20]

No es casual que en nuestro libro *Neuromanagement*[21] hayamos puesto a Leonardo da Vinci como un gran ejemplo: si bien los seres humanos nacemos con determinado potencial, el cerebro es flexible, puede modificarse durante casi toda la vida (siempre que exista esa decisión) y tiene capacidad para realizar un número infinito de conexiones sinápticas.

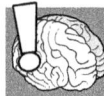

> El óptimo funcionamiento del cerebro depende del desarrollo de una adecuada red neuronal.
>
> Los estímulos que el cerebro recibe del medio ambiente, tanto en los primeros años (que son decisivos) como en la vida adulta (neuroplasticidad autodirigida), son determinantes en estos procesos.

20. Véase "Programa de entrenamiento cerebral" en <www.braidot.com>.
21. Néstor Braidot, *Neuromanagement*.

De esto se desprende con claridad que cada persona, una vez adulta, puede decidir cómo modelar y esculpir su cerebro, lo cual la convierte en artífice y creadora del medio ambiente que favorecerá la potenciación de sus capacidades cerebrales.

Sin ninguna duda, el interés por experimentar, la voluntad de asumir nuevos desafíos, las ganas de cambiar, de aprender, jugar y divertirse constituyen un caldo de cultivo interesantísimo para lograr ese objetivo.

4. La influencia emocional en el desarrollo y desempeño de las capacidades cerebrales

En el momento en que escribo este apartado viene a mi mente el anuncio "Biblioteca" de galletitas Oreo,[22] centrado en uno de los estados más maravillosos de la vida, que es la felicidad.

Comienza con la imagen de un niño que selecciona un conjunto de libros de su biblioteca, entre ellos, *El camino a la dicha, Nacimos para ser felices, Los siete pilares de la felicidad, ¿Puedo ser feliz?*, y luego se sienta con su hermano para disfrutar de una merienda en la que la imagen muestra claramente la marca y el concepto con el que se la relaciona: "La felicidad a los ocho años" (frase con la que cierra). Me encantó.

Sin ninguna duda, la felicidad, junto con una alimentación adecuada, constituyen insumos imprescindibles para el desarrollo de un cerebro sano durante la infancia. Puede decirse, sin riesgo de equivocarnos, que el impacto emocional es determinante desde antes de nacer, porque no sólo el desarrollo del cerebro en sí, sino también la construcción de las redes neuronales están sumamente influenciados por las características de la vida afectiva.

Esto está demostrado por las investigaciones realizadas en orfanatos, que lamentablemente revelan que los pequeños que han sido abandonados tienen dificultades no sólo en sus capacidades cognitivas, sino también en las motrices y sociales. Estas dificultades también se observan cuando hay experiencias negativas en la adolescencia, ya que éstas pueden alterar el desarrollo neurocognitivo.

22. <http://www.megagencia.com.ar/index.php/draftfcb-junto-a-oreo-en-un-nuevo-comercial>.

En el caso de la infancia, el desarrollo de las neuronas implica la activación de genes así como también la formación sináptica (desarrollo del cableado del cerebro). Dado que algunas zonas son más plásticas que otras, se han encontrado numerosos ejemplos sobre cómo la experiencia emocional en este período afecta la formación de algunas estructuras.

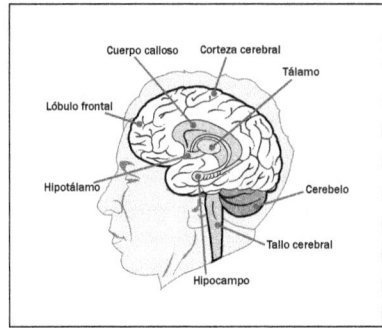

Por ejemplo, los niños sometidos a maltrato u otros traumas pueden desarrollar un hipocampo más pequeño.

Como esta estructura tiene un papel importantísimo en la formación de los recuerdos, esto puede afectar el desempeño de su memoria futura.[23]

Si bien éste es sólo un ejemplo, queda claro que la experiencia afectiva durante los primeros años puede condicionar no sólo la salud física y mental de una persona, sino también el desarrollo de las capacidades necesarias para aprender y desenvolverse.

Ahora bien, ¿qué ocurre durante la vida adulta? Es posible que lo que voy a decir sorprenda al lector, ya que la mayoría de nosotros vivimos en sociedades que privilegian la racionalidad; sin embargo ha sido comprobado por numerosas investigaciones que la capacidad de sentir aumenta la eficacia del razonamiento, mientras que su ausencia la reduce. Esto significa que las emociones tienen una influencia importantísima en nuestra conducta, pero también, y fundamentalmente, en el desempeño de las funciones ejecutivas del cerebro.[24]

Esta vinculación de las emociones con los procesos cognitivos tiene un aspecto negativo que es imprescindible conocer para aprender a evitar situaciones de desequilibrio. Imagine, por ejemplo, que alguno de los astronautas que se encontraba en el Apolo 13 hubiera entrado

---

23. J. Mustard, "Desarrollo del cerebro basado en la experiencia temprana y su efecto en la salud, el aprendizaje y la conducta", basado en investigaciones realizadas por el Instituto Canadiense para la Investigación Avanzada (CIAR).

24. Véase el capítulo 6, en el que se aborda este tema en profundidad.

en pánico. En este caso, la sobreactivación de las estructuras emocionales del cerebro le habría impedido razonar.

Justamente, el mayor desafío para aquella tripulación y el equipo que trabajaba para devolverlos a la Tierra era resolver los innumerables problemas generados por una explosión en los tanques de oxígeno.

Uno de ellos fue encontrar el modo de adaptar los recipientes de dióxido de litio (que se utilizan para eliminar el dióxido de carbono de la cabina) para poder respirar.

Como en la parte principal de la nave estos recipientes eran cuadrados y en el módulo lunar (donde tuvieron que instalarse después de la explosión) eran redondos, había que adaptarlos con los pocos recursos disponibles (bolsas de plástico y cinta aislante, entre otros), siguiendo las instrucciones dictadas por el personal en tierra y contrarreloj. ¿Qué ocurriría en la mente de los astronautas durante las horas críticas en las que llevaban a cabo estas actividades?

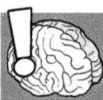

> Las funciones ejecutivas del cerebro involucran procesos asociativos que tienden a la resolución de problemas de diferente complejidad.
>
> Están relacionadas con las habilidades para analizar, resolver, decidir y planificar.
>
> Son capacidades esenciales para llevar a cabo nuestras actividades en forma eficiente, creativa y adaptada socialmente.

Al releer las narraciones de los protagonistas de estos sucesos, acaecidos en abril de 1970, me doy cuenta de que hubo momentos en los que la misión parecía imposible.

Sin embargo, los resultados evidencian que lograron un pleno desempeño de las funciones ejecutivas del cerebro, de lo contrario no hubieran podido solucionar todos los problemas de su accidentado viaje, aun cuando se sabe que la NASA realizó una de las convocatorias de especialistas más importantes que se conocen para diseñar las soluciones que ellos tuvieron que implementar.

Es posible que el lector piense que he puesto como ejemplo un caso extremo, y así es. Sin embargo, en circunstancias en que no está en riesgo la vida, es suficiente con mirar alrededor: en el trabajo, en el mundo del deporte, en los debates televisivos, en las reuniones de vecinos, para hallar evidencias de que las emociones gobiernan la conducta, se adueñan de las situaciones y bloquean el desempeño de las funciones ejecutivas.

Un estudiante brillante puede trastabillar en un examen si se pone nervioso, un ingeniero tendrá que revisar más de una vez sus cálculos si está deprimido, un ejecutivo puede fracasar y desmotivar a un equipo de trabajo completo si se deja llevar por la ira cuando las cosas no salen como él quiere.

Afortunadamente, tal como veremos en el capítulo 6, hoy es posible transformar los circuitos cerebrales responsables del desequilibrio emocional para mejorar no sólo nuestro desempeño, sino también nuestra calidad de vida, debido a que el entrenamiento mental aumenta el flujo sanguíneo en las regiones que deseamos activar.

Esto significa que la sangre no sólo sirve como sustento y nutrición para las diferentes áreas cerebrales, sino que también interviene en la forma en que las neuronas procesan y transmiten la información. Cuando fluye más sangre en una región cerebral es porque aumenta la actividad de dicha región. Si esto se sostiene en el tiempo, se forman nuevas conexiones neurales logrando una modificación a largo plazo que facilita el tipo de procesamiento de información que ha sido entrenado.

De este modo es posible construir y potenciar, entre otros, los neurocircuitos de la empatía, la paciencia, la serenidad y el bienestar, ya que estas capacidades

Todos podemos evitar que un inadecuado manejo emocional conspire contra el rendimiento cognitivo.

Trabajando con la coherencia que requiere cada modo de procesamiento cerebral, es posible combinar determinadas acciones para provocar un cambio en el procesamiento afectivo.

Ello requiere la voluntad para focalizarse y concentrarse en el trabajo a realizar; luego el cerebro se encargará de solidificar los resultados.

tienen un correlato anatómico que hoy se conoce (recordemos que gran parte del comportamiento emotivo se origina en el cerebro reptiliano, que se remonta a más de doscientos millones de años de evolución, y en el cerebro límbico, emocional).

También está comprobado que los lóbulos frontales intervienen de manera activa en la asimilación de las emociones: moderan las reacciones viscerales y participan en la elaboración de los planes que determinan el comportamiento cuando está dirigido por sentimientos.

Como vemos, los avances producidos durante y después de la década de los noventa, denominada "la década del cerebro", tienen un potencial impresionante para ayudarnos a atravesar los momentos intensos y desafiantes de la vida, así como también los cotidianos, sin que las emociones alteren de manera negativa nuestra capacidad de pensar y comportarnos.

> Las neurociencias han avanzado lo suficiente como para alertarnos sobre la necesidad de incorporar nuevas técnicas para mejorar nuestras habilidades y, a su vez, nuestra vida afectiva y social.

Ése es el objetivo de gran parte de los ejercicios que el lector podrá hallar al final, después del capítulo 6 (en el que analizamos el tema). Si se realizan con constancia, se podráscomprobar que en verdad todos podemos esculpir y reesculpir nuestro cerebro a lo largo de toda la vida al automonitorizar tanto los aspectos cognitivos como los emocionales para desarrollar nuestro riquísimo potencial.

Comencemos, entonces, por conocer qué es y cómo funciona este órgano tan impresionante que es el cerebro y, a su vez, familiarizarnos con el lenguaje que necesitamos para permanecer receptivos a los nuevos avances que, día a día, comienzan a estar al alcance de todos, ya que "la ciencia ya no es territorio exclusivo de los científicos: se ha convertido en una parte constitutiva de la vida y la cultura modernas".[25]

25. Frase textual de Eric Richard Kandel. Premio Nobel de Medicina en el año 2000, compartido con Arvid Carlsson y Paul Greengard.

2
Entrenando nuestro cerebro

1. ¿Qué es el cerebro y cómo funciona?

El cerebro es una de las estructuras más complejas y extraordinarias que existen en la naturaleza y, sin duda, el órgano más interesante del cuerpo humano, no sólo porque se modifica segundo a segundo debido al fenómeno de la neuroplasticidad, sino también porque se ocupa de todo lo que somos, lo que sentimos y lo que hacemos.

Si pudiéramos extraerlo y observarlo, veríamos una masa gelatinosa de tejido gris rosáceo, compuesta por millones de células nerviosas que se conectan formando redes que controlan todas las funciones de la mente.

Dado que ninguna parte del cerebro puede existir sin las otras, hablamos de "sistema cerebral". En este sentido, todas las partes del cerebro son interdependientes e interactivas; puede ocurrir que una de ellas cumpla las funciones de otra o simplemente que no funcione debido a algún tipo de problema orgánico.

¿Cuántos elementos contiene todo este sistema? La verdad es que los números del cerebro son fascinantes: se calcula que un adulto tiene aproximadamente cien mil millones de neuronas y un billón de células gliales. Como cada neurona establece una gran cantidad de conexiones con otras, hay quienes arriesgan cifras sorprendentes: la red neuronal debería tener ¡billones de conexiones! ¿Cuántas? Nadie lo sabe con exactitud.

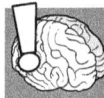

El cerebro es el órgano que nos permite interactuar con el mundo que nos rodea.

A través de los sentidos como la vista, el tacto, el olfato, el gusto y el oído capta, procesa e interpreta la información que nos llega del medio ambiente, generando respuestas que se traducen en pensamientos, sentimientos, decisiones, acciones.

La complejidad del cerebro es difícilmente abarcable por nuestra imaginación; sin embargo, la ciencia comenzó a avanzar a pasos agigantados para estudiar las partes y sus interrelaciones con el fin de explicar qué subyace tanto en nuestras habilidades como en nuestros sentimientos y nuestra forma de comportarnos.

Por ello, se dice con acierto que el siglo xxi es "el siglo del cerebro", ya que día a día se encuentran respuestas a preguntas que nos han desvelado desde que el mundo es mundo, por ejemplo, qué pasa en el cerebro cuando experimentamos placer, qué áreas se activan cuando algo nos desagrada profundamente, qué zonas están vinculadas a los mecanismos de memoria, incluso dónde residen nuestras creencias religiosas y la fe.

Como vemos, sin el cerebro no podríamos comunicarnos, relacionarnos, sentir y actuar, ya que todo lo que somos y hacemos reside en la actividad de diferentes grupos de neuronas, y aun cuando escuchemos decir de alguien considerado inteligente que "tiene cerebro", lo cierto es que este órgano no solamente se relaciona con nuestras capacidades intelectuales.[26]

> El cerebro es el campo del "yo" del cuerpo. Gracias a que existe un cerebro que experimenta todo lo que sucede en el cuerpo, a través de él, con su dosis de sufrimiento y de placer, el hombre puede decir "yo".
>
> JEAN-DIDIER VINCENT

Si bien desempeña todas las funciones que son elementales para que podamos aprender, razonar y memorizar, el cerebro también alberga los más nobles sentimientos y las más bajas pasiones.

Como soporte físico de la mente, cuenta con partes diferenciadas, y tanto nuestras emociones como cada una de nuestras capacidades, como percibir aromas, identificar las formas, conducir un coche, dibujar un plano, jugar al tenis, establecer un diálogo o tocar la guitarra, en definitiva, todo lo que determina aquello que constituye nuestra identidad[27] tiene que ver con procesos cerebrales.

---

26. Véase Néstor Braidot, *Neuromanagement,* capítulos 8 y 9.
27. Jean-Didier Vincent, *Voyage extraordinaire au centre du cerveau,* Odile Jacob, París, 2007.

Curiosidades y números sobre el cerebro

- El cerebro pesa aproximadamente 1.450 gramos en el hombre, un poco menos en la mujer. Es, en proporción, el más grande del reino animal y, a su vez, el más complejo.
- La consistencia del cerebro es similar a la de la gelatina, ya que contiene aproximadamente un 80 por ciento de agua. En un cerebro de un adulto normal, las cavidades llenas de líquido equivalen a una copa de vino.
- La temperatura del cerebro oscila normalmente entre 36,5 y 38 °C. Su "termostato" se ubica en el hipotálamo.
- Un mensaje enviado por el cerebro a alguna parte del cuerpo, por ejemplo, hacia una mano, puede tardar mucho menos de una décima de segundo (se calcula que la velocidad de un impulso nervioso puede llegar a unos 400 kilómetros por hora).
- Durante el desarrollo embrionario llegan a formarse hasta 250.000 neuronas por minuto.
- El cerebro consume energía, unas 300 calorías por día, lo que equivale a dos potes de yogur entero o 100 gramos de jamón español.
- Si midiéramos de forma lineal los vasos sanguíneos que se encuentran en el cerebro, llegaríamos a unos 160.000 kilómetros (la distancia media entre la Tierra y la Luna es de 384.400 kilómetros).
- Sin cerebro, no podríamos sentir dolor, sin embargo, el cerebro no siente dolor. Cuando nos ataca una migraña, el dolor procede de los vasos capilares, nervios y músculos afectados, no del cerebro en sí.

Sin embargo (subrayamos una vez más), la actividad del cerebro no puede analizarse de forma fragmentada. Aun cuando hay zonas que son clave para determinados procesos cognitivos, sensitivos y motrices, no podemos hablar de un sector en el que resida una habilidad en particular.

Por ejemplo, se han identificado estructuras que son fundamentales para la formación de determinado tipo de recuerdos, como el hipocampo y la amígdala, pero no puede afirmarse que los procesos relacionados con la memoria emerjan o dependan exclusivamente de una o más zonas determinadas porque los mecanismos cerebrales no funcionan de forma aislada.

Si el lector tuviera la oportunidad de observar en un monitor qué ocurre en el cerebro de una persona mientras degusta un alimento, comprobaría que no se enciende una zona determinada, sino varias,

> El desarrollo de técnicas que permiten obtener neuroimágenes es crucial para investigar cómo funciona el cerebro, ya que permiten visualizar qué zonas se activan ante determinados estímulos, por ejemplo, mientras leemos, hablamos, observamos determinadas imágenes o degustamos un alimento.

es decir, aparecería la imagen de una especie de constelación formada por puntos de diferentes regiones que se han ido activando durante el proceso.

Este tipo de investigaciones, que con ayuda del desarrollo tecnológico se profundizan cada día, confluyen en un objetivo que va más allá de las particularidades del tema que se indaga: todas contribuyen a desvelar cómo funciona el cerebro. Para introducirnos en el tema, describiremos de forma sencilla los tres grandes tipos de funciones cerebrales que distingue la neurociencia.

Estas funciones son las que nos permiten, por ejemplo, reconocer a una persona por su rostro, su voz o el sonido de sus pasos, caminar o correr, distinguir el sabor de los alimentos y su textura, sentir la temperatura del agua cuando nos sumergimos en el mar y ver miles de colores y formas. Por eso siempre decimos que no vemos con los

Funciones del cerebro

Sensitivas	Motoras	Integradoras
Recibe estímulos de los órganos sensoriales, los procesa y los integra para formar nuestras percepciones.	Emite impulsos que controlan los movimientos voluntarios e involuntarios.	Genera actividades mentales como el aprendizaje, la memoria y el lenguaje.

ojos, sino con el cerebro, y, más aún, lo que vemos depende de lo que culturalmente estamos condicionados para ver. Lo mismo ocurre con los otros sentidos.

Sin duda, estamos abordando un tema en verdad apasionante, porque todos nuestros procesos cotidianos requieren que millones de células nerviosas envíen mensajes a lo largo de vías que se entrecruzan y, a su vez, que retroalimenten determinados neurocircuitos, ¡sin que nos demos cuenta de lo que está ocurriendo en nuestro interior!

Por ejemplo, cuando paseamos en bicicleta no sabemos, ni siquiera registramos, que una pequeña estructura, el **cerebelo**, está trabajando para que podamos mantener el equilibrio.

Del mismo modo, si queremos leer un libro, observar un paisaje, pintar un cuadro o realizar cual-

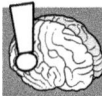

Una pequeña estructura, el cerebelo, es fundamental en el equilibrio y control de las actividades musculares rápidas, como las que utilizan los extraordinarios artistas del Cirque du Soleil, o para tocar el piano con agilidad, como lo hacía maravillosamente Mozart.

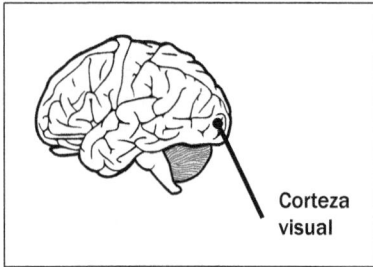

Corteza visual

quier tarea que requiera de la visión, es imprescindible que esté intacta nuestra corteza visual.

Esto no quiere decir que el sentido de la vista dependa únicamente de esta zona, ya que hay otras, en este caso los ojos, que son imprescindibles para que podamos ver. Quiere decir que, para la mayoría de las actividades que hacemos todos los días, el cerebro realiza un trabajo "en equipo", utilizando células y estructuras a las que les asigna una función determinada.

2. Las células cerebrales: un universo apasionante y heterogéneo

Al hablar de células cerebrales normalmente pensamos en las neuronas; sin embargo, hay otro tipo de células que no son tan famosas pero son muy abundantes y desempeñan un papel importantísimo en el correcto funcionamiento del sistema nervioso: la glía o neuroglía. Además, y a diferencia de lo que sucede en otros órganos (en los que las principales células tienen estructuras y funciones similares), en el cerebro las cosas se ponen más difíciles para los investigadores debido a la enorme diversidad.

Por ejemplo, en la glía podemos encontrarnos con astrocitos, oligodentrocitos, microglía, células de Schwann, etc., y una neurona puede ser completamente distinta de su vecina, tanto en la forma como en las funciones que desempeña.

Por eso, los estudiantes suelen enloquecer para recordar los nombres, ya que muchos de ellos son los apellidos de sus descubridores, como las neuronas de Betz, de Meynert, etc. Desde el punto de vista funcional, recordarlas es más sencillo, ya que se clasifican en tres categorías: sensitivas, motoras e interneuronas (las interneuronas son las más abundantes y su función es conectar una neurona con otra), y lo mismo ocurre con la morfología.

Por suerte, hay zonas del cerebro en las que las neuronas se reúnen en racimos de un tipo u otro, con lo cual es más sencillo estudiarlas.

> *Si el cerebro fuera una galleta con trocitos de chocolate, y las neuronas fueran dichos trocitos, la glía sería la masa de la galleta que rellenaría todos los espacios y aseguraría que los trocitos de chocolate estén suspendidos en sus localizaciones apropiadas.*
>
> Bear M. *et al. Neurociencia, explorando el cerebro*

En realidad, lo que facilita el trabajo de los neurobiólogos que utilizan neuroimágenes es que cuando una neurona se activa, normalmente sus vecinas permanecen quietas, lo cual permite estudiar la actividad cerebral en determinadas zonas para comprender fenómenos como la percepción sensorial, el aprendizaje y la fijación de los recuerdos. Veamos cómo son ambos tipos de células.

2.1. La consistencia del pastel: comencemos por la glía

Las células de la glía —que algunos consideran el gigante dormido de la neurociencia debido a las sorpresas que están generando los descubrimientos sobre ellas— desempeñan funciones de nutrición y soporte de las neuronas y son esenciales para la formación de las redes neuronales, ya que intervienen en el procesamiento cerebral de la información.

También desempeñan otros papeles muy importantes para la salud y el funcionamiento del sistema nervioso, como defender a las neuronas de agentes patógenos que puedan afectarlas (cuando hay una lesión, se multiplican y participan activamente), protegerlas (mediante la vaina de mielina que recubre los axones) y remover residuos, como los derivados de la actividad neuronal (por eso se dice que actúan como el basurero del cerebro).[28]

Las principales células de la glía, los **astrocitos**, se van entretejiendo alrededor de las neuronas formando de este modo una barrera que se denomina *hematoencefálica*.

Esta barrera controla el paso del oxígeno, hormonas y nutrientes hacia las neuronas y evita el ingreso de sustancias tóxicas; sin embargo,

---

28. Véase también Néstor Braidot, *Neuromarketing: neuroeconomía y negocios*, Puerto Norte-Sur, Madrid, 2005, capítulo 1.

no tiene fuerza suficiente como para impedir el paso de la nicotina y algunas drogas, como la heroína, que tienen un efecto nocivo sobre el sistema nervioso.

De esto se desprende claramente que para optimizar el funcionamiento del cerebro no sólo debemos recurrir a las nuevas técnicas de entrenamiento neurocognitivo y emocional, también tenemos que mantener una vida sana, con una alimentación adecuada y libre de adicciones.

Las principales células gliales son los astrocitos. Como están involucradas en el transporte y almacenamiento de la información sináptica, cumplen un papel muy importante en el aprendizaje y la memoria.

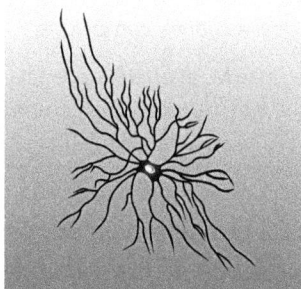

2.2. ¿De qué se ocupan las neuronas?

Las neuronas desempeñan *funciones sensoriales*, como percibir los aromas, los sabores, los colores o la temperatura; *motoras*: las que nos permiten nadar, jugar al tenis o caminar, e *integradoras*.

Las que cumplen esta última función, también conocidas como interneuronas, crean redes entre las neuronas sensitivas, las motoras y otras interneuronas transportando información.

Por ejemplo, el contacto desagradable con una medusa mientras un niño se baña plácidamente en el mar se traduce en señales neurales que viajan por sus nervios sensoriales. En la médula espinal, estas señales son transmitidas a las neuronas.

Algunas de ellas conectan con la parte del cerebro que las interpreta como dolorosas y otras con las neuronas motoras que controlan los músculos afectados, por ejemplo, los de la pierna, y hacen que el niño la retire apenas siente la sensación de quemazón.

Debido al fenómeno de plasticidad cerebral, las neuronas cambian dinámicamente su forma a medida que se comunican entre sí, y se

Las neuronas tipo tienen cuatro regiones diferenciadas: el cuerpo celular (soma), las dendritas, los axones y los terminales sinápticos.

Los axones trabajan como cables con capacidad para transmitir señales eléctricas a grandes distancias por el cuerpo (desde 0,1 mm hasta 2 m) y conforman la materia blanca.

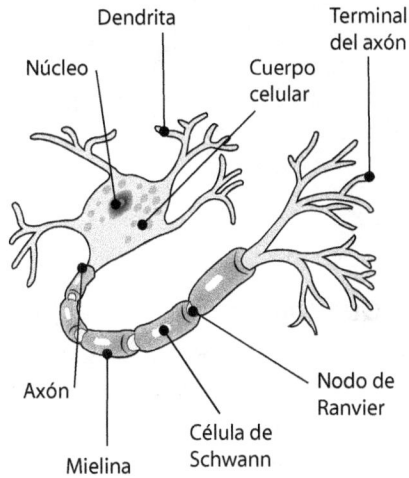

Dendrita

Terminal del axón

Núcleo

Cuerpo celular

Axón

Nodo de Ranvier

Célula de Schwann

Mielina

encuentran en zonas donde tienen funciones determinadas, por ejemplo, tenemos neuronas sensoriales en los músculos, la piel, las articulaciones y otros órganos internos. Esto es lo que nos permite sentir frío o calor, placer o dolor. También tenemos neuronas sensoriales en la nariz, la lengua y el oído, lo que nos permite percibir los aromas, los sabores y los sonidos.

En el cerebro, las neuronas tienen funciones que la ciencia se esfuerza día a día por descubrir. Por ejemplo, dentro de la amígdala (que se ubica en el lóbulo temporal) hay conjuntos de neuronas que se ocupan del registro emocional y otras que están involucradas en el desarrollo de habilidades sociales.

También se ha descubierto que cuanto mayor es el tamaño de la amígdala, mayor es la tendencia de una persona a integrar grupos grandes, con jerarquías y reparto de funciones más complejos.[29]

29. Kevin C. Bickart, Christopher I. Wright, Rebecca J. Dautoff, Bradford C. Dickerson y Lisa Feldman Barrett, "Amygdala volume and social network size in humans", *Nature Neuroscience*, 14 (2011), pp. 163-164. ‹http://www.nature.com/neuro/journal/v14/n2/full/nn.2724.html›.

La amígdala desempeña
un papel muy importante
en el registro de estímulos
emocionales, fundamentalmente,
los relacionados con el miedo.

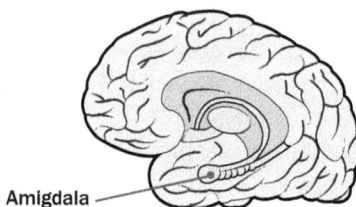

Amigdala

2.3. ¿Qué son las neuronas espejo?

Las neuronas espejo son un tipo particular de neuronas cuyas funciones se estudian intensamente debido a su papel en el aprendizaje, la imitación y la vida social.

Muchas se encuentran en la denominada área de Broca (que es la región principal del lenguaje) y en otras zonas de la corteza cerebral, incluyendo las relacionadas con la visión y la memoria.

Debido a que estas células se activan tanto cuando un individuo observa a otro realizar una acción como cuando es él mismo quien la ejecuta, conocer cómo funcionan es de enorme importancia para el desarrollo de técnicas de neuroaprendizaje.

Además, este tipo de neuronas explica la eficacia de la publicidad. Por ejemplo, cuando un joven observa un anuncio en el que un actor disfruta conduciendo una moto, se le encienden las áreas cerebrales que se activarían si él mismo estuviera realizando esa acción.

Estos descubrimientos de las neurociencias contribuyen a explicar el éxito de las marcas que recurren a celebridades para promocionar sus productos.

Otro tema muy interesante relacionado con las neuronas espejo es que pueden generar acciones diferentes de las que un sujeto está observando (hay varios tipos de neuronas espejo), por ejemplo, cuando las personas que integran un coro responden a los movimientos que realiza su director.

Este caso ha sido estudiado recientemente en un coro integrado por veinticinco jóvenes con experiencia en esta actividad. Se detectó que las neuronas espejo se activaban en sus integrantes cuando, al observar

Las neuronas espejo fueron descubiertas en 1996 por un equipo de la Universidad de Parma (Italia) mientras se realizaba un experimento con macacos.

Se observó que estas células cerebrales no sólo se encendían cuando uno de los animales ejecutaba ciertos movimientos, también se activaban cuando, simplemente, contemplaba cómo lo hacían los demás.

En humanos, el primer registro de la actividad de estas neuronas fue realizado por científicos de la Universidad de California en Los Ángeles (UCLA).

los movimientos del director, cantaban con la fuerza y la intensidad que veían en éstos.[30]

Se llegó a la conclusión de que, con un programa de aprendizaje y entrenamiento adecuado, un grupo de neuronas puede responder con acciones distintas a las que una persona está observando en otra para alcanzar objetivos similares. Las orquestas y los coros constituyen un excelente ejemplo para fundamentar esta afirmación.

Uno de los más destacados especialistas en las neuronas espejo, Marco Iacoboni,[31] explica que al hablar siempre utilizamos gestos y que estas células son muy importantes para controlar los movimientos de nuestras manos y descodificar los que expresa el movimiento de manos de un interlocutor.

Cabe destacar que Iacoboni realizó experimentos en laboratorio en los que pudo observar que las regiones del cerebro que se activan cuando hablamos también se activan cuando escuchamos lo que nos dicen otras personas.[32]

---

30. M. E. de Chazal, "Incidencia de los gestos del director en el resultado sonoro del coro: un estudio comparativo", Actas IX Reunión de la Sociedad Argentina para las Ciencias Cognitivas de la Música, 2010, pp. 257-263.
31. Neurólogo y doctor en neurociencia de origen italiano. Investigador y profesor de la Universidad de California en Los Ángeles (UCLA).
32. ‹http://www.redesparalaciencia.com/wp-content/uploads/2010/04/entrev56.pdf›.

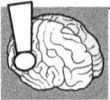

El sistema de neuronas espejo desempeña un papel fundamental en la comunicación social, ya que está formado por dos áreas cerebrales que comparten una característica única: ambas están activas cuando se ejecuta un movimiento o cuando se observa a otra persona ejecutarlo.

Por ello cree que, antes de que los seres humanos pudiéramos hablar, estas neuronas intervenían en la comunicación no verbal. Afortunadamente, las investigaciones van en aumento y se considera que el descubrimiento de estas células es esencial para entender cómo utilizamos el lenguaje corporal (expresiones, gestos y posturas) tanto para comunicar nuestros sentimientos e intenciones como para comprender los de los demás.

2.4. Descubrimientos de vanguardia: las neuronas hiperveloces

Mientras escribo este libro me llega un informe según el cual en Estados Unidos (Universidad Carnegie Mellon, en Pittsburg) se descubrieron neuronas que decidieron denominar **"tipo facebook"**.[33]

Estas neuronas son hiperveloces para recibir, procesar y reenviar gran cantidad de información, se ubican dentro de la neocorteza y son sumamente activas. Según explican los participantes en la investigación, se comportan de manera muy similar a las personas que interactúan en las redes sociales.

Comparada con la población total (como ocurre con Facebook en el mundo), esta red neuronal no tiene tantos integrantes, pero sus miembros reciben y envían una cantidad de información tal que supera a la que se genera en otras zonas cerebrales.

Recordemos que en el neocórtex se encuentran las neuronas que se encargan de funciones muy importantes, como el razonamiento y el lenguaje. Las denominadas "facebook" se ubican debajo de ese

33. ‹http://www.cmu.edu/mcs/news/pressreleases/2011/01_07_FacebookNeuron.html›, ‹http://www.cmu.edu/cttec/News/2011-news/fb-neurons.html›. El experimento se repitió en la Universidad Ludwig Maximilians (Alemania) y llegaron a las mismas conclusiones.

> La analogía con Facebook se apoya en el hecho de que estas células, que se ubican en el neocórtex, actúan de manera muy similar a las redes sociales.

tejido, desde la frente hasta la nuca.

Si bien el descubrimiento es muy reciente y queda bastante camino por recorrer, los investigadores infieren que estas neuronas intervienen en los procesos de aprendizaje rápido debido a su mayor velocidad para asociar datos y crear redes de información.

Y si bien queda aún mucho por investigar, ya han sido identificadas una gran cantidad de neuronas así como también el tipo de actividad que desempeñan: neuronas que controlan el lenguaje, las emociones, la atención, la memoria, los movimientos, los diferentes tipos de percepción sensorial.

El tema es, sin duda, apasionante y, además de las expectativas de que estos descubrimientos contribuyan a la cura de enfermedades, se espera que, a medida que la ciencia avance, puedan desarrollarse más y mejores técnicas para optimizar el funcionamiento del cerebro.

3. Comunicación e interrelaciones

Las neuronas interactúan constantemente con otras, creando lo que conocemos como redes neuronales, cableado neuronal o circuitería cerebral, y lo hacen mediante un proceso que se llama sinapsis o conexión sináptica.

Existen dos tipos de sinapsis: las eléctricas (que algunos autores denominan "uniones comunicantes")[34] y las químicas. En las sinapsis eléctricas un estímulo pasa de una célula a la siguiente sin necesidad de mediación química, por ello su característica distintiva es la velocidad.

En las sinapsis químicas intervienen los **neurotransmisores**, y el proceso se caracteriza por una cadena de acontecimientos: una señal eléctrica generada en una neurona (presináptica) ocasiona la liberación de una sustancia química hacia la siguiente (postsináptica), la

34. Susan Greenfield, *El poder del cerebro*, p. 32

SINAPSIS

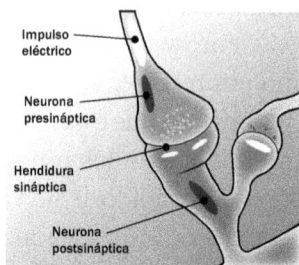

Impulso eléctrico

Neurona presináptica

Hendidura sináptica

Neurona postsináptica

La sinapsis es el proceso de comunicación entre neuronas. Existen dos tipos de sinapsis: eléctricas y químicas.

cual, al recibirla, genera otra señal eléctrica.

Dicho de otro modo: cuando la señal eléctrica de una neurona se conecta con el extremo de otra, se abren unas pequeñas vesículas, que son las que contienen las moléculas del neurotransmisor que envía a las dendritas de su vecina.

Al producirse el contacto, éste se difunde y atraviesa la membrana de esta segunda célula, donde se genera una nueva señal eléctrica.

Una característica muy interesante de las sinapsis, que explica por qué es tan complejo estudiarlas, es su notable abundancia: en 1 mm³ de sustancia gris de la corteza hay aproximadamente 50.000 neuronas que generan una gran cantidad de sinapsis cada una, y la superficie de contacto entre una neurona y otra es de i0,5 a 2 micrómetros![35]

Si abarcamos el cerebro completo, notamos que existen billones de contactos que van formando las redes neuronales. Ello se debe a que cada neurona es alimentada por cientos de miles de otras neuronas y ella, a su vez, alimenta a cientos de miles de otras neuronas.

Algunas redes neuronales son pequeñas y pueden localizarse, mientras que otras están formadas por una gran cantidad de neuronas que se distribuyen en grandes regiones del cerebro.

Estas redes se van creando a medida que vamos recibiendo diferentes estímulos, es decir: *a medida que vamos aprendiendo o incorporando nuevas experiencias, se va reorganizando nuestro entramado neuronal.* Recordemos que, debido al fenómeno de la neuroplasticidad, este entramado se reformula segundo a segundo.

---

35. Jean-Didier Vincent, *Voyage extraordinaire au centre du cerveau*, p. 24

El desarrollo del cerebro se caracteriza por el aumento en las conexiones neuronales.

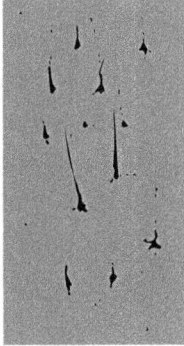

Nacimiento

Muestra de la corteza cerebral visualizada con microscopio en el día de nacimiento.

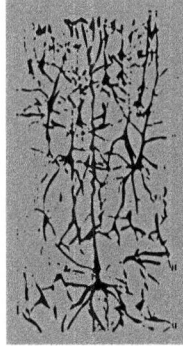

Desarrollo posnatal

Aumentan progresivamente las conexiones sin que se produzca un aumento en el número de neuronas en la misma zona del cerebro.

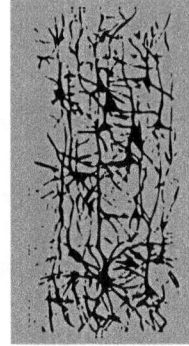

3.1. ¿De qué se ocupan las redes neuronales?

Por lo general, una red desempeña o se especializa en una función en particular. Hay neurocircuitos involucrados en la dependencia de algunas drogas, como la cocaína y la nicotina, en el procesamiento de determinadas emociones (como el miedo), en el procesamiento de la información sensorial (como los circuitos visuales), en los estados de sueño y vigilia..., en realidad, todo lo que pensamos, hacemos y sentimos, incluso nuestras creencias religiosas, tienen que ver con redes de neuronas especializadas.

Por ejemplo, cuando un estudiante aprueba un examen se genera un cambio electroquímico en su cerebro que desencadena una sensación de alivio y, al mismo tiempo, placer. Antes, durante los días de estudio, activó los neurocircuitos que intervienen en la memoria y en el aprendizaje y muy probablemente los del estrés.

Algunas redes vienen al mundo con nosotros o se van creando y desarrollando de forma preprogramada, por ejemplo, las que se activan cuando lloramos al nacer o las que nos permiten ver y oír. Otras se van

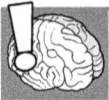

Durante mucho tiempo se creyó que nacemos con una determinada cantidad de neuronas y que este número iba disminuyendo a medida que el cerebro se va deshaciendo de las redes que no utiliza.

Las últimas investigaciones en neurogénesis han comprobado que el sistema nervioso sigue generando nuevas neuronas y células gliales a lo largo de la vida, con lo cual hay grandes expectativas para la cura de enfermedades y la potenciación de las capacidades cerebrales.

constituyendo a lo largo de la vida como resultado del aprendizaje y la experiencia a medida que las neuronas se van conectando unas con otras.

Esto significa que, con independencia del papel de los genes en la formación de los neurocircuitos básicos[36] (que es muy importante), lo que suceda después depende de las elecciones que hagamos en la vida, por eso cada uno de nosotros se convierte en el constructor de su propia arquitectura cerebral.

Asimismo, y debido al fenómeno de la neuroplasticidad, los neurocircuitos que son estimulados se hacen más fuertes, por ejemplo, los relacionados con la memoria si decidimos ejercitarla, mientras que otros van perdiendo fuerza si no se utilizan, incluso puede ocurrir que las neuronas que no se activan directamente mueran.

Esto explica por qué una vida rica en la búsqueda de conocimientos, aprendizajes y experiencias interesantes, tanto intelectuales como emocionales y sociales, genera nuevas redes y revitaliza las que ya se han creado.

Y si bien el cerebro, como órgano vital, depende de una nutrición adecuada y del correcto funcionamiento de los sistemas respiratorio y circulatorio, en términos de Rodolfo Llinás, uno de los científicos que más ha estudiado las propiedades electrofisiológicas de las neuronas: "El cerebro necesita que se le use bien, requiere pensar, leer,

---

36. Un neurocircuito es el recorrido de activación de estructuras cerebrales que se desencadena frente a un estímulo, tanto interno como externo. Este nivel de análisis abarca el estudio de redes neuronales.

meditar, tratar de entender el mundo y tener una actitud positiva con respecto al medio ambiente y a la propia existencia."[37]

En definitiva, la actividad neuronal y su conectividad, es decir, la formación de redes, constituye una característica fundamental en el neurodesarrollo y determina no sólo cómo percibimos, interpretamos, aprendemos, memorizamos, sino también, y fundamentalmente, lo que somos en la vida.

3.2. Neurotransmisores: ¿por qué es tan importante estudiarlos?

Como señalamos en el apartado precedente, la sinapsis es la base sobre la que se asienta la organización de los circuitos nerviosos, y los neurotransmisores son las sustancias químicas que transmiten información de una neurona a otra en la mayor parte de los procesos de comunicación que se establecen entre ellas.

Cuando el cerebro segrega demasiada cantidad de una de estas sustancias, puede anularse la función de otras. Por ejemplo, un individuo puede estar demasiado deprimido o demasiado acelerado debido a la acción de sus neurotransmisores.

Asimismo, el estudio de estos mensajeros químicos es fundamental no sólo para el tratamiento de enfermedades mentales y degenerativas, como la esclerosis

Los neurotransmisores determinan gran parte del comportamiento y constituyen la base bioquímica de los estados de ánimo.

La mayor parte de las investigaciones destinadas a la cura de enfermedades como la depresión o el mal de Parkinson se centran en el estudio de los neurotransmisores.

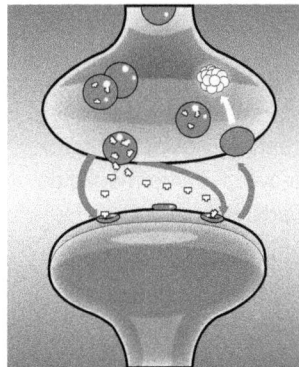

37. Entrevista realizada por la cadena BBC el 2 de noviembre de 2007.

múltiple y el mal de Parkinson, sino también para comprender el funcionamiento de los procesos cerebrales y optimizar el desarrollo de algunas habilidades, como el aprendizaje y la memoria.

En la actualidad se conocen aproximadamente cien tipos diferentes de neurotransmisores, y se cree que hay más. Cabe destacar que el estudio de estas sustancias es bastante reciente ya que data de 1921, cuando un científico alemán, Otto Loewi, logró aislar la **acetilcolina** (lo que le valió nada menos que un Premio Nobel).

La acetilcolina desempeña un papel importantísimo en la estimulación de los músculos (su déficit está claramente relacionado con la enfermedad de Alzheimer) y también interviene en el sueño REM, que se caracteriza por movimientos oculares rápidos y la aparición de situaciones o imágenes atemporales y muchas veces estrafalarias.

Dado que se bloquea cuando una persona contrae botulismo (una intoxicación que puede, incluso, provocar la muerte), me parece interesante comentar que mientras escribía este libro leí algo que debería funcionar como alerta para los obsesivos de la estética corporal.

En un artículo publicado por el Departamento de Psicología de la Universidad de Shippensburg (Estados Unidos), el doctor George Boeree considera una "triste crónica de nuestro tiempo" que muchas personas utilicen el bótox (un derivado de la botulina) para eliminar temporalmente las arrugas. Por lo tanto, y si bien esta sustancia puede ser beneficiosa en situaciones controladas, es muy importante recurrir a un profesional de máxima seriedad y confianza.

Otro neurotransmisor muy estudiado es la **dopamina**, que está relacionada con las adicciones y los placeres e interviene activamente en los **sistemas de recompensa del cerebro** enviando señales de alarma si lo que recibimos excede o es inferior a lo que estábamos esperando.

> El déficit de dopamina en las redes neuronales que controlan los movimientos provoca la enfermedad de Parkinson.
>
> Actualmente, se estudia el trasplante de células productoras de esta sustancia para reemplazar a las que van muriendo como consecuencia de este mal.

Por ejemplo, cuando los niveles de dopamina son bajos, se activa una especie de *search* que desencadena una conducta tendente a buscar una recompensa.

Como este proceso funciona de manera inconsciente y permanece ajeno a las reflexiones sobre lo que nos conviene o no, muchas veces comemos sin freno o incorporamos nicotina en nuestro organismo sin detenernos a analizar las consecuencias.

Otra sustancia química muy estudiada debido a que se encuentra en varias regiones del sistema nervioso central y tiene una gran influencia en el estado de ánimo es la **serotonina**, que actúa sobre otros neurotransmisores, como la dopamina y la noradrenalina (relacionadas con la angustia, la ansiedad, la agresividad y los trastornos alimentarios).

El aumento de serotonina produce una sensación de bienestar y relajación, y contribuye a inhibir la agresividad, la ira y los síntomas típicos de la depresión, que se caracteriza por los bajos niveles de esta sustancia. Por ello, los antidepresivos actúan modificando la cantidad de este neurotransmisor.

La neurociencia ha descubierto que el cerebro masculino genera más serotonina que el femenino (a veces esta diferencia alcanza el 50 por ciento), por ello, las mujeres son más sensibles que los hombres a los cambios en los niveles de este neurotransmisor y suelen sentirse deprimidas o ansiosas con más frecuencia que éstos.

Otro tema muy interesante relacionado con esta sustancia es que el cerebro la produce a partir de un aminoácido que se incorpora con la comida, y uno de los alimentos que más contribuye a generarlo y, en consecuencia, a inducir su aumento en los circuitos cerebrales, es el chocolate.

Por último, ya que el tema de los neurotransmisores da para varios

> La serotonina también interviene en nuestro reloj biológico, ya que el organismo la necesita para elaborar melatonina (una proteína que regula el sueño).
>
> Los estados de somnolencia que solemos experimentar al atardecer se deben a un aumento de este neurotransmisor, cuyos niveles normalmente se mantienen altos hasta que amanece.

libros completos y nuestra intención, en este apartado, es la que anuncia su título, cabe mencionar al **glutamato**, que interviene en la transmisión sináptica excitadora y estaría altamente implicado en los procesos de aprendizaje y memoria.

Cualquier lector interesado en informarse sobre este tema descubrirá que el estudio de los neurotransmisores es complicadísimo y que esta complejidad explica, en gran parte, por qué es tan arduo el trabajo para descubrir cómo funciona este órgano tan apasionante que es el cerebro.

4. El cerebro de los genios

A medida que incorporamos nuevos conocimientos sobre el funcionamiento del cerebro, es natural que nos preguntemos si determinadas capacidades, es decir, aquellas que hacen que un científico o un líder trascienda su generación y su tiempo para formar parte de la historia de la humanidad, tienen que ver con características cerebrales específicas.

Uno de los casos más estudiados, que tal vez sorprenda al lector, es el cerebro de Einstein.[38] Después de su fallecimiento, en abril de 1955, como consecuencia de un aneurisma, extrajeron su cerebro con fines científicos en la Universidad de Princeton (Estados Unidos). Desde aquel entonces, reputados especialistas que han logrado conseguir muestras de tejido de este verdadero tesoro intentan hallar las bases biológicas de su genialidad.

Por ejemplo, la doctora Marian C. Diamond,[39] de la Universidad de California, en Berkeley, descubrió que en determinadas áreas

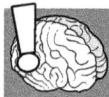

> El cerebro de Einstein tenía un gran desarrollo en la región inferior parietal, relacionada con el pensamiento matemático, la inteligencia visoespacial y el movimiento, y carecía de una cisura que se encuentra normalmente en esta región.
>
> Esta carencia puede haber permitido a las neuronas comunicarse a una velocidad superior a la normal.

38. El cuerpo de Einstein fue incinerado cumpliendo con su voluntad, excepto su cerebro, que fue extraído y conservado por el patólogo Thomas Harvey en el Hospital de Princeton.
39. Relato de Marian C. Diamond, en Bear Mark *et al.*, *Neurociencia: Explorando el cerebro*, Lippincott Williams and Wilkins, Barcelona, 2008.

Einstein poseía mayor número de células gliales por neurona que un varón promedio.

Sin embargo, y aun cuando las diferencias eran muy grandes, sólo disponían del encéfalo de Einstein para compararlo con el de once varones. En aras del rigor científico, se argumentó que estos hallazgos serían más válidos si también hubieran dispuesto de ¡once Einstein!

A finales de 1999 se publicó un estudio muy interesante, realizado en la Universidad McMaster (Canadá), en el que se describen las diferencias anatómicas entre este cerebro privilegiado[40] y el de 35 hombres y 50 mujeres con un cociente intelectual normal y edad similar a la que tenía Einstein cuando murió.

La región inferior parietal de Einstein era más amplia. Como esta diferencia se observaba en ambos hemisferios, su cerebro era más ancho que el de las personas que formaron parte del grupo de control y podría explicar el tipo de pensamiento de Einstein cuando abordaba los temas en los que trabajaba.

Como, además, carecía de una cisura que atraviesa esa zona, se infiere que eso habría permitido una mayor concentración de neuronas que establecerían conexiones de forma más sencilla y rápida. Aun así, los científicos son cautelosos en sus afirmaciones y continúan abocados al estudio de este cerebro para descifrar las claves de su genialidad.

Ahora bien, esta pasión por preservar los cerebros de personalidades y estudiarlos a medida que se desarrollen nuevas tecnologías no es nueva. Por ejemplo, Carl Sagan relata de forma muy interesante que durante una visita al Musée de L'Homme, en París, descubrió "una colección de retorcidos objetos grisáceos nadando en formalina".[41]

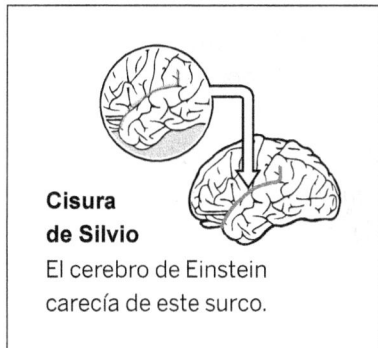

Cisura de Silvio
El cerebro de Einstein carecía de este surco.

---

40. Sandra F. Witelson *et al.*, "The exceptional brain of Albert Einstein", *The Lancet*, Volumen 353, n.º 9170 (19 de junio de 1999), pp. 2149-2153.

41. Carl Sagan, *El cerebro de Broca*, Editorial Grijalbo, Barcelona, 1984.

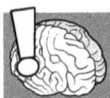

En París, el Musée de l'Homme preserva el cerebro de destacadas personalidades, como Broca y Descartes.

En Londres se conserva el de Charles Babbage (científico y matemático, considerado uno de los padres de la informática).

La Unión Soviética creó el primer banco de cerebros humanos congelados, donde se encuentran los de importantes matemáticos. El gobierno preservaba el de Lenin en una caja fuerte del Instituto de Investigación Cerebral de la URSS.

Esos objetos no eran otra cosa que los cerebros de destacadas personalidades preservados en beneficio del progreso científico.

Lo que más conmovió a Sagan (lo deduzco por el título de su obra) fue observar de cerca el frasco cilíndrico con nada menos que ¡el cerebro de Paul Broca!, uno de los científicos más comprometidos con el progreso de las neurociencias.

Muy lejos de París, en la URSS, el gobierno contrató a Oskar Vogt, un reputado científico alemán, para que estudiara el cerebro de Lenin. Hasta ahora, lo único que se ha dado a conocer es un informe de Vogt en el que relata que algunas neuronas piramidales en la tercera capa de la corteza cerebral de Lenin eran muy largas en comparación con las del cerebro de un hombre común. No obstante, se cree que existen numerosas investigaciones realizadas por Vogt que no se publican porque se consideran confidenciales.

Por último, y si bien el nombre de este apartado remite a personas que han trascendido y forman parte de la historia, quienes no se impresionan ante este tipo de imágenes pueden visitar el Museo de Cerebros de Lima (Perú), donde hay aproximadamente tres mil muestras de cerebros de gente común, así como también un grupo de profesionales que informan al visitante de los misterios de este órgano relacionado con la salud, los pensamientos y el comportamiento humano.

En el capítulo siguiente conoceremos las zonas más importantes de nuestro cerebro, es decir, cómo son, a qué se dedican y cómo cuidarlas.

3
De los primates al *Homo sapiens.*
Cerebro izquierdo, cerebro derecho

1. El cerebro por dentro

Para comprender el complejo mundo del cerebro y relacionarlo con las actividades que desempeñamos en la vida cotidiana, desde servir un café hasta diseñar un barco, estudiar o jugar al golf, necesitamos un conocimiento básico de sus características anatómicas y funcionales.

> Hoy sabemos que las grandes vías neuronales están ya establecidas cuando el niño abre los ojos, pero también sabemos que los circuitos locales del neocórtex se forman y refinan a posteriori. Allí puede intervenir la mano del hombre.
>
> JAVIER DE FELIPE
> (Neurobiolólogo español)

Si bien estas características son comunes a todos los humanos, cada cerebro es único e irrepetible y en ello intervienen no sólo los factores genéticos y ambientales, sino también la propia voluntad de superación.

Asimismo, cualquier zona del cerebro que sea utilizada con mayor frecuencia puede variar su morfología debido al incremento y/o fortalecimiento de determinadas conexiones neuronales. Por ejemplo, los músicos profesionales tienen más desarrolladas las áreas que participan en el oído y la vista. Se han observado también cambios en zonas relacionadas con la agilidad física. Ello se debe a que la actividad motora del cerebro es constantemente estimulada para traducir los pentagramas en movimientos de los dedos y, en ocasiones, los pies.

En definitiva, todos venimos al mundo con determinadas habilidades, por ejemplo, las relacionadas con la capacidad y velocidad en el procesamiento de información (que son heredadas),[42] sin embargo, la

---

42. Susan Greenfield, *El poder del cerebro*, p. 22.

arquitectura de nuestro cerebro dependerá fundamentalmente de lo que cada uno de nosotros decida hacer en la vida, por ello, el cerebro de Einstein era distinto al de otros hombres que no dedicaron su vida a la ciencia, y el de un pintor seguramente será distinto al de un taxista o al de un bailarín.

Ahora bien, ¿cómo es el cerebro por dentro? La respuesta a esta pregunta no es fácil, aun cuando las neurociencias continúan avanzando a pasos agigantados.

De momento, hay temas sobre los que se sabe mucho y otros que continúan siendo una incógnita. Comenzaremos, entonces, por ir de lo general a lo particular, es decir, por explicar que el cerebro es la parte más grande del encéfalo[43] y está dividido en dos hemisferios, el izquierdo y el derecho, cuya parte externa es un tejido nervioso: la corteza cerebral.

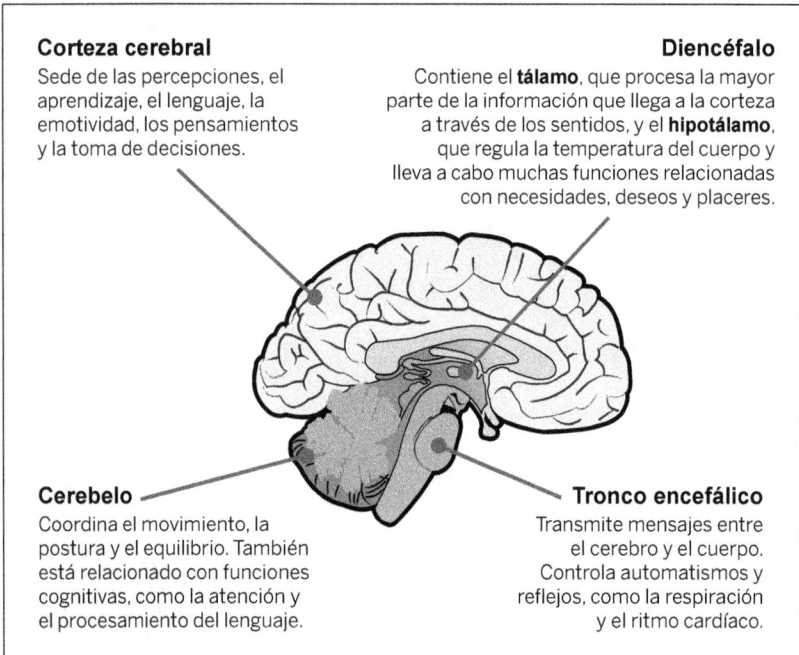

Corteza cerebral
Sede de las percepciones, el aprendizaje, el lenguaje, la emotividad, los pensamientos y la toma de decisiones.

Diencéfalo
Contiene el **tálamo**, que procesa la mayor parte de la información que llega a la corteza a través de los sentidos, y el **hipotálamo**, que regula la temperatura del cuerpo y lleva a cabo muchas funciones relacionadas con necesidades, deseos y placeres.

Cerebelo
Coordina el movimiento, la postura y el equilibrio. También está relacionado con funciones cognitivas, como la atención y el procesamiento del lenguaje.

Tronco encefálico
Transmite mensajes entre el cerebro y el cuerpo. Controla automatismos y reflejos, como la respiración y el ritmo cardíaco.

---

43. El encéfalo contiene el cerebro (dividido en dos hemisferios), el diencéfalo, el tronco cerebral y el cerebelo.

Entre ambos hemisferios se encuentra un haz de fibras denomina-
do **cuerpo calloso**, que actúa como un puente de comunicación y
proporciona la vía por la cual los datos almacenados en el hemisferio
izquierdo pueden ser utilizados por el derecho, y viceversa. Esta estructura es una de las más estudiadas para explicar las diferencias de
funcionamiento entre el cerebro masculino y el femenino.

En las mujeres, el cuerpo calloso es más voluminoso y tiene mayor
cantidad de fibras y conexiones. Se infiere que a ello se debe su facilidad para desarrollar pensamientos que vinculan elementos más distantes y diferentes, así como también sus habilidades para realizar
varias tareas de forma simultánea, como trabajar en un informe y
cocinar mientras están pendientes de lo que hacen sus niños.

En la parte posterior de la masa principal del cerebro, casi fundido
con éste (véase la imagen), se encuentra el **cerebelo**, al que suele deno-
minarse "pequeño cerebro". Tal como señalamos en el capítulo anterior,
su principal función es integrar las vías sensitivas con las motoras.

Por ejemplo, cuando escribimos sin mirar el teclado, jugamos al
tenis, manejamos una máquina o paseamos en bicicleta, estamos utilizando el cerebelo. Esta estructura interviene también en algunas
funciones cognitivas y queda especialmente afectada por el consumo
de alcohol, por eso, alguien que ha bebido en exceso pierde el equilibrio y tiene dificultades en el habla.

Cabe destacar que si bien muchas funciones del cerebelo están claras —una lesión importante en esta zona puede acabar con la carrera
de un jugador de fútbol o de una bailarina—, hay otras que continúan
descubriéndose a medida que avanza la ciencia.

Por ejemplo, una investigación realizada en 2010 en la Universidad
Estatal de Luisiana (Estados Unidos) demostró que el estrés agudo
puede modificar el sistema de procesamiento de información del cerebelo, afectando la coordinación motora, y hay estudios sobre su
participación en la regulación del afecto, la emoción y la conducta,[44]

44. P. Hernáez-Goñi, J. Tirapu-Ustárroz, L. Iglesias-Fernández y P. Luna-Lario, "Participación
del cerebelo en la regulación del afecto, la emoción y la conducta", *Revista de Neurología*,
Volumen 51, n.º 10 (2010), pp. 597-609.

así como también en algunas funciones cognitivas.

Estos últimos señalan que una lesión en el cerebelo puede afectar las funciones ejecutivas del cerebro;[45] la memoria declarativa, que es la que contiene las experiencias que hemos vivido (memoria episódica), y el conocimiento que adquirimos en la vida (memoria semántica).[46]

El cerebelo tiene extensas conexiones con los hemisferios cerebrales.

Estas conexiones no sólo se dirigen hacia las zonas involucradas en el funcionamiento motor, sino también a otras relacionadas con aspectos emocionales y cognitivos.

Por último, resulta interesante saber que una de las habilidades que le han permitido al *Homo sapiens* sobrevivir y desarrollarse (dado que es fundamental para la caza) consiste en lanzar objetos con precisión para que impacten en un blanco lejano. Esta habilidad depende del cerebelo y de la corteza parietal posterior, regiones que estaban menos desarrolladas en los hombres de Neandertal.

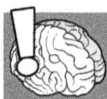

1.1. De los primates al *Homo sapiens*: conociendo nuestra corteza

En la corteza, el cerebro procesa toda la información que recibe a través de los sentidos (vista, oído, olfato, gusto y tacto), controla los movimientos voluntarios y regula la actividad mental caracterizada por el pensamiento consciente, llevando a cabo procesos complejos, como los relacionados con el razonamiento, la motivación y las emociones.

Su aspecto arrugado es una de las tantas obras maestras de la naturaleza: durante las primeras semanas después de la gestación, el cerebro y la médula espinal se parecen a un tubo hueco. A medida que el feto se desarrolla, uno de los extremos de ese tubo se expande como un globo para formar el cerebro.[47]

---

45. M. Barrios y J. Guàrdia, "Relación del cerebelo con las funciones cognitivas: evidencias neuroanatómicas, clínicas y de neuroimagen", *Revista de Neurología*, Volumen 33, n.º 6 (2001), pp. 582-591.
46. Véase el capítulo 5.
47. Susan Greenfield, *El poder del cerebro*.

Como éste es muy grande con relación al tamaño del cráneo, se pliega sobre sí mismo a medida que va creciendo.

En términos de Golombek:[48] "Es tanta la corteza que hay, que se apila y forma vueltas; [...] a medida que aumenta el tamaño de la corteza cerebral, los animales se vuelven más inteligentes."

Y así es. Desde un punto de vista evolutivo, la corteza es la parte más nueva y cumple funciones que todos podemos mejorar con un entrenamiento adecuado. Anatómicamente, se encuentra dividida en cuatro grandes zonas: el lóbulo parietal, el lóbulo occipital, el lóbulo frontal y el lóbulo temporal.

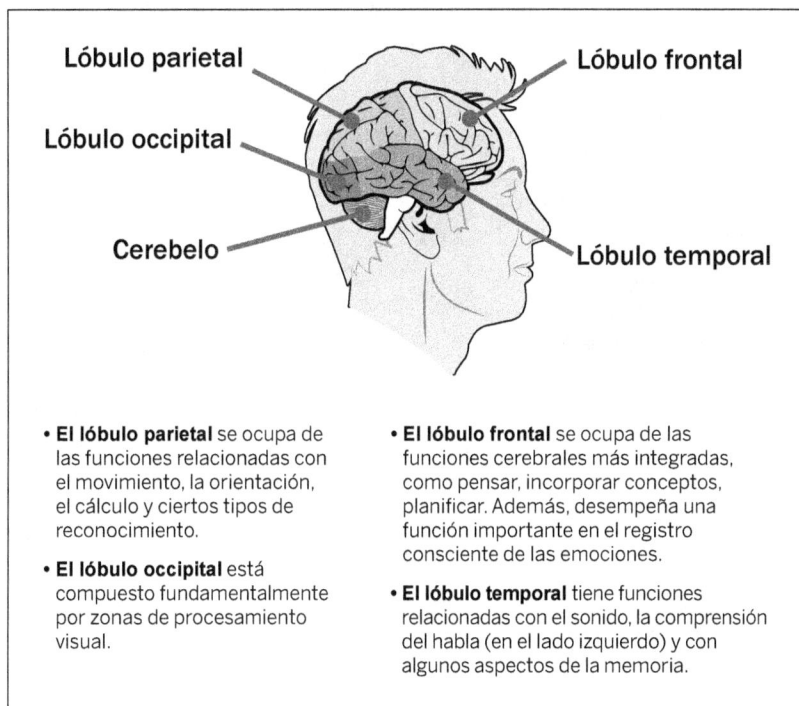

Lóbulo parietal

Lóbulo occipital

Cerebelo

Lóbulo frontal

Lóbulo temporal

• **El lóbulo parietal** se ocupa de las funciones relacionadas con el movimiento, la orientación, el cálculo y ciertos tipos de reconocimiento.

• **El lóbulo occipital** está compuesto fundamentalmente por zonas de procesamiento visual.

• **El lóbulo frontal** se ocupa de las funciones cerebrales más integradas, como pensar, incorporar conceptos, planificar. Además, desempeña una función importante en el registro consciente de las emociones.

• **El lóbulo temporal** tiene funciones relacionadas con el sonido, la comprensión del habla (en el lado izquierdo) y con algunos aspectos de la memoria.

Como vemos, existen áreas responsables del habla y el lenguaje; áreas que procesan la información que recibimos a través de los canales sensoriales; áreas que nos permiten mover voluntariamente los

48. Diego Golombek, *Cerebro: Últimas noticias*, Ediciones Colihue, Buenos Aires, 2004.

músculos para caminar, correr o subir una escalera, y áreas dedicadas a las funciones mentales superiores, como el razonamiento y la vida emocional. Estas funciones determinan otras denominaciones con las cuales también debemos familiarizarnos, que están explicadas en la siguiente ilustración.

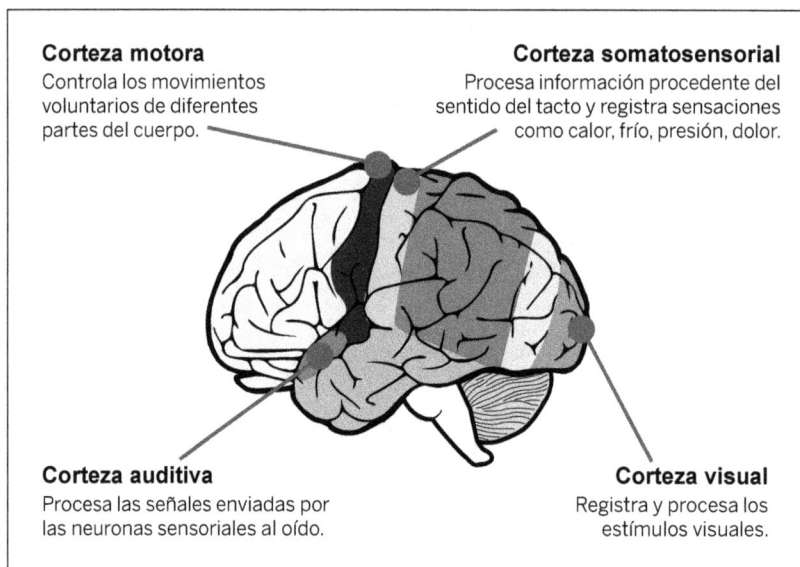

Corteza motora
Controla los movimientos voluntarios de diferentes partes del cuerpo.

Corteza somatosensorial
Procesa información procedente del sentido del tacto y registra sensaciones como calor, frío, presión, dolor.

Corteza auditiva
Procesa las señales enviadas por las neuronas sensoriales al oído.

Corteza visual
Registra y procesa los estímulos visuales.

1.2. Las áreas de asociación y la construcción cerebral de la realidad

Las áreas de asociación del cerebro se ocupan de integrar e interpretar la información que recibimos mediante los sentidos. En el nivel más alto, estas áreas intervienen en funciones cognitivas complejas, como el pensamiento, la memoria y el razonamiento.

Por ello, los seres humanos percibimos de manera particular cada estímulo que recibimos y esto explica, en parte, por qué un mismo acontecimiento puede suscitar diferentes interpretaciones.

Justamente, de estas particularidades hablamos cuando utilizamos la expresión "construcción cerebral de la realidad", es decir, del fenómeno que hace que cada persona interprete el mundo a partir de lo que ve, siente, huele, escucha, toca e interioriza.

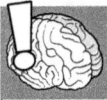

Las áreas de asociación se encuentran en ambos hemisferios y tienen funciones diferentes.

Actualmente, se están utilizando técnicas de ultrasonido para estudiar cómo un intercambio de señales entre los centros que reciben los estímulos y estas áreas producen las percepciones sensoriales.

Por ejemplo, el área de asociación ubicada en el lóbulo prefrontal está relacionada con la planificación y el pensamiento abstracto. En el lóbulo parietal tenemos áreas que utilizamos para leer y hablar, y cuando abrimos la página de un libro participan las que procesan la información visual.

Si vamos a leer un cuento a nuestro hijo, el cerebro convertirá la información en patrones relacionados con el habla y se ocupará de activar un centro ubicado en el lóbulo frontal para que la corteza motora mueva la lengua, los labios y demás músculos que necesitamos para expresarnos de forma oral, y ¡todo esto ocurre en milisegundos!

Como vemos, prácticamente todos los procesos del cerebro son complejos, extraordinarios y a la vez fascinantes, y la implicación de las áreas de asociación en la construcción cerebral de la realidad se debe, en parte, a que en todo proceso de percepción existe una mediación (por lo general no consciente) de los filtros o mapas mentales que hemos ido construyendo a lo largo de la vida.

Es por esta razón que cada ser humano ve lo que quiere ver y oye lo que quiere oír, y día a día se emprenden investigaciones que corroboran neurológicamente estas afirmaciones. Ya no hay dudas de que interpretamos el mundo en función de lo que nos interesa o de aquello en lo que creemos.

El aspecto negativo es que estas construcciones se van enraizando a lo largo del tiempo hasta convertirse en canales de percepción predominantes que definirán nuestros pensamientos y acciones, excepto que seamos conscientes de ellas y trabajemos para evitar que distorsionen nuestra visión de la realidad.

Un ejemplo que viene a mi mente mientras escribo este apartado se relaciona con un acontecimiento que viví con una amiga durante unas vacaciones en Cuba.

Las interpretaciones que hacemos sobre los estímulos que captan nuestros sentidos, así como también las sensaciones que experimentamos al ver, oír, tocar, oler y saborear, están condicionadas por los filtros perceptuales.

Esto hace que el proceso de construcción cerebral de la realidad sea individual y totalmente subjetivo.

Normita (así la llamamos cariñosamente) siempre simpatizó con el régimen cubano porque está convencida de que puede resolver el problema de la pobreza extrema en los países del Caribe. Esto la llevó a analizar "positivamente" todo lo que veía.

Una mañana estábamos paseando por la ciudad de Varadero cuando nos encontramos con un grupo importante de niños vestidos con el clásico uniforme escolar. Lo que más sorpresa nos produjo, ya que la habíamos escuchado despotricar varias veces contra el uniforme de tela escocesa con el que estuvo obligada a asistir al colegio, fue su elogio de la vestimenta de los niños cubanos: "Qué hermosos, con esos uniformes."

Esta reflexión espontánea de mi amiga es un buen ejemplo de que los estímulos que recibe el cerebro influyen de manera completamente distinta en el procesamiento de la información según quién la interprete, por este motivo, como bien dicen Capra y Steindl-Rast, *la realidad es "algo relativo e ilusorio".*

Y si bien la **transducción** (que se refiere al circuito cerebral a través del cual fluye la información sin que se modifique su significado) es un hecho objetivo, está muy claro que lo que prevalece es lo que los biólogos denominan **codificación**, es decir, la interpretación que cada persona hace de un acontecimiento y que determina su respuesta.[49] En el caso de Normita, la frase "qué hermosos, con esos uniformes", no me deja dudas de que la ideología es uno de los filtros perceptuales más potentes que existen.

---

49. Las dos fases en la percepción que distingue la neurobiología son la transducción y la codificación. Véase Néstor Braidot, *Neuromanagement*, capítulo 4.

2. Cerebro izquierdo, cerebro derecho…, y viceversa

Si el lector tuviera oportunidad de observar de forma presencial un cerebro o, simplemente, de mirar en Internet un vídeo sobre el tema (sugerimos *My Stroke of Insight*, en You Tube) notaría que la división del cerebro en dos mitades (hemisferio izquierdo y derecho) es muy clara.

Esta sugerencia no es casual, ya que se trata del caso de Jill Taylor,[50] la neuroanatomista estadounidense que se dio a conocer internacionalmente al explicar cómo estudió un derrame en la parte izquierda de su propio cerebro mientras lo sufría. Un caso que en verdad me conmovió.[51]

"El 10 de diciembre de 1996 me levanté y descubrí que era yo quien tenía un desorden cerebral.

> Los hemisferios cerebrales están recubiertos por la corteza cerebral y contienen tres estructuras muy importantes: los ganglios basales, que participan en la regulación de la conducta motora y constituyen el asiento de nuestros hábitos; el hipocampo, que es imprescindible para que podamos memorizar, y la amígdala, involucrada en las respuestas emocionales.

Un vaso sanguíneo explotó en la mitad izquierda de mi cerebro y durante horas puede ver cómo mi cerebro iba deteriorándose completamente en su habilidad para procesar la información. Esa mañana no pude caminar, hablar, leer, escribir ni recordar nada de mi vida —cuenta Jill a la audiencia atrapada por su relato, y explica—: El hemisferio derecho trata sobre el presente, el aquí y ahora. Piensa en imágenes y aprende cinestésicamente a través del movimiento de nuestro cuerpo. El hemisferio izquierdo es un lugar muy distinto, piensa lineal y metódicamente, se ocupa sólo del pasado y del futuro. Está diseñado para tomar ese enorme *collage* del momento presente y hallar detalles, detalles y más detalles en esos detalles; entonces, organiza y categoriza

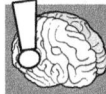

---

50. Jill Bolte Taylor, *Un ataque de lucidez*, Editorial Debate, Barcelona, 2009.
51. ‹http://www.youtube.com/watch?v=UyyjU8fzEYU&feature=related›.

toda esa información, la asocia con todo lo que hemos aprendido en el pasado y proyecta hacia el futuro nuestras posibilidades."

Y así es. Anatómicamente, los dos hemisferios tienen una apariencia similar, sin embargo, realizan funciones distintas. Estas asimetrías fueron descubiertas hace mucho tiempo (cuando las técnicas de análisis del cerebro que hoy conocemos ni siquiera estaban en la imaginación de los científicos) al estudiar las consecuencias en la conducta de personas que, al igual que la doctora Taylor, habían sufrido lesiones cerebrales.

Para comprender mejor estas asimetrías, es interesante hacer un poco de historia. Uno de los primeros trabajos sobre el tema pertenece a Marc Dax, un neurólogo de origen francés, y data de 1836, cuando lo expuso en una reunión de la Sociedad Médica de Montpellier.[52]

Este especialista había observado que un número significativo de personas con dificultades o incapacidad para expresarse verbalmente y comprender el lenguaje

> La división del cerebro en hemisferios que desempeñan diferentes funciones se hace evidente al observar qué pueden y no pueden hacer las personas que han sufrido lesiones en determinada zona.
>
> La especialización de cada mitad del cerebro fue confirmándose a partir de investigaciones que evaluaron variables como el pensamiento analítico (cerebro izquierdo) y pensamiento holístico (cerebro derecho).

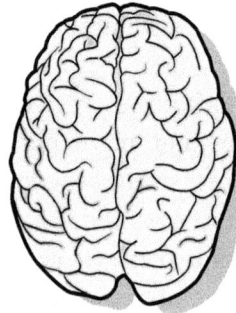

habían sufrido un daño en la parte izquierda del cerebro, lo cual lo llevó a deducir que allí estarían los centros de control del habla. En aquel entonces, Dax afirmó que cada mitad del cerebro realiza distintas funciones, sin embargo, esto no despertó interés en la comunidad médica.

52. Sally P. Springer y George Deutsch, *Cerebro izquierdo, cerebro derecho*, Editorial Gedisa, Barcelona, 2006.

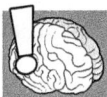

En la primera mitad del siglo xx se produjeron grandes avances en el estudio de los hemisferios cerebrales a partir del tratamiento de pacientes epilépticos graves, a quienes se les practicaban cirugías para anular la comunicación entre el cerebro izquierdo y el derecho.

Roger Sperry y Michael Gazzaniga fueron los científicos más destacados en estudiar la conducta de las personas que habían recibido este tipo de tratamiento.

Casi treinta años después, en 1861, el brillante neurólogo francés Pierre Paul Broca hizo aportes sumamente interesantes sobre este tema al analizar el caso de un paciente que podía comprender el lenguaje, pero no podía articular frases completas ni expresar sus ideas por escrito.

Al comparar su caso con el de otras personas que tenían dificultades similares, detectó que todos tenían una lesión en el hemisferio cerebral izquierdo, lo cual lo llevó a deducir que es allí donde se localizan y controlan el lenguaje y el habla (la zona que se conoce hoy como área de Broca).

Un siglo después de que Dax presentara sus trabajos, a mediados de la década de los sesenta del siglo xx, un científico californiano, Roger Sperry,[53] hizo importantes avances en el estudio de los hemisferios cerebrales y el cuerpo calloso como puente de comunicación entre ambos.

Mediante varios experimentos, muchos de ellos con pacientes epilépticos a quienes se les había seccionado el cuerpo calloso porque en aquel entonces se pensaba que de ese modo podían superar sus crisis, el equipo del profesor Sperry demostró que cuando había daños o ausencia de esta estructura muchas capacidades se veían seriamente limitadas. Al tener objetos idénticos en cada mano, notó que no podían compararlos debido a la interrupción en el flujo de comunicación entre ambos hemisferios.

Después de someterlos a otras pruebas, quedó claro que actuaban como si tuvieran dos partes independientes: la izquierda, consciente y verbal, y la derecha, de funcionamiento en gran parte automático.

53. Psicobiólogo del Instituto Californiano de Tecnología y galardonado en 1981 con el Premio Nobel por sus estudios sobre el cuerpo calloso.

Con el fin de determinar cuál de estas dos partes ejercía el control, se llevaron adelante nuevos experimentos.

Casi todos revelaron que, cuando la tarea requería una respuesta verbal (para la cual el hemisferio derecho es incapaz), era el izquierdo el que ejercía el control. Del mismo modo, si alguna de las áreas de especialización de cada hemisferio se encontraba dañada, también se observaban trastornos en la conducta.

Jill Taylor expresó de esta manera sus conclusiones sobre estas diferencias funcionales: "Para quienes entienden de ordenadores, nuestro hemisferio derecho funciona como un procesador en paralelo mientras que el izquierdo funciona como un procesador en serie."

Afortunadamente, y tal como señalan algunos colegas que han estudiado mucho este tema y con quienes tuve la suerte integrar algunos equipos de trabajo, hoy no es necesario recurrir a pacientes con el cuerpo calloso dañado o seccionado para ver qué sucede.

La moderna resonancia magnética funcional por imágenes (fMRI) revela claramente que las dos mitades del cerebro funcionan de forma especializada, y día a día se sabe más sobre cuestiones de enorme interés para las personas, tanto relacionadas con la salud como con el desarrollo de habilidades cognitivas, emocionales y sociales.

2.1. Lateralización y diferencias. ¿Cómo funcionan ambos hemisferios?

Anatómicamente, los hemisferios no son imágenes especulares uno del otro. Por ejemplo, el lóbulo frontal derecho es más extenso y tiene más protuberancias que el lóbulo frontal izquierdo, y también se han observado diferencias según el género.[54] En el cerebro femenino los lóbulos frontales poseen mayor densidad celular que en el masculino (aproximadamente un 15 por ciento) y las áreas del hemisferio izquierdo relacionadas con el lenguaje son, en promedio, un 25 por ciento más grandes que en el hombre.

Esta característica anatómica no implica superioridad, ya que una mujer con excelentes condiciones en el dominio del lenguaje nece-

---

54. Estas diferencias se abordan detalladamente en el capítulo 4.

sita, a su vez, de su hemisferio derecho para crear un discurso interesante y atractivo.

Además, y con independencia de la ubicación de la zona del habla, la neurociencia ha descubierto que las mujeres procesan las palabras con los dos hemisferios y atribuyen a esta predisposición anatómica la mayor capacidad que revela la mayoría para expresarse verbalmente.

Otra diferencia entre hemisferios tiene que ver con la materia blanca y la materia gris, que no es regular: el hemisferio derecho tiene más materia blanca y el izquierdo más materia gris.[55]

En este sentido, también existen diferencias de género. Por ejemplo, una investigación desarrollada en Estados Unidos por el profesor Richard Haier y su equipo reveló que los hombres tienen más materia gris relacionada con la inteligencia (6,5 veces más que las mujeres) y que éstas tienen mayor cantidad de materia blanca (10 veces más que los hombres).[56]

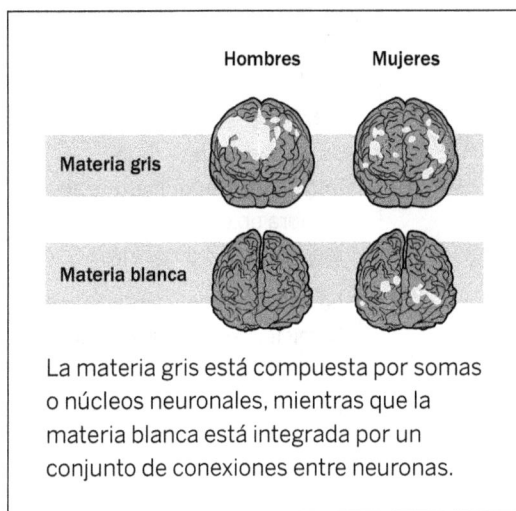

Hombres   Mujeres

Materia gris

Materia blanca

La materia gris está compuesta por somas o núcleos neuronales, mientras que la materia blanca está integrada por un conjunto de conexiones entre neuronas.

Ahora bien, como en la jerga popular suele decirse que alguien que tiene materia gris "piensa" o es muy inteligente, quiero destacar que el hallazgo de esta investigación no tiene por qué preocupar a nuestras lectoras: todos los participantes tenían un cociente intelectual equivalente, por lo tanto, lo único que mostraron las neuroimágenes es que hombres y mujeres igualmente inteligentes utilizan el cerebro de manera diferente.

55. R. C. Gur *et al.*, "Differences in the distribution of gray and white matter in human cerebral hemispheres", *Science*, Volumen 207 (marzo de 1980), pp. 1226-1228.

56. Richard J. Haier *et al.*, "The neuroanatomy of general intelligence: sex matters", *NeuroImage*, 25 (2005), pp. 320-327.

Lo que prácticamente no está en discusión, y no significa ningún tipo de superioridad de género, son algunas diferencias funcionales: hay evidencias científicas de que los hombres tienden a estar más lateralizados para las habilidades verbales y espaciales, y que las mujeres tienen una mayor representación bilateral para esas funciones. Esto no significa, y vale para ambos casos, superioridad.

Si bien (por naturaleza) el cerebro femenino está mejor dotado para actividades que exijan empatía y habilidades de comunicación, y el masculino viene al mundo con mayores aptitudes visoespaciales, eso no es suficiente para que una mujer se convierta en una oradora destacada o un hombre en el mejor piloto del Airbus.

Asimismo, y aunque existe una relación lateralización/habilidad que es diferente según el género, hay mujeres que son más hábiles que los hombres en tareas visoespaciales; de hecho, conozco arquitectas e ingenieras brillantes, y hombres que han pasado a la historia como oradores, como Pitágoras o Robespierre y, más recientemente, Martin Luther King, Winston Churchill y Charles de Gaulle.

2.2. Caminos cruzados y especialización

De manera funcional, cada hemisferio se ocupa básicamente de los procesos sensoriales y motores del lado opuesto del cuerpo: la información sensorial que llega a la médula espinal de la parte izquierda cruza al lado derecho del sistema nervioso antes de ser conducida a la corteza cerebral.[57]

En las personas diestras, la mano derecha está controlada por el hemisferio izquierdo.

Este cruce se verifica también en la mayor parte de la información auditiva, que se elabora en el lado opuesto respecto del oído que la recibe.

La única excepción en el cruce hemisférico de la información es el olfato, pues los olores se procesan en el mismo lado de la fosa nasal que los capta.

---

57. Néstor Braidot, *Neuromanagement*, parte I, capítulo 3.

De modo similar, las áreas motoras de un hemisferio ejercen el control de los movimientos de la mitad opuesta del cuerpo.

Por ejemplo, si al caminar tropiezas con algo y te tuerces el pie derecho, la información será transmitida hasta la corteza izquierda por el tálamo izquierdo a través de los axones de la cápsula interna izquierda de tu cerebro.

En realidad, cada hemisferio actúa como si fuera un espejo del otro, por ello, los movimientos del pie y de la mano izquierda son controlados por el hemisferio derecho, y viceversa. Del mismo modo, si coges con la mano izquierda una taza caliente de café, la sensación de quemazón que registras a través del tacto es transmitida a la corteza sensorial del hemisferio derecho.

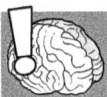

Después de la Segunda Guerra Mundial, hubo importantes avances en el estudio sobre el cerebro dividido.

Los soldados que habían sufrido daños en el hemisferio derecho tenían problemas en su vida cotidiana ocasionados por distorsiones espaciales: algunos no podían detectar en qué parte del cuerpo habían sido pinchados con una aguja, otros tenían dificultades para vestirse y solían ponerse la ropa al revés y era imposible que armaran un rompecabezas.

En cuanto a la especialización, en la mayoría de los individuos diestros el hemisferio izquierdo controla el lenguaje y otras tareas de procesamiento serial de la información, mientras que el derecho lo hace en procesos no verbales que incluyen la visualización tridimensional, la rotación mental de objetos y la comprensión del significado de expresiones faciales.[58]

Por ello, los individuos que sufren determinadas lesiones en el hemisferio derecho tienen dificultades para orientarse en un aeropuerto o realizar cualquier actividad que exija procesamiento visoespacial.

Cuando el daño es muy importante, estas personas pueden,

58. Eric Kandel, Thomas Jessell y James Schwartz, *Neurociencia y conducta*, Pearson Prentice Hall, Madrid, 2008.

incluso, no reconocer el lado izquierdo de su cuerpo y tener actitudes extrañas, como no peinarse el lado izquierdo del cabello. Esta disfunción se conoce como síndrome de negligencia.

Otra evidencia de la especialización hemisférica: el síndrome de negligencia

Se denomina síndrome de negligencia a una disfunción cerebral producida por daños sufridos en un hemisferio.

Quienes lo padecen se comportan como si un lado del espacio no existiera, incluido el correspondiente a su propio cuerpo.

Por ejemplo, al no reconocer su lado izquierdo, se afeitan sólo la parte derecha del rostro o dibujan sólo en la derecha de una hoja de papel.

Otras situaciones que evidencian cómo funciona la lateralización tienen que ver con las habilidades cognitivas, ya que una persona con daños en la zona derecha de su cerebro tiene dificultades para prestar atención y hacer más de una cosa a la vez.

Tampoco puede interpretar el lenguaje abstracto o metafórico y, si la lesión es muy grave, puede perder sus habilidades para la música. En neurología, la pérdida de la capacidad musical originada en lesiones del hemisferio derecho se denomina **amusia**.

Al analizar la mayor capacidad musical del hemisferio derecho, y el hecho de que la amusia sea un síntoma de lesión en éste, Francisco Rubia[59] comenta un experimento realizado con músicos y compositores cuyos resultados revelaron que aquellos que tenían mayor experiencia mostraron en el reconocimiento de melodías superioridad del hemisferio izquierdo, mientras que los que tenían menos experiencia utilizaban más el hemisferio derecho.

Estos resultados sugieren que los músicos con gran experiencia realizan un análisis detallado de la melodía (función del hemisferio izquierdo) mientras que aquellos que no la tienen la experimentan emocionalmente (función del hemisferio derecho).

Cabe destacar que a partir de los escritos de compositores de la talla de Wagner se llega a la conclusión de que, para la mayoría, com-

---

59. Francisco Rubia, *El cerebro nos engaña.*

poner es un acto natural, por lo tanto, utilizan más el tipo de pensamiento holístico (característico del hemisferio derecho) que el secuencial o lógico (típico del hemisferio izquierdo).

Este último interviene después, por ejemplo, cuando se realiza un análisis temporal y secuencial de las notas para escribir una partitura. En el caso del hemisferio izquierdo, un daño muy importante puede afectar esta capacidad.

> La mayoría de las personas zurdas también tienen los centros del habla en el hemisferio izquierdo, aproximadamente el 70 por ciento. En el caso de los diestros, este porcentaje es del 90 o más.

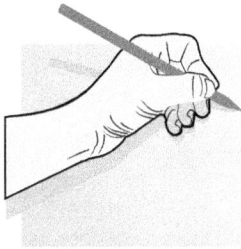

De todos modos, la consecuencia más común de una lesión en esta mitad del cerebro es la **afasia** (alteraciones en la articulación y comprensión del lenguaje), debido a que las funciones relacionadas con el habla y la organización de la actividad cognitiva del lenguaje se concentran en este hemisferio.

Otra característica relacionada con el funcionamiento del hemisferio izquierdo tiene que ver con el pensamiento dualista, que el psiquiatra estadounidense Eugene D'Aquili denomina "operador binario".

Este tipo de pensamiento es el que maneja los conceptos antagónicos, por eso las personas que tienen una lesión en el lóbulo parietal inferior de este hemisferio no pueden formar antónimos ni realizar comparaciones como "mayor que", "menor que", etc.

De lo expuesto hasta ahora vemos con claridad que la mayor parte de las actividades físicas y mentales que realizamos día a día están lateralizadas, es decir, dependemos de uno u otro hemisferio para llevarlas a cabo.

El siguiente gráfico sintetiza las principales diferencias funcionales entre ambos hemisferios:

Diferencias funcionales hemisféricas

◀ **Hemisferio izquierdo**

▶ **Hemisferio derecho**

Hemisferio izquierdo	Hemisferio derecho
• Procesos verbales	• Procesos no verbales
• Lenguaje	• Visualización tridimensional
• Cálculo	• Reconocimiento y expresión de emociones
• Lógica	
• Análisis	• Creatividad
• Orden	• Capacidades visoespaciales
• Secuencias	• Imaginación
• Ritmo	• Pensamiento holístico intuitivo
• Sentido del tiempo	
• Controlador	• Orientación
• Normas	• Comprensión de metáforas
• Relaciones causa-efecto	• Comprensión del significado de expresiones faciales
• Jerarquías	

El conocimiento de estas particularidades es sumamente importante y tiene un enorme potencial de aplicación. Por ejemplo, la neuroeducación ha desarrollado numerosas técnicas para estimular uno u otro hemisferio, y los programas de entrenamiento neurocognitivo incluyen, además, gran cantidad de prácticas dirigidas tanto a incrementar las fortalezas como a superar debilidades relacionadas con las diferentes funciones hemisféricas.[60]

En la vida cotidiana también se pueden aplicar estos conocimientos, no sólo en pos de la propia superación, sino también para lograr una mejor comunicación con los demás, lo cual nos exige analizar "el hemisferio del otro". Por ejemplo, si estamos negociando con una persona racional, minuciosa, verbal, que se detiene en los cálculos y tiene un comportamiento analítico (esta persona puede ser nuestra pareja, nuestro hijo, nuestro cliente), nos conviene elaborar un mensaje dirigido a su hemisferio izquierdo si queremos convencerla.

60. En la segunda parte de este libro veremos algunas de estas técnicas.

A la inversa, si esa persona es emotiva, imaginativa, soñadora, creativa y se interesa por los conceptos más que por los números, nos va a ir mucho mejor si elaboramos un mensaje dirigido a su hemisferio derecho. En el próximo apartado, en el que analizaremos el fenómeno de dominancia cerebral, podrá visualizar con mayor claridad el verdadero alcance de estos conocimientos y también cómo aplicarlos para ser comprendido y escuchado.

2.3. El fenómeno de la dominancia cerebral

La dominancia cerebral es el predominio de uno u otro hemisferio en el momento de procesar, interpretar y presentar la información.

Para explicarlo, comencemos por un ejemplo: imaginemos que participamos en una ONG que se ocupa de la defensa del medio ambiente y está a punto de empezar una reunión en la que se abordará el problema de una fábrica que está contaminando un río.

Si nos detenemos a analizar la exposición de cada participante, es casi seguro que observaremos diferentes estilos: algunos se centrarán en los detalles cuantitativos, no sería extraño que lleven varias de hojas con cálculos de la cantidad de peces afectados, porcentajes de sustancias químicas en el agua, número y tipo de especies contaminadas, etc., todo con lujo de detalles. Otros, por el contrario, estarán preocupados por captar la atención de la comunidad sobre el tema y es probable que lleguen con un mensaje creativo para una campaña de concienciación.

Estas diferencias, dominancia del hemisferio izquierdo (en los primeros) y del hemisferio derecho (en los segundos), hacen que cada individuo tenga su propio estilo de pensamiento, organización de la información y aprendizaje.

> La dominancia cerebral se manifiesta con claridad en los procesos de aprendizaje.
>
> Este avance ha dado lugar a que en algunos países, entre ellos Estados Unidos, se utilicen los nuevos conocimientos para elaborar programas educativos de vanguardia en la escuela elemental.

Por ejemplo, una persona con predominio del hemisferio izquierdo procesará la información de forma secuencial, paso a paso. En cambio, quien tenga predominio del hemisferio derecho no pasará de una secuencia a otra, lo que hará es buscar pautas, conceptos, y luego los organizará en un todo integrado.

Dado que el hemisferio derecho opera con imágenes sensoriales (visuales, auditivas, táctiles, olfativas y gustativas) y construye representaciones del mundo muy cercanas a las fantasías, es decir, a fenómenos más intuitivos y emotivos que lógicos, es común que en los artistas destacados haya un predominio de este hemisferio:

Cada hemisferio tiene asociada una serie de habilidades distintas y cada persona tiene un hemisferio como dominante:

Van Gogh pintó cerca de 900 cuadros y realizó cerca de 1.500 dibujos. Vivió en la pobreza.

Alta dominancia del **hemisferio derecho**.

Dalí pintó 1.500 cuadros y realizó numerosas obras artísticas. Ganó muchísimo dinero.

Quien logra integrar los **dos hemisferios** consigue mejores resultados.

Sin embargo, tal como puede deducirse del caso de Salvador Dalí, es necesario tener en cuenta lo importante que es **trabajar para activar ambos hemisferios**, independientemente de nuestra predisposición, ya que ello posibilitará una visión más integrada de la realidad y, por lo tanto, mejores resultados.

2.4. Dominancia y estilos de pensamiento

De lo expuesto se desprende con claridad que el fenómeno de lateralización implica una forma distinta de pensar y, en consecuencia, de elegir y afrontar la vida. En una primera aproximación, es interesante conocer las fortalezas y debilidades de cada tipo de dominancia. Los siguientes cuadros resumen los principales aspectos que hemos analizado hasta ahora:

¿Cómo es una persona con predominio del hemisferio izquierdo?

- Analítica.
- Ordenada.
- Con capacidad de abstracción.
- Le gusta la palabra precisa.
- Tiene facilidad para los cálculos y se interesa por los modelos, las teorías, la economía y las matemáticas.
- Valora las contradicciones.
- Puede tener un alto cociente intelectual.
- Minuciosa, evaluadora, crítica.
- Gran capacidad de planificación.

¿Qué le falta?

- Creatividad.
- Imaginación.
- Inteligencia práctica.
- Manejo de la incertidumbre.
- Intuición.
- Interpretación visoespacial.
- Capacidad para expresar su sensibilidad.
- Aptitudes para el arte.

¿Cómo es una persona con predominio del hemisferio derecho?

- Original, innovadora, creativa.
- Intuitiva, lúdica, afectiva.
- Prefiere el aprendizaje vivencial.
- Reacciona mal ante las críticas.
- Le gusta discutir.
- Tiene capacidad de síntesis.
- Salta de un tema a otro.
- Suele ser desorganizada.
- Independiente.
- Extravertida.

¿Qué le falta?

- Orden.
- Disciplina.
- Control y dominio de sí misma.
- Organización.
- Tolerancia a la crítica.
- Conocimientos precisos.

De ambos cuadros se desprende que la dominancia cerebral determina a qué aspectos de la vida le prestaremos atención y a cuáles no, y si bien estas características son más enunciativas que taxativas, esperamos que sean de utilidad para orientar al lector en los caminos que elija para optimizar sus capacidades cerebrales.

Por ejemplo, a quienes confirmen el predominio de su hemisferio izquierdo (lo ideal es hacerlo con profesionales especializados mediante un conjunto de exámenes específicos) les resultarán muy eficaces las actividades que los obliguen a utilizar la imaginación (trabajando con metáforas y analogías) y, sobre todo, el cuerpo: canto, teatro, danza, etc.

A quienes confirmen la dominancia de su hemisferio derecho les vendrá muy bien dedicar tiempo a realizar ejercicios de memoria, resolver secuencias y juegos de ingenio.

Estas confirmaciones son importantes para elegir los caminos adecuados. Ahora bien, cabe destacar que aunque toda persona cuenta con un hemisferio dominante por una predisposición de naturaleza genética (el cerebro es asimétrico durante la gestación y el hemisferio izquierdo se desarrolla más lentamente),[61] en todos los casos hay aspectos profundos que deben tenerse en cuenta, como los culturales.

> El hemisferio derecho se desarrolla antes que el izquierdo, y eso tiene una explicación lógica, ya que tanto el análisis visoespacial para orientar el cuerpo como el registro emocional son imprescindibles para la supervivencia.

Esto quiere decir, por ejemplo, que un ciudadano chino procesará un ideograma con el hemisferio izquierdo (para él los ideogramas tienen significados verbales) mientras que es muy posible que un occidental utilice su hemisferio derecho para entender conceptualmente el significado de cada símbolo.

Recordemos que el hemisferio derecho es deductivo y que, para representar la realidad, va de lo general a lo particular. Como tiene capacidades de procesamiento visoespacial, puede apreciar dimensiones y perspectivas que escapan al izquierdo, cuyo enfoque prioriza la parte sobre el todo y lo particular sobre lo general.

---

61. Marta Eugenia Rodríguez de la Torre, *Todo sobre el cerebro y la mente*, Editorial Planeta, Barcelona, 2010. Francisco Rubia, *El cerebro nos engaña*, p. 320.

Para desarrollar el hemisferio izquierdo, es muy importante estimular la creatividad, ya que ésta involucra un proceso mental heterogéneo que incluye diferentes propiedades del pensamiento, entre ellas, generación de ideas, capacidad para la asociación semántica y fantasías.

Estas actividades son muy interesantes para quienes están acostumbrados a utilizar el pensamiento lógico, no sólo porque activan neuronas que normalmente no se usan demasiado, sino también porque estas experiencias mejoran la calidad de vida.

Afirmo esto último basándome en mis propias experiencias, ya que varios asistentes a mis seminarios, convencidos de que eran "puro hemisferio izquierdo" o "puro hemisferio derecho", descubrieron que contaban con otras potencialidades y lograron desarrollarlas.

Por ejemplo, más de una vez interactué con gente de recursos humanos, relaciones públicas o de agencias de publicidad que me han dicho: "Los números no son para mí. ¿Matemáticas?, ¡qué horror!" Sin embargo, y para su sorpresa, algunos obtuvieron excelentes resultados cuando se animaron a hacer un posgrado que los obligó a prestarle atención al mundo cuantitativo.

> Para desarrollar la inteligencia y mejorar la calidad de vida, ambos hemisferios deben actuar de manera armónica y equilibrada, complementándose en sus funciones.
>
> Las técnicas de entrenamiento cerebral son muy eficaces para ayudarnos a optimizar nuestros puntos fuertes y mejorar los débiles, generando de este modo un enorme campo de oportunidades para desarrollar plenamente nuestras capacidades cerebrales.

Del mismo modo, personas con un cerebro dotado para el razonamiento lógico (recuerdo siempre a un directivo de Cisco System que hoy es además un muy buen actor) descubrieron un mundo apasionante cuando decidieron trabajar para despertar las habilidades de su hemisferio derecho, ya que allí residen la creatividad y las capacidades intuitivas.

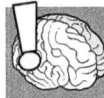

Sin duda, la elección de actividades que impliquen la activación neuronal de ambos hemisferios, fomentando la estimulación del no dominante, es uno de los mejores caminos para desarrollar nuestro potencial cerebral.

Recuerde:

Todos los seres humanos podemos realizar un desplazamiento lateral de izquierda a derecha, o viceversa, a medida que vamos conociendo cómo funciona nuestro cerebro. Lo único que necesitamos es decisión y voluntad.

4.
El cerebro de él.
El cerebro de ella

1. El hombre y la mujer, ¿utilizan su cerebro de forma diferente?

¿Por qué los hombres eligen las series policíacas mientras que las mujeres prefieren las novelas? ¿Por qué la mayor parte de las pequeñas guerras por el mando a distancia se desatan porque "él" sintoniza los canales de deportes cuando lo que "ella" quiere ver es una ficción romántica o un documental?

María Paz me cuestionaría estas preguntas, porque "ella" jamás elegiría ver *Orgullo y prejuicio* o cualquiera de esas miniseries basadas en libros extraordinarios si otro canal emite un partido de Rafa Nadal. Y ni hablar de cuando juega el Barça, ya que directamente no se le puede hablar.

Y tendría razón María Paz, pero sólo porque hay excepciones. Las investigaciones revelan que en las preferencias de género suele haber notables mayorías y la realidad lo constata: es suficiente con observar el estadio durante un partido de fútbol para ver con claridad que hay muchos más hombres que mujeres, o con asistir a una conferencia sobre belleza y salud para comprobar que la mayor parte de los sitios están ocupados por "ellas".

En líneas generales, muchos más hombres que mujeres prefieren ver deportes por televisión (aunque no los practiquen), salir de caza

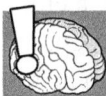

> Los descubrimientos sobre el funcionamiento del cerebro están abriendo nuevos caminos para analizar diferencias entre hombres y mujeres.
>
> Las más importantes están relacionadas con la toma de decisiones, la intuición, las emociones, la capacidad de establecer relaciones con los demás y el procesamiento de la información.

o de pesca, leer revistas sobre los últimos avances tecnológicos y engrosar su caja de herramientas cada vez que van al hipermercado. Del mismo modo, muchas más mujeres que hombres acuden con frecuencia a la peluquería, consumen revistas de diseño, moda y decoración, estudian psicología en vez de ingeniería, invierten en cirugías estéticas y son receptivas a las ficciones románticas.

En una primera aproximación al tema, puede argumentarse que estas diferencias se deben a factores socioculturales, y esto es cierto, pero tengamos presente que, debido al fenómeno de la neuroplasticidad, nuestro cerebro se va formando anatómicamente en función de las influencias que recibe del entorno.

Esto explica, en parte, por qué las zonas relacionadas con la agresividad son mayores en el cerebro masculino, mientras que las habilidades relacionadas con la empatía, es decir, con la capacidad de ponerse en el lugar del otro, percibir lo que está sintiendo y sintonizar con sus emociones, están más desarrolladas en el femenino.

> Debido al fenómeno de la neuroplasticidad, las sociedades humanas van esculpiendo el cerebro de hombres y mujeres desde muy temprana edad, según el tipo de ideología y cosmovisión de cada segmento de adultos y formadores.

En el mundo occidental, los varones se familiarizan con el conflicto desde pequeños cuando les regalamos soldaditos de plomo, espadas, revólveres o muñecos con forma de monstruos. Estas claves culturales van determinando la morfología de su cerebro, ya que cada vez que un niño juega a la guerra se van creando los neurocircuitos vinculados a ese tema.

Eso puede explicar por qué son más comunes las peleas corporales entre varones y por qué (en promedio) los líderes masculinos se manejan con más comodidad cuando las luchas competitivas son feroces, por ejemplo, entre las grandes corporaciones. Aun así, hay algunas preferencias que aparentemente son innatas, y no producto del fenómeno de la neuroplasticidad asociado a factores culturales, como se ha creído hasta el presente.

Por ejemplo, los resultados de una investigación realizada de forma conjunta por profesores de la Universidad de Londres y de la Universidad de Texas permitieron descubrir que algunas preferencias de juguetes según el género no son producto de la socialización.[62]

Durante el experimento, realizado con simios de uno a cuatro años de edad, se incluyeron juguetes típicos de varones (como camiones, cochecitos), juguetes típicos de niñas (como muñecas) y juguetes de género neutro (libros, entre otros).

Mediante una medición del tiempo que ambos sexos pasaban con los distintos juguetes, se observó en los machos una preferencia por los considerados masculinos y, en las hembras, por los considerados femeninos. Con respecto a los neutros, ambos sexos utilizaron la misma cantidad de tiempo.

Dado que, obviamente, los animales no pueden ser influenciados por estímulos socioculturales, se infiere que la inclinación de uno y otro sexo hacia diferentes juguetes puede deberse a diferencias biológicas innatas.

De la misma forma, no se descartan razones vinculadas con la evolución, es decir, con las actividades que realizaban en el mundo primitivo (la caza predominaba en el hombre mientras que la mujer se dedicaba a las tareas relacionadas con lo que en ese tiempo podríamos denominar hogar).

Como vemos, todo está inscrito y puede inscribirse en nuestro cerebro. Lo relevante es que, con independencia del origen de estas inscripciones, a comienzos del nuevo milenio contamos con herramientas de enorme potencial para estudiarlas con un enfoque científico y continuar perfeccionando esta obra maestra que comenzó la naturaleza mediante la implementación de un trabajo sistemático de neuroplasticidad autodirigida.

1.1. Iguales, luego diferentes. El punto de partida

El desarrollo de las características masculinas está determinado por un gen que es exclusivo del cromosoma Y, que genera la transforma-

---

62. Lawrence Cahill, "His brain, her brain", *Scientific American*, Volumen 292, n.º 5 (2005), pp. 40-47.

> Mujeres y hombres no revelan diferencias en inteligencia, sino en aptitudes o potencial para realizar determinados tipos de tareas.
>
> Investigar estas características permitirá aplicar una base científica para que tanto ellos como ellas puedan elegir las actividades que mejor se adapten a su potencial cerebral, contribuyendo de este modo al desarrollo de capacidades innatas y, a su vez, a mejorar su desempeño.

ción de las gónadas del embrión en testículos. Si este cromosoma no está presente, se desarrollan los ovarios.[63]

A partir de la octava semana, la acción de los andrógenos diferencia el feto como masculino. En esta fase, la exposición a las hormonas sexuales causaría la diferencia sexual en el cerebro, tanto en la morfología como en las funciones, por eso, hombres y mujeres nacen con circuitos que los caracterizan como pertenecientes a uno u otro género.[64]

Lo relevante para el tema que nos ocupa es que hoy es posible trabajar para desarrollar y potenciar aquellas habilidades para las cuales ambos géneros están dotados, ya que lo que se observa, anatómicamente, es una especie de plata-

63. A. Arnold, "Hormones, brain and behavior", *Academic Press* (2002), pp. 105-135. J. Rodié, "Sexo y cerebro: diferencias morfológicas y funcionales entre mujeres y hombres", *Actas Españolas de Psiquiatría*, Volumen 30, n.º 3 (2002), pp. 189-194.

64. L. Brizendine, *The Female Brain*, Morgan Road Books, Nueva York, 2006. Versión castellana *El cerebro femenino*, Editorial Del Nuevo Extremo, Buenos Aires, 2007. M. McCarthy, Anthony P. Auger, Tracy L. Bale, Geert J. de Vries, Gregory A. Dunn, Nancy G. Forger, Elaine K. Murray, Bridget M. Nugent, Jaclyn M. Schwarz y Melinda E. Wilson, "The epigenetics of sex differences in the brain", *The Journal of Neuroscience*, Volumen 29, n.º 41 (2009), pp. 12815-12823. Hilleke E. Hulshoff Pol, Peggy T. Cohen-Kettenis, Neeltje E. M. van Haren, Jiska S. Peper, Rachel G. H. Brans, Wiepke Cahn, Hugo G. Schnack, Louis J. G. Gooren y René S. Kahn, "Changing your sex changes your brain: influences of testosterone and estrogen on adult human brain structure", *European Journal of Endocrinology*, 155 (2006), pp. 107-114. Jiska S. Peper, Rachel M. Brouwer, Hugo G. Schnack, G. Caroline van Baal, Marieke van Leeuwen, Stéphanie M. van den Berg, Henriette A. Delemarre-Van de Waal, Dorret I. Boomsma, René S. Kahn y Hilleke E. Hulshoff Pol, "Sex steroids and brain structure in pubertal boys and girls", *Psychoneuroendocrinology*, 34 (2009), pp. 332-342.

> Las diferencias entre el cerebro del hombre y la mujer se inician en el desarrollo fetal, en la octava semana de gestación.
>
> Antes, los embriones masculinos y femeninos son prácticamente iguales.

forma diferente que va a impactar en el estilo de pensamiento y conducta, teniendo siempre como base la historia individual, la personalidad y el medio ambiente cultural y social.

1.2. Por qué los niños no juegan con muñecas

Los avances en las neurociencias confirman que el cerebro masculino y el femenino tienen una configuración distinta que determina las capacidades, las características y el comportamiento de cada sexo.[65] Estas diferencias se reflejan tanto en la morfología (el hipocampo, el cerebelo, la amígdala y la corteza, entre otras regiones, son diferentes) como en los circuitos cerebrales y el procesamiento de la información.

En la actualidad, y con el soporte de técnicas como la resonancia magnética funcional por imágenes (fMRI) y la tomografía de emisión de positrones (PET), se avanza en el estudio de las particularidades de ambos cerebros, tanto en aspectos morfológicos como funcionales.

Lo que se busca es indagar cómo esas particularidades se reflejan en el procesamiento de la información, en el potencial de desarrollo de determinadas capacidades (como memorizar, la organización visoespacial, el dominio del lenguaje) y en la sensibilidad hacia determinados fenómenos (como la percepción sensorial y el procesamiento de las emociones).

Ello permitirá descubrir cómo es la base neurológica sobre la que se asientan la inteligencia y el estilo particular de desempeño de hombres y mujeres, y hay grandes expectativas sobre el desarrollo de herramientas que permitan potenciar determinadas habilidades a partir de la constitución neurobiológica de género.

Por ejemplo, si bien la mujer se destaca desde hace tiempo por sus aptitudes en lo relacionado con la empatía, con la capacidad para crear

---

65. Francisco Rubia, 7 de marzo de 2007, Agencia EFE.

relaciones con los demás, en la actualidad estas habilidades se están estudiando en el cerebro.

Lo mismo ocurre con el hombre, cuyo cerebro parece estar especialmente dotado para la sistematización, es decir, para

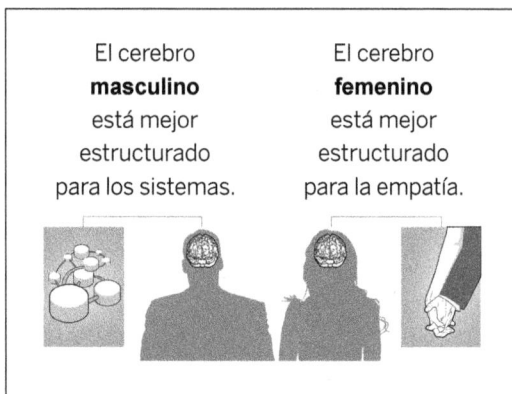

El cerebro **masculino** está mejor estructurado para los sistemas.

El cerebro **femenino** está mejor estructurado para la empatía.

todo aquello que tenga que ver con sistemas, desde el que necesita un automóvil para moverse hasta el conjunto de programas que efectúan los procesos característicos de una red informática.

Cabe subrayar una vez más que en este libro hablamos siempre en promedio o de mayorías al analizar las diferencias o preferencias de género, ya que hay evidencias concretas de que muchas mujeres son extraordinarias para entender y diseñar sistemas y hombres cuya capacidad de oratoria, seducción y liderazgo es indiscutible (en el capítulo anterior citamos varios ejemplos).

Por lo tanto, si bien estas diferencias neurofisiológicas existen, tanto por naturaleza como por inscripciones que son resultado de determinados tipos de aprendizajes y experiencias, no se puede decir a priori que actúen como condicionantes del desempeño en determinadas áreas.

Tampoco podemos pensar en el entramado de un mapa de características que sean intrínsecamente femeninas o masculinas. Lo que sí hallamos son investigaciones que confirman viejos supuestos y otras que en realidad nos sorprenden.

Por ejemplo, si bien no hay suficientes datos para afirmar que las mujeres (en promedio) son más cautas que los hombres en el manejo del dinero —a pesar de su injusta fama como compradoras compulsivas—, varios estudios muestran que los hombres actúan con excesiva confianza con mayor frecuencia que las mujeres, en especial en las finanzas. Eso los lleva muchas veces a invertir demasiado y a ob-

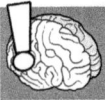

¿Son "ellas" más cautas?

Durante un experimento se descubrió que la toma de decisiones económicas de los hombres tendía a ser un poco más arriesgada que la de las mujeres y que, por lo general, ellos ganaban más dinero en pruebas de laboratorio.

Al analizar qué ocurría en el cerebro de los participantes, se observó que, ante las mismas circunstancias, en el cerebro de los hombres se activaban las zonas vinculadas a la emoción, mientras que, ioh, sorpresa!, en el de las mujeres se activaban las zonas más racionales.

tener peores resultados que las mujeres.[66]

¿Servirán estas investigaciones para convencer a los hombres de que dejen en manos de sus mujeres el manejo de la economía y los ahorros del hogar? No sabemos. Lo que sí es cierto es que la implementación del nuevo enfoque de las neurociencias está abriendo nuevos caminos para investigar (y tal vez predecir) qué puede ocurrir cuando las decisiones que toma una persona tienen su origen en un cerebro masculino o femenino.

Si nos centramos en el análisis de la configuración neuronal, podemos inferir que la mujer contemplará mayor variedad de factores o fundamentos a la hora de evaluar alternativas y considerará, incluso, aspectos distantes o de relativa poca relación con el tema que la ocupa, por ejemplo, comprar o no comprar acciones en la bolsa para preservar y hacer crecer los ahorros de la familia.

Este fenómeno puede producirse en cualquier papel que desempeñe en la vida, y las diferencias tal vez radiquen (si las comparamos "entre ellas") en la velocidad del pensamiento, es decir, en el tiempo que el cerebro de una y otra tarda en hacer este recorrido. De momento, las neurociencias registran día a día una gran cantidad de diferencias estructurales, químicas y genéticas que hacen que el cerebro del hombre y la mujer procesen la información y la almacenen de manera diferente.

---

66. Ernesto López, "Todos tenemos nuestro cuarto de hora: Economía conductual, neuroeconomía y sus implicancias para la protección al consumidor", *Revista de la Competencia y la Propiedad Intelectual*, Año 1, n.º 1 (primavera 2005), pp. 111-124.

2. Características e influencia de las diferencias neurobiológicas

El factor más importante, a la hora de analizar las diferencias neurobiológicas entre el cerebro del hombre y la mujer, así como también su comportamiento en las diferentes etapas de la vida, se vincula con el sistema endocrino.[67]

Por ejemplo, los altos niveles de testosterona (hormona masculina) influyen en un mayor desarrollo del hemisferio derecho, del que dependen las habilidades visoespaciales (aquellas en las que se destacan especialmente los varones) y aumenta la predisposición para la agresión.[68]

En el caso de la mujer, los bajos niveles de esta hormona permiten que sus células cerebrales desarrollen más conexiones en los centros de comunicación y en las áreas que procesan emociones. Esto influye en su predisposición para armonizar en los diferentes ámbitos en los que actúa y está relacionado, a su vez, con sus habilidades innatas para la empatía.

La influencia hormonal es determinante en la conformación de un cerebro como masculino o femenino, y también en la predisposición de ambos sexos para desarrollar con eficacia determinadas capacidades.

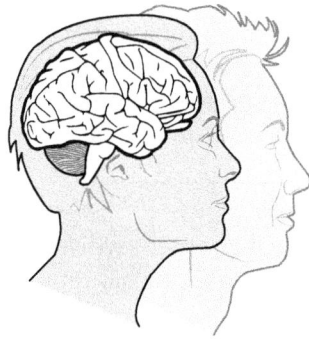

Al igual que el masculino, el cerebro femenino también está afectado por las hormonas en las diferentes etapas de la vida; sin embargo, esta afectación es más intensa y variada. Esto hace que la realidad neurobiológica de una mujer no sea tan constante como la de un hom-

---

67. El sistema endocrino produce y segrega las hormonas que regulan varias funciones del organismo.
68. Francisco José Rubia, catedrático de Fisiología Humana de la Universidad Complutense, en una entrevista realizada por *La Vanguardia*. Simon Baron-Cohen, *La gran diferencia: Cómo son realmente los cerebros de hombres y mujeres*, Editorial Amat, Barcelona, 2005, p. 113.

> El hemisferio derecho es preponderante en el desarrollo de habilidades vinculadas con la sistematización, en las que se destaca el hombre.
>
> El hemisferio izquierdo es más activo en el desarrollo del lenguaje y la comunicación, habilidades en las que se destaca la mujer.

bre, ya que puede cambiar en menos de un día.[69]

Hombres y mujeres presentan además diferencias morfológicas en algunas estructuras, como el cuerpo calloso,[70] la amígdala y el hipocampo entre otras que, si bien no pueden catalogarse como condicionantes, tienen una importancia que no podemos soslayar debido a su repercusión en la conducta.

Hoy sabemos, por ejemplo, que la sensibilidad cerebral ante el estrés y el conflicto es diferente según el género, y que hombres y mujeres no utilizan los mismos neurocircuitos para resolver un mismo problema. También se sabe que es distinta la forma de almacenar los recuerdos, procesar el lenguaje, leer mapas o reconocer rostros; en definitiva, que las diferencias entre el cerebro masculino y femenino son complejas y pueden explicar, incluso, las diferencias que se observan en la percepción sensorial y la interpretación de los hechos.

Por ejemplo, en las zonas de la corteza vinculadas a la audición y el lenguaje, las mujeres tienen un 11 por ciento más de neuronas que los hombres. También son mayores las estructuras vinculadas con el registro emocional y la memoria. Ésta es la razón por la que un mismo acontecimiento observado por un hombre y una mujer puede ser interpretado de forma tan diferente.

En los siguientes apartados analizaremos las particularidades más conocidas en función del género.

2.1. El cerebro de ella

Mucho antes de que el Congreso de Estados Unidos declarara a la década de los noventa como la "década del cerebro", la mujer había

---

69. Louann Brizendine, *The female brain*, pp. 25-26. Versión castellana *El cerebro femenino*, Editorial Del Nuevo Extremo, Buenos Aires, 2007.
70. Véase el capítulo 3.

comenzado a exhibir y demostrar sus capacidades diferenciales, convirtiéndose en una protagonista destacada.

En el momento en que escribo este libro (segunda mitad del año 2011), es suficiente con abrir los periódicos para comprobar su notable papel en el escenario mundial: Dilma Rousseff ejerce la presidencia de Brasil, Angela Merkel ocupa el primer puesto en el gobierno alemán, Michelle Bachelet dirige la agencia de las Naciones Unidas para la igualdad de género tras haber sido presidenta de Chile durante cuatro años..., y la lista podría continuar extensamente. Además, millones de mujeres que no son noticia de diarios y revistas llevan a cabo actividades ejemplares, tanto en los ámbitos laborales y sociales en los que participan como en su propio hogar, exhibiendo cualidades diferenciales para las cuales su cerebro parece estar naturalmente dotado.

A continuación analizaremos algunas de las características neurobiológicas que se consideran importantes teniendo en cuenta el desarrollo de diferentes capacidades cognitivas, así como también el procesamiento emocional de la información.

El cerebro femenino está mejor estructurado que el masculino para el desarrollo de empatía

Las personas con gran capacidad empática casi siempre sonríen y tienen una especie de don para sintonizar con los demás de forma natural. Además, suelen ser extraordinariamente seductoras.

Esta capacidad para ponerse en la piel del otro les otorga una mejor calidad de vida, ya que por lo general son apreciadas y valoradas en los ámbitos en los que participan. Quizá el lector piense que no estoy diciendo nada nuevo, puesto que esta reflexión parte simplemente del sentido común, y es cierto.

Las investigaciones sobre la empatía se centran en el proceso que tiene lugar en el cerebro cuando alguien piensa en las emociones de otra persona o reacciona ante éstas.

La mayor parte de los resultados obtenidos revelan que las mujeres presentan una mayor respuesta emocional empática en comparación con los hombres.

Lo relevante es que hoy se sabe que la ausencia total de empatía puede llevar al rechazo de los demás, y esto activa en el cerebro las mismas zonas que el dolor físico, provocando malestares que, con el tiempo, pueden afectar la salud.[71] Sin duda, vivir sin tener en cuenta a los demás trae consecuencias que en el futuro pueden ser muy difíciles de reparar.

Otro tema muy interesante que es necesario puntualizar, ya que implica la activación de diferentes zonas en el cerebro, es que existen dos tipos de empatía: la cognitiva y la emocional.

- La **empatía cognitiva** implica la **capacidad de conocer** lo que otra persona está pensando o sintiendo. Por ejemplo, darnos cuenta de que nuestra vecina está mal porque lo leímos en su rostro cuando la encontramos en el ascensor; sin embargo, ese hecho no nos provoca ningún sentimiento.
- La **empatía emocional** es la **capacidad de sentir** algo similar a lo que está sintiendo otra persona. Por ejemplo, cuando al ver triste a nuestra vecina experimentamos un sentimiento de pena.

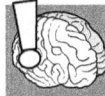

Varias investigaciones han comprobado que en el cerebro de hombres y mujeres participan diferentes neurocircuitos para describir las propias emociones y actuar frente a las de otros,[72] y que los hombres utilizan más los neurocircuitos relacionados con la empatía cognitiva, mientras que las mujeres activan predominantemente los neurocircuitos responsables de la empatía emocional.[73]

---

71. "Social rejection shares somatosensory representations with physical pain", Proceedings of the National Academy of Sciences, PNAS, 28 de marzo de 2011. <http://www.pnas.org/content/early/2011/03/22/1102693108.abstract?sid=ac4266be-88f6-42cc-a422-dfdc7cf287e3>.
72. Martin Schulte-Rüther, Hans J. Markowitsch, N. Jon Shah, Gereon R. Fink y Martina Piefke, "Gender differences in brain: Networks supporting empathy", *NeuroImage*, Volumen 42 (2008), pp. 393–403.
73. Rueckert y N. Naybar, "Gender differences in empathy: The role of the right hemisphere", *Brain and Cognition*, 67 (2008), pp. 162-167. Martin Schulte-Rüther *et al.*, "Gender differences in brain: Networks supporting empathy".

La empatía emocional puede observarse con mucha claridad en las mujeres desde que son muy pequeñas: las niñas que aún no han cumplido un año captan los estados de angustia o tristeza de otras personas más que los varones y ello se refleja en su conducta.

> El interés de la mujer por las expresiones emocionales y la comunicación se revela en los primeros tres meses de vida, período en el que su capacidad de contacto visual y observación de rostros (una habilidad innata en la que supera a los varones) crece un 400 por ciento.

Por lo general se acercan y actúan cariñosamente con quienes perciben que están tristes o angustiados. En el caso de los recién nacidos, las niñas responden más que los varones cuando escuchan los llantos de otros bebés.

Esta aptitud natural (la cantidad de neuronas espejo en el cerebro femenino es mayor que en el masculino, por lo tanto, es más empático y más comunicativo) también puede explicar el efecto de contagio emocional que se observa entre mujeres, que puede sintetizarse en la conocida frase "nada mejor que una mujer para comprender a otra mujer".

En resumen, las investigaciones sugieren que los hombres tienen una menor respuesta empática que las mujeres y que, normalmente, éstas experimentan y relatan con mayor intensidad sus estados emocionales.[74]

Por esta razón, si en el momento en que una pareja experimenta una emoción desencadenada por el mismo hecho pudiéramos introducirnos en el interior de sus cerebros, veríamos que hay mayor actividad en el femenino.

El cerebro femenino tiene un mayor desarrollo
de las áreas del lenguaje

A lo largo de la evolución, y debido a la denominada memoria genética, la mujer tuvo un mejor desarrollo de las zonas cerebrales relacio-

---

74. L. Rueckert y N. Naybar, "Gender differences in empathy: The role of the right hemisphere". *Braind and Cognition*

nadas con el lenguaje. En la actualidad, estas áreas son entre un 20 y un 30 por ciento más grandes que las de los hombres.

En parte, a esto se debe que la mayoría supere a los hombres en pruebas de lenguaje, velocidad para leer e interpretar textos, captar los matices emocionales en aquéllos y escribir de forma creativa.

Estas capacidades, sumadas a sus habilidades empáticas, les otorgan una excelente plataforma para desarrollar sus aptitudes para la comunicación.

En el cerebro femenino las áreas del lenguaje se distribuyen ampliamente en los dos hemisferios, mientras que en el masculino se ubican sólo en el izquierdo.

Los hombres "escuchan" mejor las palabras que ingresan por su oído derecho debido a que están más lateralizados para el lenguaje que las mujeres.

Otra razón por la cual tienen ventajas, por ejemplo, cuando comienzan a leer y escribir. Las niñas lo hacen mejor que los varones y logran mejores calificaciones en ortografía y gramática. Esto se debe a que las mujeres emplean ambos hemisferios para la lectura, mientras que los hombres utilizan solamente el derecho.

Esta particularidad las ayuda también a recuperarse en menos tiempo que los hombres cuando sufren un daño en el hemisferio izquierdo, ya que parte de las funciones relacionadas con el lenguaje son ejercidas por las áreas que se ubican en el derecho.

La mujer tiene mayor capacidad de relacionarse y puede hacer mejor varias cosas a la vez

En gran parte, esta habilidad se atribuye al cuerpo calloso, que en la mujer es más ancho y más blancuzco,[75] mientras que en el hombre es más angosto y más grisáceo.

Esto puede explicar la mayor capacidad de razonamientos secuenciales que tiene el varón y, a su vez, la mayor capacidad de relacionarse que tiene la mujer, que normalmente responde de forma más va-

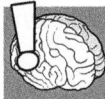

75. Véase el capítulo 3.

riada ante una misma situación o tema.

Otra característica que ayuda a explicar las habilidades femeninas es que la mujer utiliza varios sentidos y procesa gran cantidad de información sin desconcentrarse debido a que tiene una mejor comunicación entre hemisferios. Por ello, integra mejor los conocimientos, fundamenta con más variedad sus conclusiones y requiere mayor diversidad de argumentos para ser convencida.

El hombre, en cambio, tiende al abordaje de la información de forma secuencial, tiene menor capacidad que la mujer para las tareas que exigen manejar muchas ideas de manera simultánea y necesita menos argumentos para ser convencido.

En promedio, las mujeres tienen una visión totalizadora de una situación determinada, mientras que los hombres tienden a una visión más focalizada.

También se ha observado que varias regiones del cerebro femenino están mejor estructuradas en el hemisferio derecho (holístico, creativo, emocional) que en el izquierdo.

Esta característica puede explicar la mayor capacidad intuitiva de las mujeres con relación a la de los hombres.

La sensibilidad ante situaciones de crisis, estrés y expresiones calificadoras es mayor en el caso de la mujer

Si bien ambos sexos suelen experimentar emociones con la misma intensidad, hay diferencias en el comportamiento. En el caso de la ira, el hombre puede actuar de manera agresiva y terminar a los golpes. La mujer, en cambio, tiende al autocontrol o a la introspección, incluso a la represión, lo cual le provoca estados de angustia y la hace más proclive al estrés. Al ser más sensible, procesa de forma mucho más profunda los aspectos emocionales.

Esta mayor sensibilidad ha sido comprobada por las neurociencias en varios experimentos. Por ejemplo, ante expresiones calificadoras, las neuroimágenes muestran que las reacciones de las mujeres son más

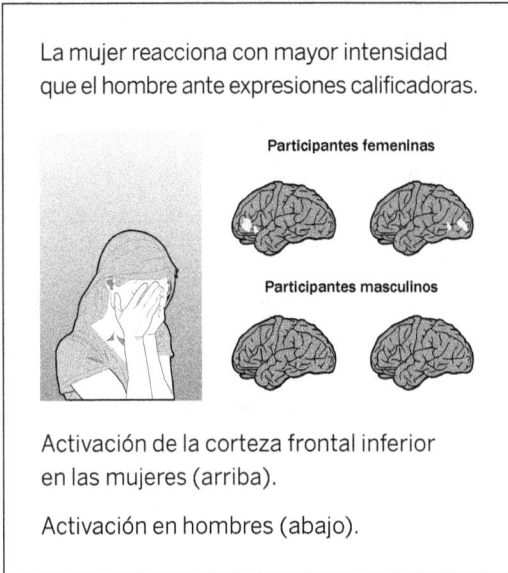

La mujer reacciona con mayor intensidad que el hombre ante expresiones calificadoras.

Participantes femeninas

Participantes masculinos

Activación de la corteza frontal inferior en las mujeres (arriba).

Activación en hombres (abajo).

intensas que las de los hombres.[76]

Justamente, recuerdo un día en que una de mis asistentes llegó "desanimada" por la calificación que obtuvo en un examen por parte de un profesor proclive a humillar a sus alumnos en público.

Aquí, es evidente, no había una cuestión de género, ya que el segmento masculino también tuvo su parte. En estos casos, la diferencia reside en las reacciones. Mientras los varones pueden sentir el mismo "odio" en el momento (lo pongo entre comillas porque ésa fue la expresión que utilizó Marita para describir aquella experiencia), lo cierto es que se recuperan con rapidez.

Es común que a las dos horas dirijan su atención a un partido de tenis o se concentren sin problemas en estudiar. Ellas, en cambio, pueden sufrir horas, días, ¡semanas!

Si bien es fácil comprobar esto observando la realidad (cuando una mujer experimenta algo que la conmueve profundamente, sobre todo con sus hijos o su pareja, es normal que no pueda concentrarse en otra cosa), los descubrimientos sobre el funcionamiento del cerebro son de gran utilidad para que el hombre logre ponerse en el lugar de ella (aun cuando tenga pocas condiciones para la empatía) y comprenda por qué le afectan tanto sus palabras o sus actitudes.

76. Las neuroimágenes del recuadro corresponden a una investigación realizada mediante tomografía computarizada en la que se analizó la actitud de los participantes ante expresiones calificadoras. Las mujeres reaccionaron con más intensidad que los hombres, tanto en sentido positivo como negativo.

En realidad, tanto la forma de sentir como la de pensar son distintas. Imaginemos, por ejemplo, una discusión en una pareja. Lo normal es que el hombre evite analizar todas las variables en determinados diálogos y que simplifique situaciones con enunciados dicotómicos del tipo "lo aceptas o lo rechazas", "quieres o no quieres". En cambio, ella utilizará un mayor número de alternativas y actuará de forma más estratégica.

La capacidad para memorizar es mayor en la mujer, así como también la fijación de recuerdos con contenidos emocionales
La memoria de la mujer supera a la de los hombres en todas las franjas etarias. Una de las investigaciones más interesantes, en la que participaron más de 50.000 personas, reveló que las mujeres tienen mayor capacidad para recordar listas, así como también para asociar el nombre de una persona con su rostro.[77]

De la misma manera, la mujer puede evocar recuerdos emocionales más rápidamente que el hombre y los fija con mayor permanencia en el tiempo. Esto también ha sido corroborado por varias investigaciones.

Por ejemplo, en un experimento en el que se estudió la activación cerebral en un grupo de mujeres y

Una de las estructuras cerebrales más importantes en la formación de la memoria, el hipocampo, tiene un mayor tamaño en el cerebro de la mujer, así como también los circuitos cerebrales que registran la observación de las emociones de los demás.

Esta configuración morfológica hace que, en promedio, las mujeres tengan mayor facilidad para expresar sus emociones y, a su vez, mayor capacidad para recordar de forma minuciosa los episodios con carga emocional.

En el cerebro femenino, los recuerdos emocionales se caracterizan por ser intensos, vivenciales y ricos en detalles.

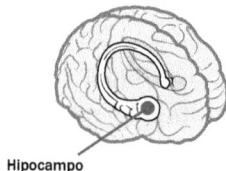

Hipocampo

---

77. Esta investigación fue dirigida por Thomas Crook, uno de los principales especialistas del mundo en el deterioro de la memoria. Es autor, junto a Brenda Adderly, de la obra *La cura de la memoria* (Ediciones Granica, Buenos Aires, 2005).

hombres expuestos a estímulos visuales de contenido emocional neutro o negativo, se comprobó que las mujeres recordaban más vívidamente que los hombres.[78]

Otra investigación analizó la activación cerebral en hombres y mujeres mientras miraban vídeos con dos tipos de contenidos: aversivos y neutrales. La respuesta femenina fue más intensa en el caso de los aversivos.[79]

Llegados a este punto, quizá el lector se pregunte cómo se realizaron estas investigaciones. Lo explicamos: durante la proyección de los vídeos se obtuvieron neuroimágenes de los participantes. Éstas revelaron que en las mujeres se activaba en mayor medida la amígdala izquierda, mientras que en los hombres se activaba la amígdala derecha.

En las mujeres, el nivel de actividad en la amígdala izquierda se vincula fuertemente con la probabilidad de que el acontecimiento emotivo sea recordado, mientras que la actividad en la amígdala derecha no está relacionada con la fijación del recuerdo.

Asimismo, en el cerebro femenino las regiones involucradas en la reacción emocional coinciden con las áreas que participan en la codificación de la memoria episódica. En el masculino, este procesamiento se realiza en distintos hemisferios. Esta diferencia puede explicar por qué la mujer tiene mayor facilidad para evocar recuerdos emocionales con mayor intensidad y detalle vivencial que el hombre.[80]

En síntesis, los resultados de las investigaciones ponen en evidencia que el cerebro emocional de la

> La amígdala desempeña un papel activo en la vida emocional de ambos sexos y es más grande en el cerebro masculino.
>
> Sin embargo, ante estímulos de contenido idéntico o similar, tiene mayor activación en el cerebro femenino.

78. Ramón M. Nogués, *Sexo, cerebro y género*, Ediciones Paidós, Barcelona, 2003, p. 246.
79. L. Cahill, R. J. Haier, N. S. White, J. Fallon, L. Kilpatrick, C. Lawrence *et al.*, "Sex-related difference in amygdala activity during emotionally influenced memory storage", *Neurobiology Learning and Memory*, 75 (2001), pp. 1-9.
80. L. Cahill, M. Uncapher, L. Kilpatrick, M. T. Alkire y J. Turner, "Sex-related hemispheric lateralization of amygdala function in emotionally influenced memory: An fMRI investigation", *Learning & Memory*, 11 (2004), pp. 261-266. S. Hamann, "Sex differences in the responsesof the human amygdala", *The Neuroscientist Sage Publications* (2005) ISSN 1073-8584.

mujer es más activo que el del hombre[81] y esta sensibilidad tiene una gran influencia en la memoria de largo plazo, ya que los recuerdos de contenido emocional son muy resistentes al paso del tiempo. Por esta razón, es difícil que una mujer olvide algo que la afectó profundamente.

2.2. El cerebro de él

Como mencionamos al principio, la responsable de la formación de un cerebro como masculino es la testosterona, después de recibir una orden genética procedente del cromosoma Y. La influencia de esta hormona es tan importante que determina el tipo de pensamiento y la conducta de los varones durante cada una de las etapas de sus vidas.[82]

Por ejemplo, si uno se pregunta por qué un individuo que tuvo un carácter agresivo, implacable y poco tolerante se convirtió en un abuelo paciente y cariñoso, gran parte de la explicación reside en la testosterona, cuyos niveles comienzan a disminuir alrededor de los cincuenta años.

Esta disminución, que va acompañada de un aumento en los niveles de estrógenos y de otra hormona, denominada oxitocina, hace que en la etapa de la edad madura el cerebro masculino comience a parecerse al femenino en el sentido de que se vuelve más proclive a la sensibilidad emocional y a la paciencia y, por lo tanto, más empático.

Es suficiente con observar nuestra propia familia o la de nuestros amigos para hallar muchos casos de este tipo. Lo relevante, dado el avance de las neurociencias, es que si bien hay una evolución que es resultado del aprendizaje y la experiencia, existen factores de origen neurobiológico que provocan cambios muy importantes en el cerebro masculino y se reflejan en las actitudes y la conducta.

En los siguientes apartados analizaremos los principales factores de diferenciación del cerebro masculino en la vida adulta, es decir, después de la adolescencia y antes de los cincuenta años.

81. J. Sánchez-Navarro y F. Román, "Amígdala, corteza prefrontal y especialización hemisférica en la experiencia y expresión emocional", *Anales de psicología*, Volumen 20, n.º 2 (diciembre de 2004), pp. 223-240.
82. Para profundizar en el tema de la influencia hormonal en el cerebro masculino, véase Louann Brizendine, *El cerebro masculino*, RBA Libros, Barcelona, 2010.

El cerebro masculino está mejor estructurado que el femenino para la sistematización

Conceptualmente, la sistematización consiste en crear, investigar y/o comprender sistemas, entendiendo por sistema un conjunto de elementos (partes) interrelacionados entre sí para lograr un objetivo predeterminado.

> A lo largo de la vida del hombre, el cerebro se formará y reformará según un programa diseñado por los genes y por las hormonas sexuales masculinas. Y esta biología cerebral masculina dará lugar a las conductas propiamente masculinas.
>
> LOUANN BRIZENDINE

En el mundo que nos rodea, hay sistemas de todo tipo y se clasifican en dos grandes categorías: **sistemas físicos** (por ejemplo, un automóvil, la instalación eléctrica del hogar, una computadora) y **sistemas conceptuales** (por ejemplo, el software que utilizamos para trabajar, las matemáticas, las partituras).

Las investigaciones han comprobado que el cerebro masculino está mejor estructurado para la lógica analítica, el razonamiento matemático, todo lo que involucre orden y clasificación, así como también para la concentración en un tema determinado.[83] De la misma manera, la preferencia masculina por carreras como la ingeniería o la arquitectura, donde el número de hombres suele superar holgadamente al de mujeres, se atribuye más a características neurobiológicas que a motivos socioculturales.

Tampoco se considera casual que en las denominadas "ciencias de la vida" los puestos de trabajo estén ocupados por un número importante de mujeres (a veces este porcentaje supera el 50 por ciento, como ocurre en la psicopedagogía) y que no suceda lo mismo en otras disciplinas, como las matemáticas, la física y la ingeniería, donde hay un predominio de varones.[84]

La mayoría masculina también se destaca en el caso del ajedrez, y esto puede comprobarse buscando información sobre los mejores

---

83. Simon Baron-Cohen, *La gran diferencia.*
84. Richard J. Haier, entrevista publicada en el diario *El País*, 22 de octubre de 2008.

jugadores del mundo. En la actualidad se discute si estas diferencias se deben a la mayor capacidad del hombre para las actividades visoespaciales o si su supremacía obedece a razones sociales y culturales.[85]

Las zonas cerebrales relacionadas con el impulso sexual son 2,5 veces mayores en el cerebro masculino

Las principales diferencias halladas se encuentran en una zona del hipotálamo —que es la estructura cerebral que regula los impulsos sexuales y la reproducción—, en una zona denominada INAH3, ubicada en el área preóptica media.

En el cerebro masculino, estas áreas son más grandes y contienen un mayor número de células (más del doble con relación a la mujer).[86] También son diferentes los grados de activación de ambos cerebros ante estímulos sexuales: la amígdala medial y el hipotálamo se activan más en los hombres que en las mujeres cuando observan imágenes de contenido erótico.[87]

> El hipotálamo (que regula la conducta sexual) es de mayor tamaño en el cerebro masculino.
>
> Una de sus regiones, denominada INAH$_3$, es 2,5 veces más grande en el hombre que en la mujer.

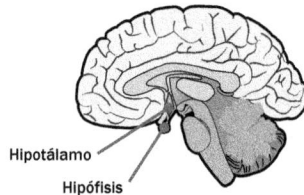

Hipotálamo
Hipófisis

Esta configuración morfológica explica por qué la mayoría de los hombres piensan mucho más en el sexo que las mujeres, tienen más encuentros sexuales a lo largo de su vida, consumen más publicaciones de contenido erótico y tienen dificultades para sostener la monogamia (cuando existe este tipo de compromiso).

85. Nigel Davies, "Sex differences in intellectual performance: Analysis of a large cohort of competitive chess players", *Psychological Science*, 17 (13 de diciembre de 2006), pp. 1040-1046.

86. Ramón M. Nogués, *Sexo, cerebro y género*, p. 237.

87. S. Hamann, R. A. Herman, C. L. Nolan, K. Wallen, "Men and women differ in amygdale response to visual sexual stimuli", *Nature Neuroscience*, Volumen 7, n.º 4 (2004), pp. 325-326.

El cerebro masculino presenta un mayor desarrollo en las áreas visoespaciales

Este mayor desarrollo ha sido observado utilizando neuroimágenes y corroborado mediante investigaciones sobre la rotación mental y el manejo de habilidades de ubicación y percepción espacial de los objetos.

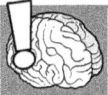

Varias pruebas corroboraron las ventajas de los hombres en ejercicios imaginarios sobre cambios en las posiciones espaciales de objetos.

También demostraron mayor eficiencia para interceptar proyectiles o dirigirlos hacia el blanco y se comprobó que el hombre es más veloz en la lectura de mapas debido a sus habilidades visoespaciales.

En varios experimentos se observó que las mujeres necesitan más tiempo que los hombres para darle forma mentalmente a los objetos, es decir, aunque aciertan en la respuesta, tardan más.

Esta característica neurobiológica (que algunos autores consideran resultado del fenómeno de la neuroplasticidad asociado a la evolución) le otorga ventaja a los hombres para las actividades que requieren del pensamiento analítico relacionado con el procesamiento de este tipo de información, como es el caso de los controladores aéreos, por ejemplo.

También puede deberse a esta característica la mayor habilidad masculina (en promedio) para resolver cálculos matemáticos que exigen un razonamiento lógico.

Los hombres reaccionan con más intensidad ante los estímulos placenteros; las mujeres reaccionan con más intensidad a estímulos displacenteros

Esta característica ha sido corroborada en lo neurológico con fMRI, analizando el nivel de actividad cerebral ante estímulos placenteros/displacenteros en hombres y mujeres.[88]

88. P. Lang, M. Bradley, J. Fitzsimmons, B. Cuthbert, J. Scott, B. Moulder y V. Nangia, "Emotional arousal and activation of the visual cortex: An fMRI analysis", *Psychophysiology*, 35 (1998), pp. 1-13.

Sin embargo, puede observarse a simple vista prestando atención a la enorme cantidad de hechos cotidianos que vivimos con nuestra pareja, nuestras hijas o nuestras compañeras de trabajo: es común que las mujeres se preocupen por la limpieza cuando nos detenemos a almorzar en algún lugar inhóspito en el medio de la nada y que hagan un escándalo cuando ven una rata o una araña.

Del mismo modo, la tendencia masculina al hedonismo suele llevar a discusiones en las parejas, por ejemplo, cuando en el supermercado él se detiene en la zona de bodegas y ella pugna por comprar cosas más "importantes" o urgentes.

> Un estímulo displacentero puede provocar en la mujer una reacción desmesurada en comparación con la que tendría el hombre ante un suceso similar.

Los hombres son más veloces que las mujeres para comprender los mapas, pero recuerdan menos puntos de referencia

Cuando un hombre transita por un lugar de la ciudad que no conoce y le pide a su mujer que le indique por dónde debe ir mirando una guía de calles, existe la posibilidad de que ella tarde en suministrarle la información o, directamente, que se equivoque.

En cambio, si ambos ya han hecho ese recorrido, ella recordará perfectamente que tenían que doblar a la izquierda después de determinada tienda ubicada al final del parque, continuar por la misma calle hasta una estación de gasolina y girar a la izquierda después de toparse con un gran cartel de Coca-Cola.

Estas diferencias se deben a que el cerebro masculino y el femenino procesan este tipo de información de forma diferente, tanto en cuanto a la velocidad como en la atención que le prestan a los estímulos. Las mujeres tienden a describir un itinerario recurriendo a su memoria visual, en la que son superiores a los hombres, mientras que ellos prefieren utilizar las guías o los mapas.

El cerebro masculino está mejor preparado que el femenino para la guerra

La agresividad es mucho mayor en el sexo masculino. Se manifiesta desde temprana edad en los juegos que eligen los niños así como también en la vida adulta: las peleas entre varones son más frecuentes, los ejércitos están predominantemente integrados por hombres y en las cárceles la población masculina es mayoritaria en casi todo el mundo.

> Las escenas violentas se procesan de manera diferente: en el hombre activan el sistema de alerta del cerebro comandado por la amígdala; en la mujer generan diferentes grados de estrés.

Aunque se tienen en cuenta las influencias socioculturales que hacen, como dijimos al principio, que un niño no elija una muñeca para jugar, ha sido comprobado que existen diferencias orgánicas que los inducen a este tipo de comportamientos en las que desempeña un papel principal la testosterona. Del mismo modo, la amígdala, considerada centro de las emociones y reguladora de las reacciones de miedo y agresividad, actúa de forma diferente (según el sexo) ante estímulos similares.

Por ejemplo, durante una investigación realizada con fMRI se expusieron a una muestra representativa de hombres y mujeres imágenes que contenían escenas de violencia y agresión. Los hombres tuvieron una mayor respuesta ante las escenas violentas (que se reflejó en la activación de ambas amígdalas y la corteza occipitotemporal izquierda), mientras que en las mujeres se desencadenaron diferentes niveles de estrés.[89]

Otros estudios revelaron una mejor respuesta del sistema neural encargado de decodificar los estímulos agresivos (respuesta de vigilancia y orientación de la atención hacia dichos estímulos)[90] en el sexo masculino que en el femenino.

89. A. H. Fischer, P. M. Rodriguez Mosquera, A. E. Van Vianen y A. S. Manstead, "Gender and culture differences in emotion", *Emotion*, 4 (2004), pp. 87-94.

90. A. M. Kring y A. H. Gordon, "Sex differences in emotion: expression, experience, and physiology", *Journal of Personality and Social Psychology*, 74 (1998), pp. 686-703. A. M. Kring, "Gender and anger", en A. H. Fischer (ed.), *Gender and emotion: Social psychological perspectives*, Cambridge University Press, Nueva York, 2000, p. 331. T. C. Handy, S. T. Grafton, N. M. Shroff, S. Ketay y M. S. Gazzaniga, "Graspable objects grab attention when the potential for action is recognized", *Nature Neuroscience*, 6 (2003), pp. 421-442.

También se ha comprobado en pruebas de laboratorio que los hombres son más hábiles para dar en el blanco e interceptar proyectiles. Esta diferencia, que reside tanto en sus destrezas visoespaciales como en el procesamiento de las emociones, puede explicar por qué los ejércitos están comandados mayoritariamente por hombres (con independencia de que en algunos países se discrimina a la mujer y se impide su participación).

3. Recapitulando

Sin duda, el componente biológico ayuda a entender las tendencias de ambos sexos hacia determinadas aptitudes y explica por qué hay predominio de un sexo u otro en diferentes ámbitos de la vida (trabajo, profesión, tipo de organización a la que pertenecen, etc.).

La mujer viene al mundo con una muy buena plataforma para crear y sostener relaciones armoniosas y, a su vez, para generar actitudes conciliadoras cuando los conflictos sean inevitables, por ejemplo, entre el padre y sus hijos.

Las últimas investigaciones realizadas con niños también aportan claridad para comprender algunas diferencias en el comportamiento social: las niñas aprenden a leer los rostros desde muy pequeñas y tienen una mayor comunicación emocional que los varones. Parece claro, entonces, que las mayores habilidades comunicativas y de sociabilidad se vinculan con el cerebro femenino y ello tiene también una explicación anatómica: cuentan con mayor cantidad de conexiones interhemisféricas y, a su vez, con más fibras en las zonas que procesan las emociones.

Cabe destacar que la habilidad natural de las mujeres para la empatía ha sido explicada en numerosas investigaciones. Mediante experimentos realizados con neuroimágenes, también se observó que su cerebro tiene una mayor discriminación sensorial que el de los hombres.

Esto explica por qué muchas son muy hábiles para comprender las emociones de los demás y actuar en consecuencia. Si bien tendemos a decir que tal o cual acierto es resultado de la "intuición femenina", lo cierto es que las mujeres están mejor dotadas que los hombres para interpretar el contenido emocional en las expresiones de sus interlocutores. Esta aptitud es sumamente importante, ya que en la vida interactuamos de manera constante con los demás y necesitamos captar las intenciones que subyacen en su comportamiento.

En cuanto a los hombres, su realidad (al igual que la femenina) está regida en parte por su configuración cerebral y en parte por sus hormonas. La testosterona es "la responsable de la mayoría de los efectos masculinizantes"[91] y, además, "los pensamientos sexuales titilan día y noche en el fondo de la corteza cerebral visual masculina".[92]

De la misma manera, y debido a que tienen procesadores más amplios en la amígdala, que registra el miedo y desencadena las reacciones de defensa, están mejor equipados que las mujeres para proteger su territorio y luchar hasta la muerte cuando lo consideran necesario.

Otra diferencia muy interesante para destacar en esta síntesis reside en el procesamiento de temas vinculados con la vida emocional. Hace un tiempo, uno de los integrantes de mi equipo, José Luis, le decía a una colega (que estaba muy angustiada por una crisis de pareja): "Pero Marita, ¿cuándo vas a cortar con ese cirujano? ¡No te conviene! ¡Siempre estás mal! Una relación tiene sentido si te mejora la vida..., ¿no te das cuenta de que este sujeto te la empeora?"

El estupor que había en la mirada de ella, que realmente estaba enamorada, es indescriptible. En ese momento intervino Silvia, otra de las chicas presentes en la conversación, y, mirando furiosa a José Luis, le dijo: "No puedo creer que estés diciendo eso..., ¡qué bruto!"

El "razonamiento" de José Luis tiene una explicación neurobiológica: ante una situación que provoca un estado de llanto o angustia, el hombre se centra rápidamente en el análisis de los hechos concretos, dejando los sentimientos en un segundo plano porque el sistema que se activa en su cerebro es el relacionado con la empatía cognitiva. En la mujer se activa el de la empatía emocional, por eso a Silvia jamás

91. Francisco Rubia, *El cerebro nos engaña*, p. 59.
92. Louann Brizendine, *El cerebro masculino*, p. 26.

se le hubiera ocurrido buscar una solución tan pragmática para ayudar a Marita a sentirse menos angustiada.

Como vemos, gran parte de la conducta de hombres y mujeres tiene una base orgánica, y esa base orgánica se encuentra en el cerebro. Sinteticemos las principales diferencias:

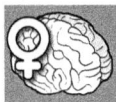

Particularidades del cerebro femenino

- Está mejor estructurado para el desarrollo de empatía y la creación de lazos de amistad.

- Tiene mayor capacidad que el masculino para recordar rostros y reconocer matices emocionales en los tonos de voz.

- Es superior al masculino para el lenguaje y el procesamiento auditivo de la información.

- Su capacidad de memoria supera a la del hombre en todas las franjas etarias. La memoria emocional es más potente y perdurable.

- Tiene mayor capacidad de relacionarse, por ello la mujer hace mejor que el hombre varias cosas a la vez.

- Tiene mejor comunicación entre hemisferios.

- Utiliza más la empatía cognitiva.

- La sensibilidad ante situaciones de crisis, estrés y expresiones calificadoras es mayor.

- Reacciona con más intensidad que el masculino ante estímulos displacenteros.

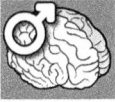

Particularidades del cerebro masculino

• Está mejor estructurado para crear y comprender sistemas.

• Supera al femenino en habilidades para la lógica analítica,
el razonamiento matemático y todo lo que involucre secuencias,
orden y clasificación.

• Tiene mayor capacidad de focalizar la atención y concentrarse
en un tema determinado.

• Es superior en habilidades visoespaciales.

• Es menos sensible que el femenino al estrés psicológico y el conflicto.

• Las zonas cerebrales relacionadas con el impulso sexual son
2,5 veces mayores que en el cerebro femenino.

• Está mejor dotado para la guerra y situaciones que involucren agresión.

• Es más hábil que el femenino para comprender mapas.

• Reacciona con más intensidad que el femenino ante los estímulos
placenteros.

Por último, quiero destacar que los gráficos precedentes sintetizan lo expuesto hasta aquí de forma enunciativa, ya que abarcar todo lo que la neurociencia ha descubierto en materia de género (no hemos incluido en este capítulo los temas vinculados a la homosexualidad), es tan apasionante que nos llevaría un libro completo. Los lectores que deseen profundizar en estas cuestiones pueden recurrir a la bibliografía citada en las notas a pie que es, a nuestro criterio, la mejor hasta el presente.

5
La memoria. Qué es, cómo funciona y qué podemos hacer para optimizarla

1. Aprendizaje y memoria: dos insumos imprescindibles para una vida exitosa

¿Cómo aprendemos? ¿Cómo funciona la memoria? ¿Está localizada en alguna parte del cerebro? ¿Por qué olvidamos? ¿Es cierto que el entrenamiento para la autorregulación emocional mejora por efecto indirecto la memoria? ¿Son peligrosas las *smarts drogas* (drogas inteligentes) que se están desarrollando? ¿Cómo podemos entrenarnos para mejorar la memoria?

¡Cuántas preguntas! Parecen muchas, sin embargo, son sólo algunas de las que se oyen tanto en las universidades como en las conversaciones cotidianas sobre el tema. En realidad, el funcionamiento de la memoria intriga y a veces obsesiona a la gente desde tiempos inmemoriales.

Afortunadamente, a partir del siglo xx las neurociencias comenzaron a demostrar con numerosas investigaciones que la memoria no es una zona en la que estén inscritos nuestros recuerdos, sino un proceso muy dinámico (resultado del aprendizaje y la experiencia) que involucra varias regiones cerebrales, y que no sólo las percepciones y los pensamientos, sino también los sentimientos, intervienen de manera activa en su formación.

Además, y como no tenemos uno, sino varios sistemas de memoria, la fijación y la recuperación de determinados recuerdos dependen

> Las lesiones en algunas zonas del cerebro dificultan y a veces impiden la formación de algunas memorias.
>
> Las neurociencias han comprobado que ciertas regiones son imprescindibles para la formación de determinados recuerdos y que no hay un lugar, sino varios, donde éstos se encuentran almacenados.

del buen funcionamiento de regiones específicas, como el hipocampo, el lóbulo temporal y la amígdala (entre otros).

Para introducir al lector en este apasionante tema (y comprender con mayor claridad los que desarrollaremos a medida que avancemos en este capítulo), comenzaremos por comentar el caso de Henry Gustav Molaison,[93] un paciente epiléptico que manifestó su deseo de ser estudiado (y lo fue durante más de cincuenta años) porque entendía que lo que los médicos aprenderían sobre él podía ayudar mucho a otras personas.

Fue así, efectivamente: su generosidad contribuyó de manera importante a la investigación sobre esta enfermedad así como también a la comprensión de los procesos de aprendizaje y memoria, ya que Henry participó en muchísimos experimentos. Veamos qué le ocurrió.

Cuando tenía veintisiete años se le practicó una cirugía para reducir las crisis que lo estaban atormentando (se le extirpó parte del lóbulo temporal medial, parte del hipocampo, la circunvolución parahipocámpica y la amígdala).[94] Las crisis desaparecieron, pero las secuelas fueron tristísimas: Henry perdió la capacidad para aprender y recordar; le resultaba imposible guardar información, rostros, sonidos, recorridos.

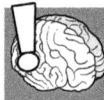

El cerebro de Henry Gustav Molaison (quien perdió la capacidad para generar nuevos recuerdos) se conserva actualmente y es considerado un verdadero tesoro para estudiar la base orgánica del aprendizaje y la memoria a medida que avanzan la ciencia y la tecnología.

Su madre contó que aunque conservaba muchos recuerdos sobre su pasado antes de la operación, como su nombre, su trabajo y episodios de su infancia, en el presente se sorprendía una y otra vez con noticias que ya había leído en las revistas, más aún, una de las espe-

---

93. Henry Gustav Molaison murió en diciembre de 2009.

94. La ablación de determinadas zonas del cerebro era común para tratar los casos de epilepsia; hoy en día se toman precauciones para que este tipo de cirugía no deje secuelas de tipo amnésico.

cialistas que trabajó con él durante décadas, la doctora Brenda Milner,[95] tenía que presentarse cada vez que se encontraban.

Esta tremenda dificultad se ve claramente en la película *Memento*,[96] cuyo protagonista, Leonard, se vale de fotografías instantáneas o toma notas para poder registrar los lugares en que se hospeda y la gente con la que se relaciona porque es incapaz de retener esos recuerdos debido a un trauma cerebral. Este tipo de amnesia se denomina anterógrada y es suficiente con ver este filme para comprender el padecimiento que acarrea en la vida cotidiana.

En la vida real, Henry Molaison[97] podía recordar muchos acontecimientos que había vivido, por ejemplo, con sus padres y sus compañeros de colegio, incluso recordaba sucesos que se produjeron durante la Gran Depresión que afectó a Estados Unidos durante la crisis de 1929. En la ficción, Leonard recordaba con intensidad a su mujer y cuánto la había amado, por eso se obsesionó en hallar a quien la asesinó, por lo que tuvo que luchar contra las tremendas dificultades de no poder recordar un lugar o una cara vistos pocos segundos antes.

El tipo de recuerdos que ambos poseían y la dificultad para fijar información nueva refleja, tanto en la realidad de Henry como en la ficción del filme *Memento*, la existencia de dos tipos de memoria: **la memoria de trabajo o de corto plazo** (Henry podía retener un número de teléfono durante 20 segundos) y la **memoria de largo plazo** (que en su caso, al igual que en el de Leonard, había dejado de funcionar).

Los estudios de la doctora Milner y otros investigadores dejaron en claro que para que un recuerdo pase de la memoria operativa a la de

---

95. Doctora en psicología fisiológica. Nació en Inglaterra pero desarrolló la mayor parte de su vida profesional en Canadá. Trabajó con destacadas personalidades, como Donald Hebb y Wilder Penfield.

96. *Memento* es una película de suspenso, estrenada en el año 2000. Fue nominada para los premios Oscar y Globo de Oro. En algunos países de habla hispana su nombre fue traducido como *Amnesia*.

97. Molaison sólo pudo trabajar en una tarea manual automática que consistía en empaquetar encendedores y colocarlos en cajas de cartón.

largo plazo es necesario que esté sano el hipocampo. De hecho, sin esta estructura, un individuo no puede asimilar nada nuevo, por lo tanto, pierde también la capacidad de aprender.

Otro tema muy interesante en el caso de Henry es que podía utilizar el tipo de memoria que necesitamos para hacer cosas que implican la intervención de habilidades motoras, como andar en bicicleta, pegarle a una pelota con un bate o conducir. Este tipo de memoria se denomina **procedural**.

> La pérdida de memoria puede manifestarse de dos formas:
>
> • **Amnesia retrógrada:** se pierde la memoria de los acontecimientos previos al traumatismo (meses o años), pero se recuperan sin dificultad los recuerdos que se van formando después del traumatismo.
>
> • **Amnesia anterógrada:** genera incapacidad para formar nuevos recuerdos después del traumatismo.
>
> Las personas con amnesia anterógrada no pueden realizar el pasaje de información desde la memoria operativa a la memoria de largo plazo, pero en general recuerdan sin dificultades acontecimientos previos al traumatismo.

Si bien es cierto que existen personas más capaces que otras y que el rendimiento neurocognitivo es un ingrediente imprescindible para el desempeño exitoso (es difícil imaginar a un político que tenga mala memoria debatiendo con éxito, por ejemplo), también es cierto que la memoria no es una especie de tablilla de cera con inscripciones como la imaginaba Platón.

La memoria es un proceso cerebral activo que puede mejorarse, siempre que exista voluntad y constancia para hacer "gimnasia cerebral", y que se siga una dieta adecuada.

En la actualidad, el estudio de sustancias que mejoran las capacidades intelectuales continúa avanzando, sobre todo a medida que se investigan enfermedades degenerativas como el Alzheimer y aumenta la demanda de información de personas sanas (en promedio, el 15 por ciento de las consultas a los neurólogos tiene que ver con el funcionamiento de la memoria).

> Los distintos tipos de amnesia revelan que no hay un solo tipo de memoria, sino varias.
>
> A medida que se producen nuevos descubrimientos, se van derribando viejos mitos, por ejemplo, que la capacidad para aprender y recordar está predeterminada.
>
> Sin ninguna duda, todos podemos mejorar nuestra memoria con un programa adecuado.

Algunas de estas sustancias, denominadas *smarts drugs* (drogas inteligentes) tienen potencial para mejorar la memoria. Por ejemplo, la Universidad de Surrey (Gran Bretaña) realizó un experimento en el que participaron voluntarios de entre dieciocho y cuarenta y cinco años. Dicha sustancia aumenta la actividad de un neurotransmisor, el glutamato, que es clave en los procesos de memoria y aprendizaje. Quienes la recibieron (en dosis bajas) tuvieron un mayor rendimiento que quienes habían ingerido un placebo.[98]

Sin descalificar estas investigaciones, en el caso de personas sanas nosotros nos inclinamos siempre por evitar la ingesta de cualquier tipo de sustancia. De hecho, durante años de trabajo hemos comprobado que la memoria mejora de manera sustancial cuando se implementan los programas de entrenamiento adecuados.

1.1. ¿Qué es la memoria y cómo se forma?

La memoria puede definirse como un conjunto de hechos, sentimientos, conocimientos, rostros, sonidos, conceptos y procedimientos que están archivados en nuestro cerebro como resultado de nuestra historia personal; es lo que define nuestra identidad: quiénes somos y el lugar que ocupamos en el mundo.

También es un componente imprescindible para que podamos incorporar conocimientos y proyectar nuestro futuro, ya que cada vez que estamos aprendiendo la información nueva inevitablemente se conecta con la que tenemos archivada.

---

98. *New Scientist*, mayo de 2005, ‹http://www.newscientist.com/article/dn7342-new-drug-offers-jitterfree-mental-boost.html›.

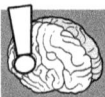

Los procesos relacionados con la memoria abarcan prácticamente todas las áreas cerebrales.

Si bien en algunos recuerdos están implicadas algunas zonas concretas (las lesiones que ocasionan diferentes tipos de amnesia lo evidencian), la mayor parte reside en redes que interactúan entre sí y se encuentran en diferentes lugares del cerebro.

Cuando una persona pierde la memoria, tal vez pueda caminar o andar en bicicleta (tenemos diferentes tipos de memoria y la de los procedimientos es la que más persiste), pero es posible que no logre saber quién es ni, mucho menos, reconocer a quienes han formado parte de su vida, ni hacer planes para su futuro.

Desde el punto de vista neurofisiológico, la formación y organización de la memoria es compleja, ya que intervienen los procesos electroquímicos del cerebro. Cualquiera que sea el recuerdo que se forme, el mecanismo que lo produce se caracteriza por la activación de un grupo de neuronas como respuesta a un estímulo. Cuando se dispara una, se disparan varias, creando un patrón particular de actividad.

La persistencia de un recuerdo se va formando cuando un patrón se repite con frecuencia (o ante sucesos que favorecen su codificación). Esto significa que cada vez que un grupo de neuronas se dispara ante un estímulo similar, por ejemplo, cada vez que vemos el rostro de nuestros compañeros de trabajo o profundizamos en el estudio de un tema en particular, las conexiones sinápticas asociadas a esos rostros y a esos contenidos se van reforzando.

A la inversa, cuando no se repiten estímulos similares, algunos neurocircuitos pueden perderse, por ejemplo, si elegimos estudiar letras y no abrimos nunca más un libro de matemáticas, es difícil que recordemos cómo resolver una integral o una derivada después de cinco años.

Dado que cada patrón trae incorporado determinado tipo de información (nombres, rostros, sonidos, colores, formas, aromas, episodios, lugares, conceptos, procedimientos, etc.) y que ésta se procesa y archiva de modo diferente, tenemos varios tipos de memoria. Conocer cómo funciona cada uno de ellos es muy importante para diseñar el entrenamiento necesario cuando notamos que estamos flojos en algún aspecto, por ejemplo, cuando tenemos dificultades para retener los rostros o los nombres.

1.2. ¿De qué depende la persistencia de los recuerdos? ¿Por qué olvidamos?

La persistencia de algunos recuerdos depende de la consolidación (por ejemplo, cuando tenemos que repasarlos porque damos clases) y de la intensidad y el tipo de estímulos con que han sido procesados y guardados.

En este caso, cuando una experiencia es emocionalmente significativa, se favorece su fijación a largo plazo así como también su perdurabilidad.[99]

En cuanto al transcurso del tiempo, que analizaremos con detalle en los apartados siguientes, varias investigaciones han constatado que los recuerdos más antiguos son los menos vulnerables al olvido. Por ejemplo, cuando los pacientes afectados por amnesia observan fotografías de personas populares, como deportistas, actores o cantantes, por lo general reconocen mejor a los que fueron famosos hace muchos años.

> La información almacenada con una carga afectiva o emocional es la que más perdura en la memoria.

Lo mismo sucede con las canciones: hay personas que recuerdan a la perfección la letra y música de anuncios que escuchaban durante su adolescencia, pero son incapaces de retener los que han escuchado por radio o televisión durante la última semana, aun cuando les hayan prestado atención.

En realidad, el tema de la fijación de los recuerdos, así como también la desaparición de muchos de ellos, es uno de los más investigados por las neurociencias; incluso genera diferencias conceptuales.

Para algunos, y siempre en el caso de personas sanas, el olvido es un proceso durante el cual los recuerdos van desapareciendo con el

---

99. Nos detendremos en este tema cuando analicemos el funcionamiento de la memoria emocional.

tiempo como consecuencia de la muerte neuronal o de la desintegración de determinados neurocircuitos porque hemos dejado de utilizarlos, tal como ocurre con los contenidos de algunas materias sobre las que nunca hemos vuelto a leer.

Para otros, los recuerdos son permanentes y lo que en realidad perdemos es la capacidad de recuperarlos. En cualquier caso, el sentido común nos dice que si recordáramos todo lo que vivimos, minuto a minuto, segundo a segundo, día por día, el cerebro llevaría una carga imposible de soportar. No es casual que muchos neurólogos recurran al tradicional cuento de Borges, "Funes el memorioso", para explicar este tema.

En la ficción, Funes a veces no podía pensar porque su cerebro estaba ocupado en recordar todo, y para recordar un día de su vida

Los avances en las investigaciones sobre las bases moleculares de la memoria son fundamentales para explicar por qué olvidamos.

Las neurociencias ya han demostrado que el déficit de algunas proteínas, entre ellas, una neurotrofina denominada BDNF, puede impedir que las neuronas se ramifiquen o conecten correctamente para consolidar un recuerdo.

Además, esta proteína es fundamental para mantener vivas las conexiones existentes y, al mismo tiempo, potenciar el crecimiento de conexiones nuevas. Se encuentra en el hipocampo, la corteza, el cerebelo y otras áreas imprescindibles para el aprendizaje y la memoria.

necesitaba otro día de su vida: "Funes no sólo recordaba cada hoja de cada árbol de cada monte, sino cada una de las veces que la había percibido o imaginado. [...] Dos o tres veces había reconstruido un día entero; no había dudado nunca, pero cada reconstrucción había requerido un día entero."[100]

Si bien el personaje es producto de la imaginación del excepcional escritor, queda claro que es imposible recordar todo porque el peso de la memoria nos atormentaría (como a Funes). En el plano consciente,

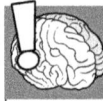

100. Jorge Luis Borges, *Ficciones*, Emecé, Buenos Aires, 1956.

todo indica que olvidamos la mayor parte de las cosas que vivimos y aprendemos y que, para que determinados recuerdos persistan, tenemos que utilizarlos una y otra vez. En ese sentido, el cerebro es inteligente: desecha lo que considera inútil para nuestras vidas y guarda lo que sí tiene valor.

En la actualidad se está estudiando la función en la formación de la memoria de algunos neurotransmisores (tales como la adrenalina, la acetilcolina, la noradrenalina y la serotonina), de algunas hormonas (las dificultades para recordar pueden ser un síntoma de desequilibrio hormonal) y de algunas sustancias denominadas neurotrofinas.[101]

También se cree que ciertos ácidos nucleicos, como el ARN[102] (que se encuentra en el ADN), cumplen una importante función en la consolidación del almacén de largo plazo.[103]

Con respecto a las neurotrofinas, hay experimentos que han demostrado que la información se memorizará siempre que se produzca una síntesis de nuevas proteínas en el hipocampo y otras zonas del cerebro.[104]

> Cada vez que ingresa información en el cerebro, ya sea porque voluntariamente estamos aprendiendo algo (como ocurre cuando estudiamos) o como resultado de hechos a los que les hemos prestado atención, es necesario que comiencen a fabricarse nuevas proteínas en determinadas áreas para que la información se consolide, de lo contrario, permanecerá sólo unas horas y luego desaparecerá.
>
> Cuando una persona está estresada, se produce un déficit de moléculas BDNF, impidiendo la fijación a largo plazo.

---

101. Las neurotrofinas son moléculas proteicas que favorecen el incremento de la comunicación entre neuronas, así como también su supervivencia.

102. El ácido desoxirribonucleico (ADN) es el que contiene el secreto de la vida, pues esta sustancia, asociada al ARN, posee la propiedad de reproducir y transmitir los caracteres hereditarios. Junto al ADN se halla el ácido ribonucleico (ARN), cuya función es la de transcribir el ADN a través de la creación de proteínas.

103. Robert Tocquet, *Biodinámica del cerebro*, Tikal Ediciones, Gerona, 1994.

104. Clarin.com., 24 de enero de 1997 y *Universia*, Prensa Conicet.

Este proceso puede ser influido negativamente en casos de estrés o situaciones emocionales que afectan las funciones ejecutivas.

Cuando una persona está estresada, este sistema funciona con dificultades. Por ejemplo, hace poco tiempo me llamó por teléfono una amiga con la que hablo muy a menudo, minutos después de enterarse de que había sido despedida porque se negó a aceptar un traslado a Hong Kong.

Dado que para ella su trabajo era estable y jamás imaginó semejante "opción", quedó semiparalizada. Lo que me dijo, después de darme la noticia, fue: "En ese momento estaba tan conmocionada que no podía recordar tu número". Si bien estamos hablando aquí de una situación límite (temporalmente), es muy común que la gente que está nerviosa o mal anímicamente tenga problemas de memoria.

> La pérdida de los recuerdos no se produce solamente por enfermedades. En situaciones de estrés hay una gran producción de cortisol.
>
> El exceso de esta hormona afecta al hipocampo, que es clave para el funcionamiento de la memoria.

Con respecto al sistema de largo plazo, han sido estudiados muchos casos en los que el estrés agudo inhibe la actividad del hipocampo (principalmente por un exceso de cortisol). Uno de los más estudiados ha sido el de los soldados que han estado en el frente y volvieron con dificultades de memoria.

En situaciones no tan intensas, el estrés puede afectar parcialmente esta estructura, con lo cual los recuerdos pueden formarse de manera fragmentada y desencadenar un fenómeno que se conoce como "relleno de lagunas mentales", dando lugar a recuerdos que no son una copia fiel de lo ocurrido sino una reconstrucción de la realidad realizada por el cerebro.

Asimismo, y complementando lo que ya hemos analizado, otra razón por la cual retenemos algunas cosas y olvidamos otras es que **la memoria es selectiva**: prácticamente todas las personas recuerdan aquello en lo que han focalizado su atención o es relevante para sus vidas, y descartan el resto (hablamos aquí del plano consciente, ya que gran parte de la información ingresa y permanece en las profundidades del cerebro de forma no consciente).

De la misma manera, los hechos que tienen un gran componente emocional seguramente pasarán al sistema de largo plazo mientras que la información que no es importante puede perderse en un día o dos.

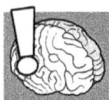

> Cuando los recuerdos se han formado en circunstancias de catástrofe, miedo o riesgo de la propia vida dejan una huella mnésica prácticamente imposible de eliminar.

Por ejemplo, un ciudadano japonés que resida en España retendrá (es probable que para siempre) las imágenes que ha visto por televisión sobre el impresionante terremoto de 2011, mientras que el rostro de la recepcionista que lo recibió en la embajada se borrará en un tiempo muy breve si no vuelve a verla.

En lo personal, puedo hacer mi propio aporte: aun cuando lo he intentado numerosas veces, me resulta imposible, cuando lo evoco, dejar de revivir la tremenda angustia que me causó la caída de un avión de la aerolínea Austral en Fray Bentos (Uruguay) el 10 de octubre de 1997. Con independencia de que, como a cualquier ser humano sensible, me afecta mucho el sufrimiento ajeno, en este caso la impresión fue más fuerte porque yo iba a tomar ese avión, pero cambié mis planes.

Hoy recuerdo cada detalle: el momento en que me enteré de la caída del avión, el vuelo que finalmente realicé, hasta la decoración de la recepción del hotel donde estaba y otros detalles minúsculos que para alguien que viaja mucho son imposibles de retener.

La persistencia de este tipo de memoria se debe a que existe un gran impacto psicológico acompañado de reacciones orgánicas (cambios importantes en el flujo de algunos neurotransmisores así como también de determinados tipos de hormonas) que ayudan a fijar estos recuerdos como marcas indelebles, totalmente inmunes al paso del tiempo.

Ahora bien, ¿qué ocurre con la memoria de hechos cotidianos, simples y sencillos? Con excepción de las personas que, por naturaleza, son despistadas, es común que a determinada edad nos cueste recordar, por ejemplo, dónde dejamos las llaves del coche o quién era el autor del libro que leímos la semana pasada. Más aún, a veces nos desespera estar debatiendo sobre política con nuestros amigos y no poder rememorar acontecimientos que necesitamos para defender nuestros argumentos.

No hay duda de que si no nos ocupamos de detenerlo, hay un deterioro neurocognitivo que llega con los años y afecta nuestra capacidad de recordar. Afortunadamente, hoy se están desarrollando numerosas técnicas para mejorar la memoria.

> Del mismo modo que generamos reservas para que nuestro cuerpo se mantenga sano y vital (dejamos de fumar, evitamos el alcohol y le prestamos atención a los alimentos que elegimos), es necesario cambiar ciertos hábitos para generar reservas cognitivas que hagan más lento el proceso de deterioro de la memoria.

Por lo tanto, y así como caminamos, corremos o practicamos un deporte para oxigenar nuestro cerebro y mantener nuestro cuerpo en forma, debemos comprometernos con un programa de entrenamiento regular y constante que contemple tanto actividades físicas como intelectuales para resolver o mitigar el problema del olvido.

Este entrenamiento debe comenzar alrededor de los treinta años[105] o antes, si ello es posible, ya que el envejecimiento del cerebro depende, en gran parte, de lo que cada persona haga durante su vida tanto de forma programada como espontánea.

Por ejemplo, el deterioro de la memoria de una persona poco interesada por el conocimiento y la lectura no será igual al de otra que realice actividades intelectuales como parte de su trabajo y, entre las segundas, tendrán ventaja quienes opten por un programa de entre-

---

105. Francisco Mora, *¿Se puede retrasar el envejecimiento del cerebro? 12 claves*, Alianza Editorial, Madrid, 2010.

namiento y lo practiquen con constancia. En el capítulo 7 profundizaremos en este tema.

2. El curso temporal de los recuerdos

Casi todas las actividades humanas, desde llamar a un amigo el día de su cumpleaños, recordar el rostro de un vecino, estudiar, razonar para realizar un cálculo, conducir un coche o jugar al tenis, implican la evocación de determinado tipo de información.

Hay información que se retiene durante períodos muy breves, como el nombre del vendedor de la inmobiliaria donde compramos un piso, mientras que otra permanece en nuestra memoria durante días, semanas, años o incluso durante toda la vida.

Estas diferencias temporales dan lugar a diferentes tipos de memoria: la sensorial, la de trabajo (o de corto plazo) y la de largo plazo.

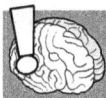

Los seres humanos no contamos con uno, sino con varios tipos de memoria, y los recuerdos tienen un curso temporal: algunos permanecen durante un tiempo muy breve (memoria sensorial y de trabajo) mientras que otros duran semanas, meses y años (memoria de largo plazo).

2.1. La memoria sensorial

Cuando detectamos el sonido de una moto que se está acercando, vemos el color del casco de su conductor, registramos el frío o el calor que hace en la calle o percibimos la textura del abrigo que acabamos de ponernos, estamos utilizando nuestra memoria sensorial.[106]

Este tipo de memoria opera en una porción brevísima de tiempo y desencadena conductas automáticas, por ejemplo, acelerar porque la luz del semáforo está en verde o movernos para evitar que una moto nos atropelle. Lo normal es que continuemos nuestro camino sin siquiera registrar de forma consciente lo que hemos hecho.

---

106. Algunos autores no ubican este sistema como una categoría dentro de la memoria, ya que la consideran parte del proceso de percepción.

Los sentidos

La memoria sensorial registra de forma inicial y momentánea los estímulos del medio ambiente que percibimos a través de los sentidos.

La información se mantiene durante un período muy breve: entre 0,5 y 1 segundo para la visión (memoria icónica), y entre 3 y 4 segundos para la audición (memoria ecoica).

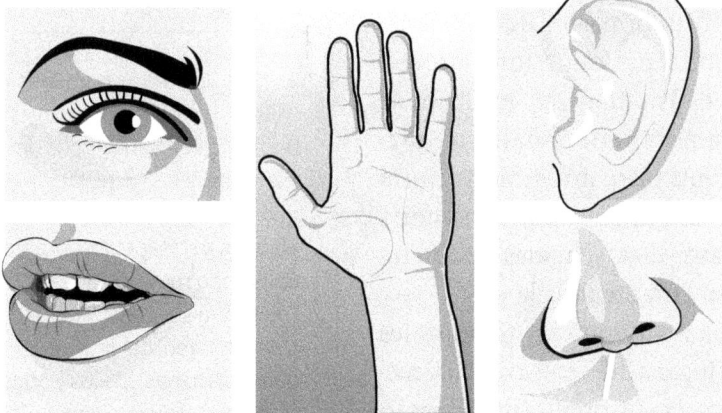

Ahora bien, si la moto se acerca demasiado, provocándonos un gran susto y, encima la conduce Penélope Cruz, le prestaremos atención al semáforo, a la esquina y ¡por supuesto! al rostro de la conductora.

Esto hará que la información contenida en la memoria sensorial se transfiera de inmediato a la de corto plazo y, seguramente, al llegar a casa o a la oficina contaremos la experiencia que hemos tenido.

Uno de los aspectos más interesantes relacionados con la memoria sensorial es que no tenemos un registro consciente de toda la información que está ingresando porque el cerebro permite el paso a nuestra consciencia de "partes" de la realidad, mientras que el resto es desechado o se aloja en nuestro metaconsciente.

También ha sido comprobado que existen procesos mentales ultrarrápidos[107] que preceden a la toma de consciencia de la realidad y

107. Véase el capítulo 6.

que el cerebro realiza un tratamiento instantáneo, intuitivo y global de la información sensorial sin que nos demos cuenta de ello.

Se calcula que menos de una centésima parte de la información que impacta en nuestros sentidos tiene capacidad para captar la atención y, que de ésta sólo una vigésima parte logra alojarse en el almacén de corto plazo.

Sólo cuando prestamos atención a un hecho, la información que se aloja por instantes en la memoria sensorial continúa su camino hacia el sistema de corto plazo.

Esto significa que hay datos que pasan a la memoria sin que lo registremos de forma consciente, es decir que incorporamos gran cantidad de aspectos de la realidad sin intención de hacerlo.

2.2. Memoria de trabajo, operativa o de corto plazo

Es el tipo de memoria que utilizamos para almacenar y manipular *temporalmente* la información, por ejemplo, cuando retenemos lo que nuestro hijo nos está diciendo a medida que vamos escuchando lo que sigue y "elucubramos" qué le vamos a responder (el verbo no está entrecomillado por casualidad, ya que todos los padres sabemos lo difícil que es a veces negociar con estos adorables tiranos).

La principal característica de este sistema, en comparación con la memoria de largo plazo, es su capacidad limitada: algunos experimentos sugieren que esta memoria dura entre 15 y 30 segundos, excepto que haya repetición o que siga siendo utilizada de alguna manera de forma transitoria.

Las personas que tienen una buena memoria de trabajo son las que suelen ser elogiadas por su "velocidad mental". Esto les abre las puertas a determinados puestos de trabajo para los cuales esta habilidad es imprescindible, como ocurre con los controladores aéreos, los crupieres y los corredores de bolsa, que no podrían llevar adelante sus actividades si no fueran capaces de manejar información con rapidez, sin equivocarse y, en algunos casos, atendiendo a varios temas a la vez.

> La memoria de trabajo opera con lo que estamos pensando en un determinado momento. Es un estado de la mente en el que se retiene y utiliza la información para resolver un problema, razonar, comprender un texto o tomar una decisión.

En el mundo del deporte, el buen funcionamiento de la memoria de trabajo es imprescindible para llevar adelante el juego de forma eficaz, y ya hay una clara toma de consciencia sobre la importancia de agilizar otras funciones cognitivas, además de la memoria.

Por ejemplo, en el fútbol se calcula que el 25 por ciento de los jugadores júniores que recibieron entrenamiento cerebral llegaron a jugar profesionalmente. Sin duda, este tipo de entrenamiento, combinado con el tradicional, será el que predomine en el futuro en la mayoría de los deportes.

Ahora bien, es posible que el lector piense: "Bueno, pero yo no soy jugador de fútbol ni controlador aéreo", y eso es cierto; sin embargo, todos necesitamos entrenar nuestra memoria de trabajo porque en la vida cotidiana realizamos una enorme cantidad de actividades que nos exigen conservar múltiples datos en la mente y hacer uso de ellos continuamente.

Por ejemplo, cuando analizamos si nos conviene comprar un producto determinado, cuando miramos la guía de la ciudad y trazamos el mejor recorrido para llegar a un lugar, cuando estudiamos y enseñamos, estamos utilizando nuestra memoria de trabajo. Lo mismo sucede en la mayoría de los puestos de trabajo.

En lo personal, me maravilla cómo funciona este sistema en mi asistente, que está atenta a todos los temas de la agenda, al teléfono

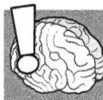

> Durante un partido de fútbol, la memoria de trabajo es esencial para mantener en mente la ubicación espacial propia y de los compañeros para planificar un pase.
>
> Si bien su entrenamiento es individual, el impacto en los resultados del equipo es decisivo ya que permite tomar decisiones acertadas en pocos segundos.

que suele sonar sin interrupciones, a los mensajes que no paran de llegar a su correo electrónico, a mis requerimientos y al de sus compañeros. ¡Cuántas cosas al mismo tiempo! Y prácticamente no se equivoca. Estoy contento, Paz maneja todo con una gran eficiencia.[108]

2.3. La memoria de largo plazo

La memoria de largo plazo puede definirse como "nuestra base de datos". Si bien es dinámica y va modificándose con el tiempo (a medida que ingresa información nueva y olvidamos aquella que no utilizamos), es más permanente y tiene una capacidad mucho mayor que todas las demás.[109] El proceso para archivar la información en este sistema se denomina **consolidación** y, según el tipo de recuerdos de que se trate, se clasifica en diferentes tipos que analizaremos más adelante: **memoria declarativa (episódica y semántica)** y **memoria procedural o procedimental**.

> La memoria explícita incluye todos los recuerdos conscientes que tenemos sobre el mundo que nos rodea y nuestras propias experiencias.
>
> Su contraparte es la memoria implícita, que es no consciente y permite que hagamos la mayor parte de las cosas que solemos hacer sin prestar atención al "cómo", por ejemplo, mecanografiar, caminar, correr o andar en bicicleta.

La consolidación se favorece cada vez que rememoramos un acontecimiento o repasamos lo que hemos aprendido. Si el repaso se prolonga en el tiempo, como ocurre con los bailarines que practican una y otra vez determinadas coreografías, se reduce la velocidad del olvido.

Otro proceso que favorece la consolidación es la repetición, como ocurre cuando visualizamos varias veces un número de teléfono para que pase de la memoria de trabajo a la de largo plazo y luego lo marcamos muy seguido.

---

108. Véase el capítulo 7, donde se brindan ejercicios para entrenar la memoria de trabajo.
109. G. H. Bower, "Mood and memory", *American Psychologist* (1981).

Este tipo de memoria, en la que suele estar implícita la intencionalidad del sujeto, se denomina también **memoria explícita**, ya que existe un proceso consciente durante el cual focalizamos la atención con un fin determinado.

Para que el lector no se pierda entre tantas clasificaciones, y pueda avanzar en la lectura de las siguientes, lo invitamos a que utilice su memoria de trabajo y se detenga unos minutos en el siguiente gráfico:

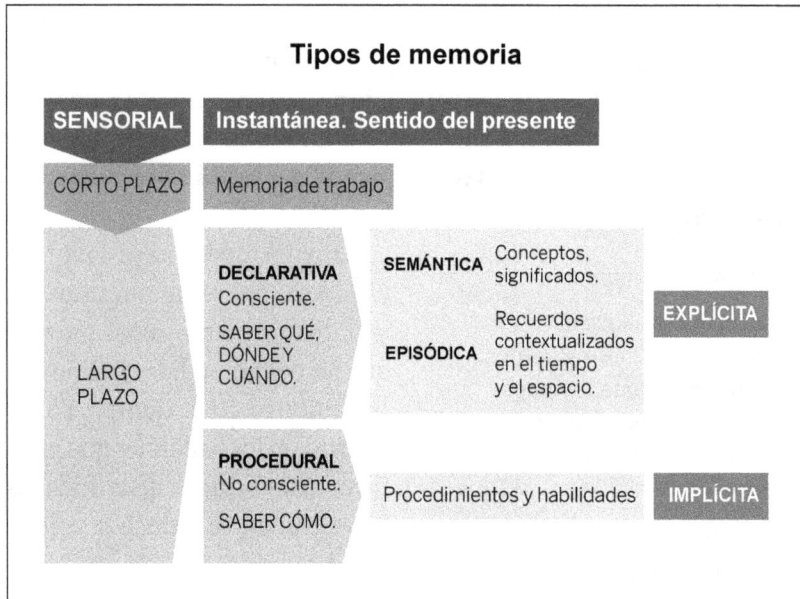

Tipos de memoria

SENSORIAL	Instantánea. Sentido del presente		
CORTO PLAZO	Memoria de trabajo		
LARGO PLAZO	**DECLARATIVA** Consciente. SABER QUÉ, DÓNDE Y CUÁNDO.	**SEMÁNTICA** Conceptos, significados.	EXPLÍCITA
		EPISÓDICA Recuerdos contextualizados en el tiempo y el espacio.	
	PROCEDURAL No consciente. SABER CÓMO.	Procedimientos y habilidades	IMPLÍCITA

3. Diferentes tipos de memoria

Cada estímulo que ingresa en el cerebro es percibido, interpretado, guardado o desechado en función de la atención que le prestamos, del contexto (episodio) en que se genera y de los recuerdos que tenemos archivados. Por ejemplo, para resolver una ecuación necesitamos de la memoria sensorial (que es la que nos permite visualizar el papel y registrar el bolígrafo que tenemos en la mano), de la operativa (que es la que utilizamos para razonar "en ese momento") y de la de largo plazo, en la que residen los conceptos más lo que hemos aprendido sobre otras operaciones que ahora utilizaremos, como sumar y multiplicar.

Sin la memoria de largo plazo no podríamos aprender, hablar, escribir, articular ideas, planificar, reconocer a los demás, hablar, andar en bicicleta y, mucho menos, tener identidad, de hecho, no sabríamos quiénes somos porque allí residen nuestros recuerdos autobiográficos. La neurociencia moderna distingue diferentes tipos de memoria de largo plazo según el tipo de información: memoria declarativa, que contiene a la memoria semántica y episódica, y memoria procedural. Veamos en qué consiste cada una de ellas.

3.1. La memoria declarativa

Este sistema contiene la información que tenemos sobre el mundo y sobre nosotros mismos, así como también el conocimiento que hemos adquirido como consecuencia de la formación que recibimos y de nuestras experiencias.

Como la información se guarda y recupera de forma diferente, se divide en dos grandes tipos: **episódica** (la que permite almacenar y evocar hechos, lugares, fechas, por eso se la suele definir como la memoria del cuándo y dónde) y **semántica** (la que nos permite almacenar y evocar conceptos y significados).

Por ejemplo, al recordar que el presidente de Estados Unidos en 2011 se llama Barak Obama y pertenece al Partido Demócrata, estamos utilizando la memoria episódica; al dialogar con nuestros amigos sobre la imagen de Obama y las distintas facetas de su carisma que lo llevaron a ganar las elecciones estamos recurriendo a nuestra memoria semántica. Como vemos, un mismo tema hace que los dos almacenes se conecten e interactúen entre sí.

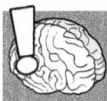

> La memoria declarativa, que se subdivide en semántica y episódica, es la memoria sobre los hechos, conceptos y acontecimientos que se encuentran en la consciencia.
>
> La principal característica de esta memoria es que los recuerdos pueden evocarse por un acto voluntario.

Memoria declarativa

Anoche fuimos al cine Lorca con Marisa y los chicos. Vimos *La red social*.

Muy interesante el eslogan: "no haces 500 millones de amigos sin ganarte algunos enemigos".

Memoria episódica

Recuerdos relacionados con experiencias autobiográficas en lugares y momentos específicos.

Memoria semántica

Conocimientos que hemos incorporado a lo largo de la vida, memoria de los significados y de las relaciones entre éstos.

Sin **memoria episódica** no podríamos recordar los momentos que hemos vivido.

Sin **memoria semántica** no podríamos crear nuestra propia interpretación sobre dichos momentos y sobre el mundo que nos rodea.

3.2. La memoria procedural

La memoria procedural (implícita) es de tipo automático o reflejo, ya que puede evocarse sin necesidad de ser conscientes de cada acto, por ejemplo, los movimientos que realizamos con las manos cuando escribimos un correo electrónico.

Es la memoria la que nos ayuda a no tener que pensar, por ejemplo, cómo debemos pedalear y mantener el equilibrio una vez que lo hemos aprendido cuando vamos en bicicleta.

El aprendizaje relacionado con la memoria procedural, que normalmente se adquiere mediante instrucciones o por imitación, depende en

> Las habilidades motoras que se adquieren como resultado del aprendizaje y la imitación dependen de la memoria procedural, desde subir una escalera hasta aplicar las normas que hemos aprendido, por ejemplo, para practicar un deporte, conducir o utilizar el teclado de la computadora para escribir.

> Muchos recuerdos que dependen de la memoria declarativa se pierden con el tiempo.
>
> La memoria procedural es más permanente.

gran parte de la práctica repetida de una tarea o de un entrenamiento, como el que hace falta para tocar el piano sin pensar en qué tecla estamos pulsando, mecanografiar con rapidez o jugar al tenis.

A diferencia de la memoria declarativa, la procedural es más permanente. Por ejemplo, si no te gusta la historia, es difícil que recuerdes los principales acontecimientos relacionados con la Revolución Francesa.

En cambio, y aun cuando hayan pasado diez años desde la última vez que anduviste en bicicleta, seguramente no tengas dificultades para mantener el equilibrio si decides comprarte una y disfrutarla.

4. Memoria emocional y memoria de impacto

La memoria emocional merece un apartado especial porque es una de las principales fuerzas que actúan sobre nuestra interpretación de los hechos y nuestra conducta durante toda la vida. Es la memoria de acontecimientos episódicos que "nos marcan"[110] y gravitan (de forma no consciente) sobre cada decisión que tomamos; es la que más influencia tiene para que seamos adultos felices y exitosos o, a la inversa, poco felices y propensos al fracaso.

En este sistema se crean los **marcadores somáticos**,[111] que son experiencias emocionales que el cerebro asocia y archiva junto al estado fisio-

---

110. Véase el apartado sobre marcadores somáticos en el capítulo siguiente.

111. La hipótesis del marcador somático fue desarrollada por Antonio Damasio, un prestigioso neurólogo de origen portugués, autor de *El error de Descartes* (Editorial Crítica, Barcelona, 2006) y otras obras de lectura imprescindible.

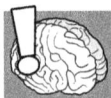

Los marcadores somáticos se generan durante experiencias emocionales que se almacenan en la memoria y están asociadas al estado fisiológico que se experimentó en ese momento.

Pueden ser positivos (promueven conductas de acercamiento) o negativos (promueven conductas de evasión). En ambos casos, no somos conscientes de estos procesos.

lógico experimentado en ese momento, por ejemplo, un estado de miedo asociado a un temblor corporal provocado por un susto, un estado de enorme excitación asociado a la generación de adrenalina, un estado de enamoramiento asociado a un aumento de la frecuencia cardíaca.

Hacia el futuro, estos marcadores tendrán una gran influencia en las decisiones que tomemos, así como también en nuestra conducta, ya que se activarán ante una situación similar a la que experimentamos cuando se generaron.

Por ejemplo, uno de mis compañeros de la Universidad de Salamanca evitaba y evita aún hoy concurrir al Café del Oviedo (justamente, uno de mis lugares preferidos). Eso me ha llamado mucho la atención, y la calidez de sus dueños, Petri y Andrés, hace que uno disfrute más allá de la rigurosidad del invierno salmantino o el calor de sus veranos.

Al no encontrar una razón de peso para explicarme esa actitud, decidí estar atento, ya que (pensé) tarde o temprano iba a aparecer el verdadero motivo. Y así fue. Durante una conversación sobre temas personales supe que tiempo atrás, durante un espectáculo organizado por Petri y Andrés, mi amigo había tenido un problema muy serio con alguien de su más íntima relación.

Evidentemente, estas adorables personas y el ámbito del café activaban en él reacciones emocionales y, al mismo tiempo, somáticas, que lo hacían sentir mal... ¡cuando todo estaba bien! Reacciones que, en el plano consciente, son difíciles de explicar, sin embargo, producen efectos muy importantes en la conducta. Desde entonces, me propuse hacer todo lo posible para que mi amigo disfrute, como yo y tantos otros, de la alegría y el placer de "estar" en el Café del Oviedo, todo un emblema como punto de encuentro para quienes "vivimos" el campus de la Universidad de Salamanca.

Este sencillo ejemplo deja claro que, a lo largo de la vida, los marcadores somáticos que vamos acumulando (en función de experiencias tanto negativas como positivas asociadas a emociones) son tan potentes que influyen no sólo en nuestra conducta, sino también en nuestras decisiones, en nuestros proyectos, en la forma en que nos relacionamos con nosotros mismos y con los demás, en la simpatía o aversión que sentimos por algunos lugares, en el placer que nos provocan algunos aromas y sabores y en el displacer que nos provocan otros... La lista puede ser tan extensa como experiencias emocionales hayamos tenido.

De hecho, la memoria emocional alberga la aceptación o el rechazo de un lugar, el miedo que nos produce un perro, la mayor o menor felicidad que sentimos cuando estamos en un tren o en un avión y también la mayoría de nuestras fobias.

> La mayor parte de los recuerdos emocionales permanecen en el metaconsciente.
>
> Esta permanencia en las profundidades de la mente sugiere por qué los que son negativos suelen atormentarnos durante el sueño o nos impiden relacionarnos armónicamente con los demás en estado de vigilia.

Justamente, mientras escribo este apartado estoy pensando en cómo resolver esa sensación de intranquilidad que me embarga cada vez que tengo que volar después de una experiencia reciente, en la que me llevé un susto de muerte cuando estaba llegando a Estados Unidos en un vuelo de American Airlines.

A diferencia del vuelo de Austral, esta vez fui protagonista: el avión bajó de golpe unos cientos de metros, con tanta violencia que una azafata se quebró una pierna y hubo varios pasajeros sangrando (por golpes en la cabeza). Por suerte, yo sólo perdí mi pasaporte, que salió disparado de mi bolsillo.

Soy consciente de cómo me está condicionando esta experiencia, aunque racionalmente sé que el avión sigue siendo el medio de transporte más seguro. Sin embargo, y aun cuando durante toda mi vida disfruté mucho de volar, me cuesta creer que mi memoria emocional me juegue esta pasada, sobre todo porque no puedo hacer mi trabajo si excluyo los aviones.

El problema reside en que el miedo (al igual que muchas emociones) es muy difícil de controlar porque depende de procesos muy complejos. Una vez que se crean determinados neurocircuitos, nuestras reacciones ante sucesos que nos han marcado emocionalmente tienden a perpetuarse de manera automática, y reprogramarlos no es una tarea sencilla.

En estos procesos desempeña un papel decisivo la amígdala, que participa tanto en la recepción y el procesamiento de los estímulos que ingresan a través de los sistemas sensoriales como en las respuestas que generamos.

Esta pequeña estructura también puede activar recuerdos emocionales que tenemos almacenados y, al mismo tiempo, desencadenar respuestas espontáneas sin que sepamos las razones. Por ejemplo (y a diferencia de lo que me pasa a mí), una persona puede tener miedo a volar sin saber cuál es el origen de ese temor.

Casi todas las vivencias de contenido emocional generan una reacción orgánica desencadenada por el sistema nervioso. Cuanto más intensa es la activación de la amígdala, más imborrable es la huella mnésica de una experiencia que nos ha emocionado profundamente, ya sea de forma positiva o negativa.

En la actualidad, hay mucho consenso entre especialistas en cuanto a que el cerebro utiliza dos sistemas de registro de memorias episódicas, uno intelectual y otro afectivo. Esto hace que se almacenen de manera diferente los he-

> Los recuerdos vinculados a situaciones que han provocado miedo o desesperación quizá nunca desaparezcan del todo, y esto tiene su correlato neurobiológico: existen más conexiones desde la amígdala hacia la corteza cerebral que a la inversa, por lo cual es más fuerte la tendencia automática a experimentar determinadas emociones que nuestra capacidad consciente para inhibirlas de forma voluntaria.

chos comunes (por ejemplo, el momento en que fui a ver *La red social*) y los que tienen una intensa carga emocional (como la angustia que sintió mi amigo en aquel encuentro en el Café del Oviedo).

Ahora bien, como la amígdala compara la experiencia presente con lo que ocurrió en el pasado, puede suceder que, sobre la base de algunos datos similares, desencadene respuestas que no son compatibles con lo que está ocurriendo ahora y que esto lleve a comportamientos que calificamos como irracionales.

Justamente, un viejo refrán popular dice que "quien se quema con leche ve una vaca y llora", y suele ser así: es suficiente con mirar alrededor para notar que existen muchas conductas extrañas en personas normales y ello se debe, en parte, a que los marcadores somáticos condicionan su comportamiento.

Afortunadamente, tanto desde el ámbito de la psicología como desde el de las neurociencias se está trabajando en el desarrollo de técnicas que ayuden a las personas muy afectadas a monitorizar este tipo de recuerdos.

4.1. *Flashbulb memory*

Dentro de la memoria emocional, se inscribe una nueva categoría, denominada **memoria de destello (*flashbulb memory*) o memoria de impacto**, que fue acuñada por la psicología para discriminar y estudiar los recuerdos que son especialmente fuertes y nítidos debido a que la carga emocional en el momento de registro ha sido muy significativa.

Los mejores ejemplos para explicar en qué consiste este tipo de

> Año tras año se realizan en Estados Unidos encuestas similares con coincidencias en los resultados: la mayoría de los estadounidenses (entre el 95 y el 97 por ciento) recuerda exactamente dónde estaba y qué estaba haciendo en el momento en que se enteró de los ataques a las Torres Gemelas.

memoria son tres acontecimientos contemporáneos que han conmovido al mundo: el atentado a las Torres Gemelas en Estados Unidos y, posteriormente, el de Atocha (en España) y el terrible terremoto de

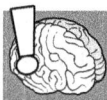

Japón en 2011. No tengo dudas de que si se le pregunta cuatro o cinco años después de los sucesos a un adulto español, estadounidense o japonés qué estaba haciendo ese día y a esa hora va a responder casi con exactitud.

Con el correr del tiempo, es posible que el relato se modifique, pero jamás olvidarán ni el acontecimiento ni las emociones asociadas a éste.

Cabe destacar que no es necesario ser protagonista de los sucesos para que se active este tipo de memoria, ya que todo hecho que provoque sorpresa, emoción y relevancia personal puede pasar a formar parte de ella de manera permanente.

5. ¿Podemos confiar en nuestros recuerdos?

Casi todos estamos convencidos de que lo que recordamos es realmente lo que sucedió o vivimos en un determinado momento. Sin embargo, y para nuestra sorpresa, la mayoría de los recuerdos son reconstrucciones que hace el cerebro sobre las experiencias que hemos vivido y, más aún, influyen en esta reconstrucción el estado emocional en que nos encontremos al memorizarlas así como también nuestros filtros perceptuales.

La historia policial da cuenta de numerosos casos de testigos cuyas versiones sobre un mismo suceso son distintas sin que exista intencionalidad en ello; simplemente, han observado y registrado la información de forma diferente.

Si prestamos atención, es sencillo hallar ejemplos de este fenómeno en la vida cotidiana. Yo aportaré uno de los míos: hace un tiempo regresó de Francia una pareja amiga. Al narrar parte de la experiencia que ambos tuvieron en el Louvre, el relato era diferente.

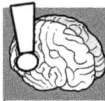

> La mayoría de nuestros recuerdos no son una copia fiel de lo que realmente sucedió, están teñidos por nuestra percepción y suelen modificarse con el transcurso del tiempo.
>
> En esa construcción también intervienen otros factores, como los medios de comunicación y el relato de otras personas añadiendo detalles que distorsionan la fidelidad de la memoria.

Él, que tiene una sensibilidad especial para la pintura, quedó fascinado con el arte de Leonardo, con su juego de luces y sombras, con el misterio que transmite la expresión del rostro de la Gioconda y, por supuesto, con la maravillosa forma de sus manos.

Ella quedó fascinada con la tecnología del museo para proteger el cuadro y entre nosotros su relato desató una oleada de carcajadas. Sin embargo, se comprende. Vilma es ingeniera, por eso le llamó más la atención todo lo que rodea al cuadro que el cuadro en sí, y esa información es la que ocupó un primer plano en su memoria.

Frederic Barlett,[112] uno de los especialistas más destacados en el estudio de este tema, solía explicar esta situación recurriendo al siguiente ejemplo: "Tres amigos, un pintor, un amante de la naturaleza y un escalador, que salen juntos a pasear por la montaña observan distintos aspectos del paisaje. Si después les presentamos un trozo de roca, pretendiendo unificar sus recuerdos, nuestra desilusión será grande porque encontraremos en ellos las mismas diferencias que antes, ya que tanto la percepción (observar el paisaje) como la memoria (recordar lo que se ha visto) dependen de las características de la personalidad, de las experiencias y de los intereses individuales. **Cada uno de ellos percibe y recuerda cosas distintas**, y en ningún caso el trozo de roca será más auténtico que lo que ellos han visto: el pintor continuará fijándose en las luces y los colores del paisaje, el naturalista en la flora y la estructura física de los valles y el escalador en las paredes rocosas y las grietas".

Como vemos, la memoria es una construcción de carácter subjetivo, ya que cada persona ve la realidad bajo la lupa de su propia percepción. En hechos que tienen que ver con la memoria colectiva, tanto los protagonistas como quienes trabajan en los medios de

> Los falsos recuerdos pueden sentirse como verdaderos, ya que la mente humana puede inventar acontecimientos que jamás han ocurrido y archivarlos como reales.

---

112. Frederick C. Bartlett, *Remembering*, Cambridge University Press, Cambridge, Massachusetts, 1967.

comunicación tienden a modificar los acontecimientos con detalles que no estaban presentes en el contexto original, creando diferentes escenarios a partir de un suceso real.

Durante un experimento reciente, en el que se pidió a los participantes que leyeran historias y luego las contaran, se observó que, en el relato, éstas eran más cortas y más coherentes que las originales, lo cual reflejaba no sólo una reconstrucción, sino también una reorganización y síntesis del argumento que habían leído sin que fueran conscientes de esta modificación. Más aún, la investigación reveló que a menudo estaban más convencidos de su propia versión que de la original.

En términos de uno de los mejores especialistas en memoria, Erick Kandel, "Los sujetos no estaban inventando: simplemente estaban interpretando el material original para darle así sentido al recuerdo [...]. Observaciones como ésta nos llevan a pensar que la memoria explícita de acontecimientos pasados es un proceso creativo de síntesis o reconstrucción."[113]

Ya hemos visto que la percepción es un hecho intrínsecamente subjetivo, por lo tanto:

- La información que pasa a formar parte de la memoria atraviesa un proceso de transformación, una especie de tamiz que depende de la forma en que cada uno de nosotros interpreta la realidad.
- Esta transformación puede crear falsos recuerdos, ya que la memoria humana no registra los sucesos con la misma objetividad con que lo haría una cámara fotográfica.
- El cerebro crea y recrea la información construyendo significados. En este proceso, cada individuo genera una versión personal de los hechos que muchas veces se "parece" a los acontecimientos reales.
- En el futuro, lo que recordará sobre un determinado hecho es lo que emplazó en su mente la última vez que evocó y narró dicho hecho y, más aún, es posible que agregue información que no estaba en el contexto original.

113. Eric Kandel, Thomas Jessell y James Schwartz, *Neurociencia y conducta.*

En este sentido, encontramos también buenos ejemplos en las investigaciones de Elizabeth Loftus,[114] entre ellos, el del famoso bombardeo de Pearl Harbour.

Al comparar versiones de personas que estaban en el lugar, se comprobó que había varias incongruencias en sus relatos, incluso en lo que recordaba cada una de esas personas cuando se la volvía a contactar en años siguientes para que rememorara los sucesos.

> No recordamos todo lo que vemos, olemos, oímos, degustamos y tocamos.
>
> Recordamos lo que "creemos" haber visto, olido, oído, degustado y tocado.
>
> Nuestra memoria está influida no solamente por acontecimientos pasados, sino también por nuestro proceso de percepción de los acontecimientos actuales.

Como vemos, el tema de la memoria es verdaderamente apasionante, sobre todo por el proceso de transformación que cada cerebro realiza sobre los acontecimientos, que es sin duda subjetivo.

En el aspecto neurobiológico, es decir, como estructura física, orgánica, la memoria está representada en el cerebro por conexiones entre neuronas que abarcan varias zonas, y los avances para entenderla constituyen uno de los desafíos más importantes de la neurociencia contemporánea.

Dado que las neuronas generan conexiones en función de los estímulos que reciben, y que la recurrente evocación de determinado tipo de información va consolidando el recuerdo (lo cual permite, a su vez, obtener mayor agilidad en los futuros procesos de almacenamiento), queda claro que con un entrenamiento adecuado todos podemos alcanzar las metas que nos vayamos proponiendo.

En el capítulo 7 ofrecemos un conjunto de técnicas que, de manera introductoria, pueden ayudar al lector a iniciar un camino que no se arrepentirá de recorrer ya que optimizar el funcionamiento de la memoria brinda innumerables ventajas.

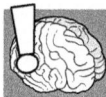

---

114. Elizabeth F. Loftus, *The myth of repressed memory*, St. Martins Press, Nueva York, 1994. Ídem, "The reality of repressed memories", *American Psichologist*, n.º 48 (1993).

6
Toma de decisiones. ¿Cerebro racional o cerebro emocional?

1. ¿Qué ocurre en el cerebro cuando decidimos?

¿París o Londres? ¿Dos hijos o tres? ¿Sociología o filosofía? ¿Coche o tren? Desde que nos despertamos hasta que nos vamos a dormir estamos tomando decisiones y lo hacemos en todos los órdenes de la vida. Desde elegir la marca de café y los alimentos para el desayuno hasta casarnos, divorciarnos o invertir en propiedades importantes. A veces, decidir es simple; no hay mucho para pensar cuando, por ejemplo, vamos a comprar un abrelatas. Otras, el proceso es complejo y puede convertirse en una preocupación importante.

Afortunadamente, el conocimiento previo y la experiencia reorganizan los circuitos cerebrales y agilizan el proceso de toma de decisiones cuando éstas son complejas,[115] y lo mismo sucede con los mecanismos emocionales, que son mucho más potentes que lo que se creía.

> Decidir implica un importante trabajo cerebral que activa los sistemas emocionales, los diferentes tipos de memoria (sensorial, de trabajo y de largo plazo), y las funciones ejecutivas del cerebro, es decir, las habilidades cognitivas que nos permiten razonar, sopesar, comparar, elegir y que son llevadas a cabo por los lóbulos frontales.

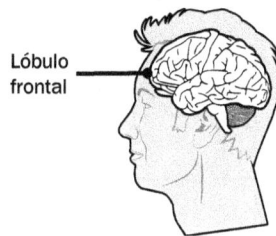

Lóbulo frontal

---

115. Z. Kourtzi *et al.*, "Learning shapes the representation of behavioral choice in the human brain", *Neuron*, Volumen 62, n.º 3 (2009), pp. 441-452.

En cualquier caso, desde elegir entre tostadas con mermelada baja en calorías o una porción de tarta para el desayuno, o entre Madrid o Barcelona para vivir, el proceso de toma de decisiones pone en juego numerosos procesos cognitivos y emocionales que se activan por debajo del umbral de consciencia.

Con relación a los emocionales, ya hay suficientes pruebas como para inferir que, al contrario de lo que se pensaba, no nos "nublan la razón" sino todo lo contrario: actúan de manera positiva, guiando los procesos de toma de decisiones desde las profundidades de la mente.

Obviamente, quedan fuera de esta categorización quienes se alteran por cualquier cosa, se enojan o se angustian con facilidad. De hecho, las personas proclives al mal humor, así como también las que se desestabilizan ante una situación que provoque pequeños cambios, no pueden pensar con claridad y es común que tarden mucho o se arrepientan después de haber tomado una decisión, por ello es tan importante que incorporen las nuevas técnicas de automonitorización de emociones, ya que ello no sólo las ayudará a decidir mejor y más rápido, también mejorará su calidad de vida.

Otro tema muy interesante en la toma de decisiones está relacionado con los neurocircuitos que utilizamos. En 2010, un equipo de la Universidad de Harvard reveló que el cerebro emplea los mismos circuitos para tomar decisiones importantes (como las que involucran cuestiones morales) y sencillas (como elegir qué comer o dónde comprar la comida).

En términos de Amitai Shenhav, uno de los participantes de la investigación: "Parece que nuestra capacidad para tomar decisiones complejas, de vida o muerte, depende de estructuras cerebrales que originalmente participan en

Decisiones simples y decisiones complejas: ¿circuitos similares?

En 2010, un equipo de la Universidad de Harvard reveló que el cerebro emplea los mismos circuitos para tomar decisiones importantes (como las que incluyen temas morales) y sencillas (como elegir qué comer o dónde comprar la comida).

la toma de decisiones más básicas de interés personal, como la comida."[116]

Algo que sin duda cambia cuando las decisiones son muy importantes es el esfuerzo neurocognitivo que realizamos. Si la decisión es compleja, aumenta el consumo de energía cerebral debido a la exigencia que recae sobre las funciones ejecutivas, y terminamos agotados. Uno de los mejores ejemplos es el de los corredores de Fórmula Uno, que además de un enorme esfuerzo físico (que no vemos) realizan un gran esfuerzo mental.

Es suficiente con observar por televisión lo que ocurre durante una de estas carreras (cuando la cámara está colocada en el coche del piloto) para comprobar que las funciones ejecutivas de estos deportistas realmente no tienen tregua, y tampoco su cuerpo. Los cambios fisiológicos (como el aumento del ritmo cardíaco y la sudoración) revelan con claridad el gran componente emocional asociado a cada decisión que toman, ya que ponen en juego no sólo la carrera, sino también la propia vida.

> Cuando se toman decisiones muy importantes, aumenta el consumo de energía cerebral debido a la exigencia que recae sobre las funciones ejecutivas. Esto provoca un efecto que se traslada al resto del cuerpo: terminamos agotados, como si hubiéramos realizado una actividad que requiere gran esfuerzo físico.

En los siguientes apartados analizaremos el papel de las estructuras y los sistemas cerebrales involucrados en la toma de decisiones en función de los últimos avances de la neurociencia moderna que, a esta altura, el lector seguramente habrá deducido: un sistema emocional (comandado por la amígdala y otras estructuras del sistema límbico) y un sistema racional, reflexivo, con asiento en la corteza prefrontal. En el momento de decidir, ambos procesos (emocionales y racionales) se integran en la corteza frontal del cerebro.

---

116. <http://www.fas.harvard.edu/home/content/major-moral-decisions-use-general-purpose-brain-circuits-manage-uncertainty>.

2. El cerebro emocional en la toma de decisiones

Durante muchos años, y tanto en los ámbitos educativos como en el mundo del trabajo, se privilegió el pensamiento racional, tratando como "algo" separado el cuerpo y las emociones.

Sin embargo, las neurociencias han demostrado innumerables veces que los mecanismos emocionales guían la toma de decisiones, más aún, se considera que cuando sus componentes están ausentes aumenta la probabilidad de que nos equivoquemos.

La sabiduría emocional se asocia principalmente con las inscripciones que traemos en el cerebro como resultado de la evolución —por ejemplo, el miedo nos impulsa a alejarnos del peligro y garantiza nuestra supervivencia—, así como también a los marcadores somáticos, que le facilitan al cerebro la tarea de elegir una entre dos o varias alternativas, en particular cuando está involucrada la memoria episódica.

Estos marcadores pueden enviar señales no conscientes que preceden y, al mismo tiempo, agilizan el proceso de decidir, llevándonos a que, más de una vez, no podamos explicar "conscientemente" por qué elegimos esto y no aquello. Cuando están ausentes o se han debilitado, es posible que se tomen decisiones inadecuadas o desventajosas. Este problema ha sido observado en personas con lesiones en algunas zonas del cerebro emocional, por ejemplo, la amígdala.[117]

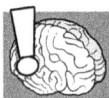

Las investigaciones en neurociencias han realizado varios descubrimientos clave relacionados con la toma de decisiones:

- La conducta humana no es tan racional como se pensaba. En más del 90 por ciento de los casos las decisiones que tomamos tienen un componente no consciente.

- Los aspectos emocionales desempeñan un papel determinante en cada alternativa que elegimos.

- El cerebro se anticipa: toma una decisión varios segundos antes de que seamos conscientes de que lo ha hecho.

117. J. M. Martínez-Selva *et al.*, "Mecanismos cerebrales de la toma de decisiones", *Revista de Neurología*, Volumen 42, n.° 7 (2006), pp. 411-418.

Neurobiología del marcador somático

La región ventromedial de la corteza prefrontal integra
los diferentes factores implicados en la toma de decisiones.

- Estados somáticos.

- Información procedente
  de los sentidos.

- Recuerdos sobre
  experiencias anteriores.

- Datos procedentes de la
  amígdala, el hipotálamo
  y algunos núcleos
  del tronco cerebral.

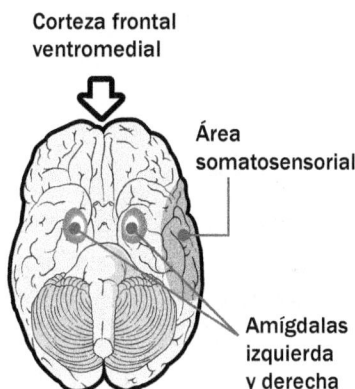

Corteza frontal
ventromedial

Área
somatosensorial

Amígdalas
izquierda
y derecha

Uno de los grandes especialistas en este tema, Antonio Damasio, admite que "de todos los fenómenos mentales que podemos describir, los sentimientos y sus ingredientes esenciales (el dolor y el placer) son los menos conocidos en términos biológicos y específicamente neurobiológicos",[118] sin embargo, ha realizado grandes avances en el estudio de los mecanismos emocionales vinculados a la toma de decisiones.

Tras años de investigación, llegó a la conclusión de que "la capacidad de sentir aumenta la eficacia del razonamiento, mientras que su ausencia la reduce",[119] y esto es cierto. En el ámbito relacionado con el consumo (en el que trabajo desde hace muchos años) se comprobó que en la mayor parte de las compras que los clientes evaluaron con posterioridad como acertadas no había sido el pensamiento racional

118. Antonio Damasio, *En busca de Spinoza: Neurobiología de la emoción y los sentimientos*, Editorial Crítica, Barcelona, 2006, p. 10.

119. Antonio Damasio, *El error de Descartes: la razón de las emociones*, Andrés Bello, Madrid, 1999.

(que normalmente realiza un análisis coste-beneficio) sino el emocional el que inclinó la balanza.

> En la mayoría de las compras que realizamos no son los aspectos racionales los que prevalecen, sino los emocionales.

Por ejemplo, el neurólogo estadounidense Read Montague se preguntó qué pasaba en el cerebro de las personas con relación a las bebidas cola que lideraban el mercado, dado que en los tests a ciegas (cuando se prueba un producto sin saber la marca) ganaba Pepsi y, sin embargo, cuando se les informaba de la marca, decían que Coca-Cola era más rica.

Entonces, decidió realizar la misma prueba incorporando fMRI. Las neuroimágenes revelaron que a pesar de que Pepsi provocaba una reacción importante en las zonas de la corteza cerebral relacionadas con el placer y el gusto, Coca-Cola estaba presente en esas mismas zonas, pero también, y esto explica la supremacía de la marca, en otras áreas donde se almacenan las emociones agradables y los recuerdos positivos.[120]

Con relación a la conducta en general y, en especial, a la vinculada al ámbito del trabajo y la vida social, he visto muchísimos casos de gerentes que han fracasado después de haber obtenido puntuaciones altísimas en los exámenes de cociente intelectual. ¿Por qué pasaba esto? Antonio Damasio estudió en el plano neurológico el caso de un empresario intelectualmente brillante que no podía alcanzar los objetivos de su trabajo después de una operación durante la cual le extirparon un tumor ubicado en la región ventromedial del lóbulo frontal (detrás de la frente).

En lo que respecta a sus habilidades cognitivas, este hombre —a quien llamó Elliot— no presentaba problemas tras la cirugía. Sin embargo, hubo un cambio importante en su personalidad: no se inmutaba cuando le presentaban imágenes horrorosas ni se conmovía ante situaciones extremas (esta frialdad fue comprobada me-

---

120. Véase Néstor Braidot, *Neuromarketing*, capítulo 1.

diante estudios psicológicos que consisten en exponer al paciente a imágenes de alto contenido emotivo y registrar los cambios que experimenta mientras las observa).

Damasio dedujo que había una consecuencia derivada de la operación, ya que el tumor tenía el tamaño de una mandarina y, al extraerlo, se habían cortado conexiones entre la amígdala y otros sectores importantes de la corteza prefrontal. Dado que el funcionamiento neurocognitivo no parecía afectado (respondía muy bien a todas las pruebas), se dedujo que lo que dificultaba su capacidad para tomar decisiones era, precisamente, la ausencia de emociones.

Para determinar las zonas del cerebro implicadas en los procesos decisorios han sido de enorme importancia las investigaciones realizadas con pacientes lesionados.

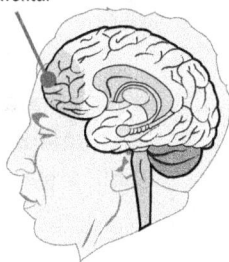

Corteza prefrontal

Una lesión en esta zona puede provocar trastornos en el proceso de toma de decisiones.

Así lo expresa Damasio: "Seguía siendo físicamente capaz y la mayoría de sus aptitudes estaban intactas. [...] En ningún caso esos cambios se relacionaban con alguna previa debilidad de carácter. [...] La tragedia de este hombre saludable e inteligente consistía en que, no siendo estúpido ni ignorante, obraba con frecuencia como si lo fuera. La maquinaria de sus decisiones estaba tan deteriorada que ya no podía actuar como un ser social efectivo."[121]

Este caso, sumado a otros de contenidos similares, revela que durante las últimas dos décadas la ciencia ha logrado una mejor comprensión de los verdaderos motivos del comportamiento humano y que, con independencia de la vieja dicotomía cuerpo-alma que continúa suscitando enorme variedad de interpretaciones, la

121. A. Damasio, *El error de Descartes*.

denominada neurobiología de los sentimientos confirma día a día que el cerebro crea la mente y que no es posible comprender en profundidad las reacciones emocionales si no se investigan sus bases biológicas.

2.1. ¿Qué son las emociones?

Rodolfo Llinás, uno de los neurocientíficos contemporáneos más brillantes, que dedicó gran parte de su vida a entender la relación entre la actividad cerebral y la consciencia, afirma que las emociones, al igual que los pensamientos, son estados funcionales del cerebro porque allí se genera nuestro "yo" (la consciencia de nosotros mismos).[122]

Ahora bien, explicar el amor, la compasión, la culpa o el odio como un "estado funcional del cerebro" puede parecer raro y quizá chocante para algunas personas, así como también las conclusiones de algunos científicos sobre temas hacia los cuales mucha gente es sensible. Por ejemplo, hace poco un colega experto en neurofisiología decía en una reunión que no hay vida después de la muerte porque cuando se destruye el cerebro se destruye todo. En ese momento una amiga que es muy creyente le preguntó: "¿Y usted cómo lo sabe? ¿Conoce a alguien que haya vuelto de allá?".

Las emociones no pueden comprenderse si no analizamos sus mecanismos neurobiológicos.

Aunque registremos que nuestro corazón late más rápido cuando sentimos miedo, o euforia cuando nos enamoramos, la verdadera base de las emociones reside en el cerebro.

Sin duda, la vida emocional es un fenómeno individual muy complejo. De momento, y dado que este libro trata sobre el funcionamiento del cerebro, comenzaremos por explicar que las emociones son

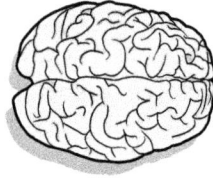

122. Rodolfo R. Llinás, *El cerebro y el mito del yo*, Editorial Norma, Bogotá, 2003.

estados que articulan aspectos neurocognitivos con sensaciones físicas, actúan como filtros en la percepción y son potentes fijadores de la memoria.

Sin emociones no podríamos desarrollar nuestra creatividad, ni tomar decisiones acertadas ni, fundamentalmente, "sobrevivir". Por ejemplo, si estamos en una esquina y se nos viene un coche encima, el cerebro no tiene tiempo para razonar si movernos o no, ni para qué lado, es la zona emocional la que acorta el tiempo de respuesta desencadenando una reacción tan rápida que parece automática. Joseph LeDoux, experto en el estudio de las emociones como procesos biológicos, halló una explicación anatómica a estos mecanismos.[123]

Descubrió que, junto a la vía neuronal que va desde el tálamo a la corteza cerebral, existe un conjunto de fibras nerviosas que comunica directamente el tálamo con la amígdala, y llegó a la conclusión de que en el cerebro humano hay una especie de atajo que permite que la amígdala reciba

La amígdala actúa como principal receptor de los estímulos emocionales: recibe la información desde el tálamo y la dirige hacia la corteza.

Como las vías neuronales que dirigen la información desde la amígdala hacia la corteza son mucho más ricas en cantidad de neuronas que las que actúan en sentido contrario (aproximadamente diez veces) se explica por qué la influencia de las emociones en el proceso de toma de decisiones es tan importante.

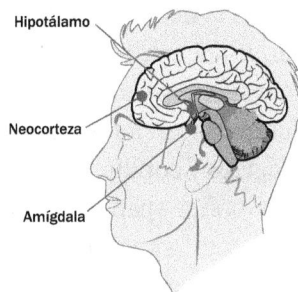

Hipotálamo

Neocorteza

Amígdala

123. Joseph LeDoux, *The emotional brain*, Simon and Schuster, Nueva York, 1996. Junto a otros investigadores, demostró que en el cerebro existen vías neuronales que transmiten información sensorial desde el tálamo a la amígdala, sin intervención de la corteza. Esto constituye una evidencia de que existe un procesamiento de las emociones que es previo a la consciencia que se tiene de ellas.

algunas señales de forma ultrarrápida desde los sentidos.

Así, un estímulo sensorial (por ejemplo, el rugido de un tigre) se divide en dos impulsos que recorren caminos diferentes después de llegar al tálamo. El primero, al que denominó vía rápida, va por el "atajo" hacia la amígdala, que genera una respuesta automática y casi instantánea: huir, correr. Milésimas de segundo más tarde, la información llega a la corteza cerebral. A este recorrido LeDoux lo denominó vía lenta.

En el primer caso (la vía rápida) actuamos prácticamente por instinto, en el segundo (vía lenta), se activa la consciencia. Esto significa que ante una situación de peligro (LeDoux hizo muchas investigaciones sobre el miedo), es la amígdala la que genera la primera reacción y no la neocorteza (donde residen las funciones cognitivas más importantes, como el pensamiento).

> En los procesos de toma de decisiones utilizamos el neocórtex para pensar las estrategias, por ejemplo, cuando vemos una nueva casa, decidimos comprarla y elaboramos los argumentos para negociar con el vendedor.
>
> En cambio, cuando la situación es de peligro, no tenemos tiempo de pensar. La sabiduría de la naturaleza ha diseñado a la amígdala para que desencadene la respuesta urgente que necesitamos.

Como vemos, las emociones involucran no sólo aspectos cognitivos (en los que interviene la corteza), sino también, y fundamentalmente, fisiológicos y conductuales.

Por eso, si se aparece de repente un perro enorme o un coche se nos viene encima, aun cuando el daño haya sido nulo o mucho menor que el susto, la angustia que nos provoca ese hecho se "archivará" en la memoria con un estado orgánico asociado. Este estado puede implicar la creación de un patrón de respuesta, tanto fisiológica como conductual, que puede dar origen a un marcador somático, afectando de forma no consciente las decisiones futuras.

Recordemos:

Una emoción y los cambios fisiológicos que se generan en el momento de experimentarla quedan asociados en el cerebro a la situación que se ha vivido, creando una especie de patrón que resurgirá cuando se produzca una experiencia similar.

MARCADOR SOMÁTICO

El cerebro genera respuestas emocionales no conscientes que se reflejan en cambios corporales.

Estas respuestas guían el proceso de toma de decisiones.

En una situación de peligro, el miedo llega primero en forma de calor, palpitaciones, temblores. Después se afirma la conciencia real del miedo y su causa.

ANTONIO DAMASIO

También puede ocurrir que los tiempos de reacción tan rápidos de la amígdala nos jueguen una mala pasada, ya que involucran reacciones primitivas, poco elaboradas, como gritar o pegar.

Normalmente, estas reacciones traen problemas, sobre todo en ámbitos familiares o de trabajo, ya que las decisiones basadas sólo en respuestas emocionales (reactivas), sin participación de los mecanismos cerebrales superiores, como el razonamiento, pueden llevarnos a hacer cosas de las que nos arrepentiremos más de una vez.

2.2. El sistema límbico

El sistema emocional se conoce también como sistema límbico, y tiene su origen en investigaciones realizadas por el neurólogo francés Paul Broca en 1878.

Está integrado por un conjunto de estructuras que se ubican en lo profundo del cerebro, rodeando al cuerpo calloso, entre ellas, el hipotálamo, el hipocampo y la amígdala.

Al principio, fue estudiado mediante preparados anatómicos, posteriormente, con la aparición de la resonancia magnética y otras técnicas (como SPECT y PET), comenzaron a utilizarse neuroimágenes.

En la actualidad, la idea de que el sistema límbico está asociado con los deseos y sentimientos es ampliamente aceptada; aun así, hay controversias entre algunos especialistas. Por ejemplo, para LeDoux, la idea de que el límbico abarca todo el cerebro emocional es discutible. En su opinión, puede que no haya un solo sistema emocional en el cerebro, sino varios.[124]

Lo que está claro es que las estructuras que

El sistema límbico, ubicado en lo profundo del cerebro (cubriendo la parte reptiliana) rige las funciones relacionadas con la autoconservación (miedo, lucha, huida), la conducta sexual, la memoria emocional, los sentimientos y las emociones. También participa en la sensación de bienestar y en el control de los estados de vigilia.

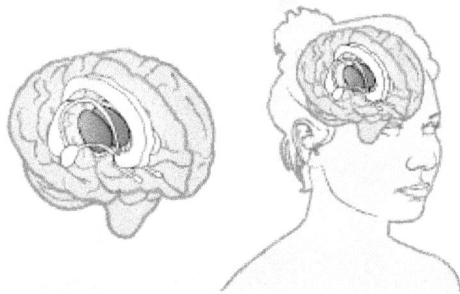

se ubican en este sistema y la neocorteza (si bien funcionan de manera independiente y procesan la información con modalidades diferentes) se encuentran interconectadas para cumplir con el objetivo biológico de propiciar una conducta inteligente en los procesos de toma de decisiones.

3. Procesos mentales ultrarrápidos

Uno de los descubrimientos más interesantes sobre el funcionamiento del cerebro está vinculado con los procesos metaconscientes que nos llevan a decidir sin que sepamos que ya lo hemos hecho. Esto no

124. Véase Néstor Braidot, *Neuromanagement.*

sólo se relaciona con la rapidez con que buscamos protegernos si aparece de repente un perro del tamaño de un poni y con dientes enormes, sino también con la mayoría de las decisiones que tomamos a lo largo de la vida.

> Hoy es posible predecir la decisión que va a tomar una persona observando su actividad cerebral.

3.1. El cerebro decide antes que nosotros

Antes de que de manera consciente giremos la muñeca para realizar un saque en un partido de tenis, nuestro cerebro ya sabe el tipo de movimiento que vamos a hacer. La neurociencia contemporánea ha corroborado este tipo de situaciones con varios experimentos (lo que varía levemente es la cantidad de segundos con que se produce la anticipación). Veamos algunos casos.

En Alemania se realizó una investigación que consistía en que los participantes tomaran una decisión muy sencilla: pulsar el botón que se encontraba a la izquierda de una pantalla o el que se encontraba a la derecha mientras su cerebro era escaneado durante el ejercicio.

Los investigadores concluyeron que, al observar la actividad cerebral en las cortezas prefrontal y parietal, podían predecir qué botón pulsarían estas personas ¡siete segundos antes![125]

Esta diferencia temporal, que en otros experimentos llegó a diez segundos aproximadamente, confirma que existen áreas que saben qué vamos a hacer antes de que la decisión se instale en nuestra consciencia.

Años atrás, en 1982, se había publicado un experimento muy simple que arrojó resultados similares: los investigadores, liderados por Benjamín Libet, uno de los más destacados especialistas en el tema, pidieron a los participantes que realizaran movimientos sencillos

---

125. John-Dylan Haynes *et al.*, "Unconscious determinants of free decisions in the human brain", *Nature Neuroscience*, 11 (2008), pp. 543-545 y ‹http://www.mpg.de/567905/pressRelease20080414›, "Unconscious decisions in the brain", sitio del Instituto Max Planck (Alemania).

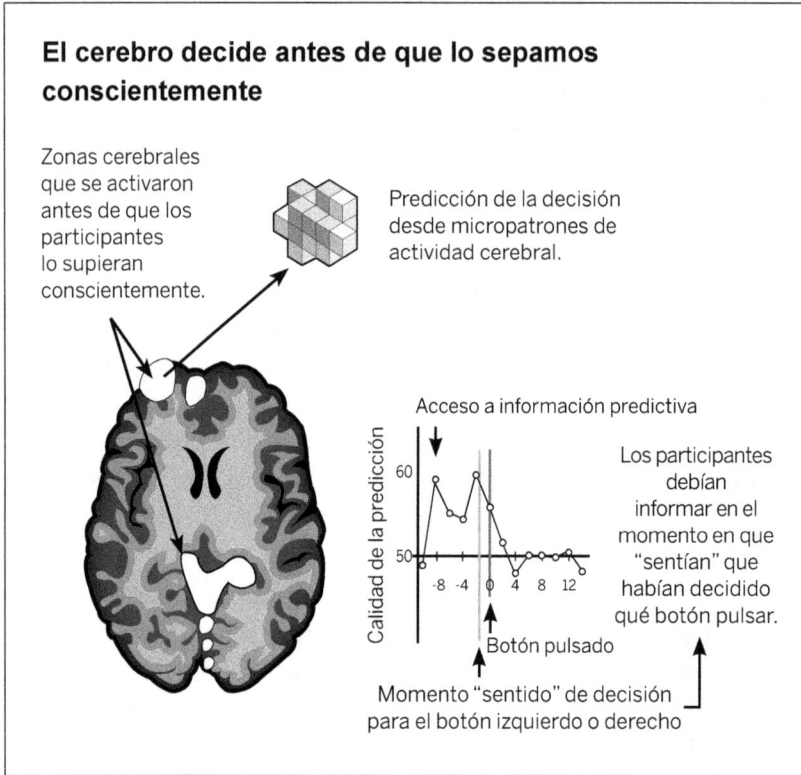

El cerebro decide antes de que lo sepamos conscientemente

Zonas cerebrales que se activaron antes de que los participantes lo supieran conscientemente.

Predicción de la decisión desde micropatrones de actividad cerebral.

Acceso a información predictiva

Calidad de la predicción

60

50

-8 -4 0 4 8 12

Los participantes debían informar en el momento en que "sentían" que habían decidido qué botón pulsar.

Botón pulsado

Momento "sentido" de decisión para el botón izquierdo o derecho

(como girar la mano) informando en el momento en que aparecía en su consciencia la intención de hacerlo y, también, el instante en que comenzaban a percibir la sensación de movimiento. Todo ello mientras registraban la actividad eléctrica de las zonas motoras del cerebro.

El experimento reveló que "antes" de que los participantes decidieran de forma consciente mover la mano, ¡el cerebro ya lo había hecho!, confirmando una vez más que gran parte de la conducta humana puede descifrarse observando las zonas cerebrales que se activan, básicamente, las cortezas parietal y frontal.[126]

126. ‹http://webcache.googleusercontent.com/search?q=cache:BiIDfQurMYAJ:www.lukor. com/ciencia/08041508.htm+cerebro+toma+de+decisiones+%2B+conciente&cd=4&hl=e s&ct=clnk&source=www.google.com›.

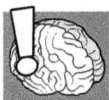

Muchas decisiones son tomadas primero por el inconsciente y luego trasladadas al consciente.

Estos resultados generaron un debate sobre el libre albedrío: los actos voluntarios ¿dependen de lo que "conscientemente" queremos hacer?

¿O decidimos en función de impulsos o motivaciones cuyos orígenes se encuentran en profundidades que la neurociencia hace poco ha comenzado a explicar?

Parecería que estamos cada vez más cerca de que la realidad supere a la ciencia ficción. Si has visto la película *Minority Report*,[127] dirigida por el fantástico Steven Spielberg, comprenderás de qué hablo: ¿qué pasaría si las fuerzas policiales pudieran saber con anticipación qué crímenes se van a cometer?

De momento, en algunos países (entre ellos la India) la policía está experimentando con electroencefalogramas y escáneres cerebrales *ex post*. Se busca detectar si la actividad eléctrica del cerebro y la activación de determinadas zonas pueden servir como pistas al mostrarle al acusado varias imágenes entre las cuales se intercalan escenas donde se ha producido el homicidio o leerle en voz alta los detalles del crimen.[128] En lo relacionado con lo que comúnmente denominamos *ex ante*, queda claro que muchas decisiones son construidas por procesos cerebrales de los que no somos conscientes.

Esto último constituye, precisamente, una de las claves del neuromarketing (una disciplina que investigo y en la que trabajo desde sus comienzos), ya que durante mucho tiempo no podíamos explicarnos ciertas cosas, por ejemplo, por qué durante las encuestas las personas afirmaban que les gustaba un producto y que lo comprarían cuando fuera lanzado al mercado, y luego no lo hacían.[129]

127. En esta película, el personaje que interpreta Tom Cruise, John, que forma parte de las fuerzas policiales, descubre que ese día matará a una persona que en ese momento no sabe quién es.

128. "India's novel use of brain scans in courts is debated", *The New York Times*, 14 de septiembre de 2008.

129. Néstor Braidot, *Neuromarketing*, capítulo 4.

Las investigaciones en neurociencias han realizado varios descubrimientos clave relacionados con la toma de decisiones:

- La conducta humana no es tan racional como se pensaba. En más del 90 por ciento de los casos las decisiones que tomamos tienen un comportamiento no consciente.

- Los aspectos emocionales desempeñan un papel determinante en cada alternativa que elegimos.

- El cerebro se anticipa: toma una decisión varios segundos antes de que seamos conscientes de que lo ha hecho.

Con la ayuda de las neurociencias, descubrimos que la mayor parte de las decisiones que toman los consumidores tienen un origen que ellos mismos desconocen, porque es no consciente, y, más aún, que la mayor parte de la información procedente del mundo exterior, por ejemplo, de la publicidad, se aloja en alguna parte del cerebro y no entra nunca en la consciencia.[130] Como esta información tiene gran influencia en las decisiones de compra, se está trabajando en el desarrollo de técnicas que permitan explorar esas profundidades.

3.2. El efecto *priming* en el proceso de decisión

El efecto *priming* hace referencia a la mayor sensibilidad que tenemos ante determinados estímulos, por ejemplo, una palabra, una imagen, un sonido, un aroma, debido a conocimientos y experiencias previas. Está relacionado con la memoria implícita e influye en la toma de decisiones desde las profundidades de la mente, es decir, sin que seamos conscientes de lo que está ocurriendo.

Por ejemplo, si te muestran una imagen de Nicolas Sarkozy, tu cerebro tenderá automáticamente a generar asociaciones con determi-

130. El Instituto Siegfried Vögele y la Universidad de Bonn (Alemania) han realizado varios estudios sobre los estímulos que percibimos por debajo del umbral de consciencia analizando cuáles son más eficaces y cómo se pueden aplicar en comunicaciones publicitarias. Véase Néstor Braidot, *Neuromarketing*.

nados conceptos y/o personas relacionados con él, como "presidente", "Francia", "conservador", "república", "Carla Bruni".

Del mismo modo, si abre una revista y encuentra un anuncio institucional de Danone, quizá lo vincule con la imagen de una góndola de lácteos en el supermercado, el envase del yogur "Griego" o los "primeros Danones" (o Danoninos) que consumen los bebés. En cambio, si no conoce a Sarkozy y nunca tuvo contacto con la marca Danone, no se producirá este efecto, ya que ambos estímulos ingresarán por primera vez en tu cerebro.

En publicidad, el efecto *priming* se utiliza para activar la memoria a través de pistas, es decir, para que nuestro cerebro relacione positi-

El cerebro decide aproximadamente 10 segundos antes de que tomemos consciencia de ello.

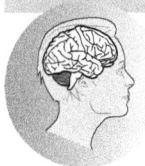

En el proceso de toma de decisiones existen anticipaciones metaconscientes que derivan de:

- Conocimientos.
- Experiencias previas.
- La acción de los medios de comunicación.

EFECTO PRIMING (NO CONSCIENTE)

La presentación de un estímulo favorece (por asociación) la recuperación de conceptos relacionados.

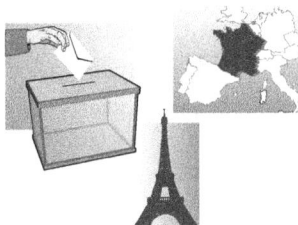

vamente un conjunto de atributos con determinadas marcas. Por ejemplo, Huggies con "máxima absorción", Axe con "masculinidad" o Dove con "suavidad". En neuropolítica sucede algo similar: el efecto *priming* se estudia deliberadamente para activar (a través de los medios de comunicación) ciertas ideas que influyan de manera positiva en el comportamiento del electorado. Como vemos:

En lo que respecta a la televisión, el *priming* permite que las noticias modifiquen los índices de valoración de la audiencia, lo que tiene una enorme influencia en las decisiones de los votantes,[131] y lo mismo ocurre con los comerciales, ya que su principal objetivo, además de promover el recuerdo del nombre de una marca, es influir en las elecciones que realizamos, por ejemplo, cada vez que vamos al supermercado.

En realidad, no sólo la televisión, sino toda la cobertura mediática, incluidas las redes sociales, ejercen un efecto *priming* sobre nosotros, ya que junto a los conocimientos y experiencias que vamos acumulando a lo largo de la vida influyen en cada una de las decisiones que tomamos sin que seamos conscientes de este proceso.

A esto se debe que términos como "empleo", "salud", "economía", "educación", "paro", "Atocha", "indignados", queden asociados a un determinado nombre y/o partido político y actúan como disparadores de la conducta de los electores.[132]

> Aunque no lo sepan, los ciudadanos que dudan "conscientemente" entre elegir al candidato A o al candidato B ya tienen su decisión tomada.
>
> Esto puede averiguarse con técnicas que permiten analizar las activaciones cerebrales.

El tiempo de exposición de los temas es muy importante; por ejemplo, si el movimiento de los indignados hubiera tenido poca o escasa cobertura, los ciudadanos habrían centrado su atención en otro asun-

---

131. S. Iyengar y D. Kinder, *News that matters*, University of Chicago Press, Chicago, 1987.

132. En la actualidad, y como resultado de la aplicación de las neurociencias a varios campos del conocimiento, ha surgido una nueva disciplina, denominada neuropolítica, que estudia en profundidad estos procesos.

to, y lo mismo ocurre con los anuncios, ya que la publicidad promueve el recuerdo y, al mismo tiempo, crea estímulos que disparan una actitud positiva hacia un producto o servicio.

Como vemos, el efecto *priming* actúa como una especie de brújula interior que orienta nuestras decisiones. Más aún, la confirmación de que la mayor parte de ellas tiene un origen no consciente es relevante también para que aprendamos a conocernos a nosotros mismos y, sobre todo, a ser "indulgentes".

El entrecomillado no es casual, ya que los seres humanos muchas veces no entendemos por qué hicimos tal o cual cosa y, además, solemos enojarnos con nosotros mismos. En estos casos la "culpa", en definitiva, es de nuestro cerebro, que "decide antes que nosotros".

Efecto *priming*

Al activar memorias relacionadas con conocimientos y experiencias similares, el cerebro:

a. Privilegia alternativas de respuesta coherentes con resultados positivos anteriores.

b. Rechaza alternativas de respuesta relacionadas con resultados negativos anteriores.

---

4. Estrategias para mejorar los procesos de toma de decisiones

La mayoría de los entrenamientos tradicionales para mejorar la toma de decisiones están dirigidos al mundo del trabajo; de hecho, el lector puede encontrar obras completas sobre métodos para resolver problemas "según el caso". También se ha escrito sobre el tema desde la pedagogía y la psicología, incluso en muchos libros de autoayuda. Sin desvalorizar lo que se ha venido haciendo hasta el presente, el mejor camino (en mi opinión) es incorporar todas las innovaciones aportadas por las neurociencias, aprovechando las nuevas herramientas que tenemos a nuestra disposición en la era en que nos toca vivir.

Esto significa, por ejemplo, que seremos mejores maestros, mejores ingenieros, mejores abogados, mejores periodistas, mejores técnicos o mejores administradores si, paralelamente a lo que vamos aprendiendo relacionado con la tarea o profesión que desempeñemos, "decidimos" trabajar en nuestro desarrollo cerebral.

Partiendo de esta premisa, y de acuerdo con los últimos descubrimientos sobre el tema, en los próximos apartados nos centraremos de forma teórica en los dos aspectos que confluyen en la corteza prefrontal cada vez que tomamos una decisión: los cognitivos y los emocionales. En la parte práctica ofreceremos un conjunto de ejercicios que apuntan a mejorar estas capacidades.

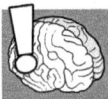

La incertidumbre que se vive en muchos países del mundo en la segunda década del siglo XXI no sólo conspira contra los procesos de toma de decisiones, sino también, y en gran medida, contra la salud y el bienestar físico.

Las neurociencias modernas han propiciado el desarrollo de programas de entrenamiento cerebral diseñados a medida de las circunstancias y necesidades de cada persona.

Recordemos que todos podemos cambiar nuestro cerebro, incluso "nuestra vida", gracias al fenómeno de la neuroplasticidad autodirigida que explicamos en el capítulo 1. Para ello sólo es necesario un trabajo constante y sistematizado de entrenamiento cerebral diseñado a medida.

Por ejemplo, en el momento en que escribo este libro, pocos ciudadanos viven tranquilos debido a la crisis económica, que provoca situaciones de incertidumbre y pérdida de empleo en varios países.

En este tipo de situaciones, la amígdala se encuentra sobreestimulada por el miedo, tanto al presente como al futuro, y coloca a quien lo padece en un estado hipervigilante y defensivo que puede afectar cada decisión que toma.

Estos procesos suelen estar acompañados, sobre todo cuando hay alta presión y mal clima en el trabajo, por las denominadas hormonas del estrés, como el cortisol y la noradrenalina, que invaden el torrente sanguíneo provocando situaciones fisiológicas difíciles de controlar desde la voluntad consciente y afectan el desempeño de las funciones ejecutivas del cerebro, imprescindibles para la resolución creativa de problemas y la toma inteligente de decisiones.

Esto debe constituir una señal de alarma, una especie de "alerta naranja", ya que la neurociencia ha demostrado que un estado de ansiedad crónica o relativamente constante conduce a estados de fatiga física y mental que, en casos extremos, hasta pueden enfermarnos. Sin duda, un buen punto de partida es aprender a automonitorizar las emociones, ya que ello permitirá liberarnos de situaciones de desorden o caos psicológico y, paralelamente, trabajar para potenciar el capital intelectual con el que nuestro cerebro viene al mundo, es decir, en pos de un desarrollo pleno de las funciones ejecutivas.

4.1. Resignificación y automonitorización de las emociones

Tal como vimos en los apartados precedentes, las emociones actúan como una especie de sistema que nos informa sobre diferentes aspectos de la realidad otorgándoles una carga afectiva con repercusiones fisiológicas.

Por eso cada vez que recordamos un acontecimiento importante la emoción vuelve a instalarse en la mente y en el cuerpo, priorizando determinadas respuestas frente a distintos estímulos y variando según su fuerza, afectando de este modo la toma de decisiones.

Asimismo, cada vez que decimos que la alegría de una persona nos contagia o, a la inversa, que el mal humor de nuestro vecino nos afecta cada vez que debemos tratar con él, lo que estamos haciendo es reconocer el enorme poder que tienen sobre nosotros no sólo nuestras emociones, sino también las de los demás.

> Los pensamientos relacionados con la felicidad, el bienestar, el éxito, el placer y la alegría activan y refuerzan determinados circuitos neuronales.
>
> Aprender a colocarlos en la mente de forma sistemática es un gran punto de partida para la automonitorización emocional.

Afortunadamente, los seres humanos podemos automonitorizar nuestras emociones mediante procesos voluntarios. Como analizamos en el capítulo I (al abordar el tema de la neuroplasticidad), cualquier persona que piense, por ejemplo, en su hijo, experimentará un estado de amor, felicidad, placer, que es resultado de una actividad cognitiva consciente.

Si ejercita este pensamiento, eso repercutirá favorablemente en su estado de ánimo, en consecuencia, en todo lo que decida y haga durante el día. Esto significa que, aun cuando gran parte de los procesos emocionales se desencadenen en nuestra mente no consciente, todos podemos "comandar los programas" para que nuestro cerebro construya en positivo.

Por ejemplo, está comprobado que ante una sensación de placer el organismo libera endorfinas que, en esencia, son moléculas que actúan como un analgésico natural (producen un efecto sedante sobre el cuerpo y revitalizan el sistema inmunológico). A la inversa, si una persona sucumbe ante situaciones que le provocan angustia, ansiedad o mal humor, es muy probable que aumente el flujo de sangre en su corteza prefrontal.

También hay investigaciones que demuestran que la fatiga mental reduce la actividad del cíngulo anterior, que es un área fundamental en la motivación y la iniciativa (y en cambios fisiológicos en otras partes del cuerpo). Como vemos, además de dañarnos físicamente, las emociones negativas conspiran contra nuestro rendimiento debido a que en la corteza prefrontal se asientan las funciones ejecutivas del cerebro, que son las que necesitamos para resolver problemas de diferente complejidad y tomar decisiones.[133]

Si esta zona está ocupada en el procesamiento de emociones negativas, no podemos pensar y, mucho menos, decidir, con la claridad necesaria. Afortunadamente, hoy sabemos que el cerebro tiene la capacidad de cambiarse a sí mismo y que esto puede lograrse con sólo elegir en qué pensar. Tal como vimos en el capítulo 1, imaginar

133. Muriel Lezak *et al.*, *Neuropsychological assessment*, 4.ª ed., Oxford University Press, Nueva York, 2004, p. XIV.

una acción y ejecutarla no son cosas muy distintas para el cerebro: si cierras los ojos y colocas en tu mente una imagen, por ejemplo, una taza amarilla, y en ese momento te sometes a un escáner mediante fMRI, el monitor revelará que la corteza visual primaria se activa del mismo modo en que lo haría si en realidad estuvieras mirando dicha taza. Lo mismo sucede cuando lo que instalas en la mente es una emoción.

Ahora bien, ¿cómo decirle a una persona por naturaleza "amarga" que comience a sonreír y haga de ello un ejercicio cotidiano? Por suerte, los estados de ánimo pueden generarse con el pensamiento y se han desarrollado varias técnicas de autorregulación emocional que tienden a modificar esos neurocircuitos tan resistentes. Las más importantes están dirigidas a activar estructuras cerebrales encargadas de inhibir y modular los estados emocionales comandados por otras, entre ellas, la amígdala. Insistimos en que está comprobada la capacidad de modificar físicamente el cerebro por medio de pensamientos elegidos de forma voluntaria.[134]

> Como el cerebro también cambia su estructura mediante el pensamiento, el esfuerzo para dirigir la mente hacia acontecimientos positivos vale la pena: los ejercicios mentales han mejorado no sólo las capacidades, sino también "la vida" de muchas personas.

Por ejemplo, es probable que una persona que normalmente se paraliza ante una situación difícil sea del tipo de las que se centran primero en las dificultades (en la jerga popular, se dice que en vez de ver un vaso medio lleno, lo ven medio vacío).

Como consecuencia, presentan mayor facilidad para generar pensamientos negativos, activando el córtex derecho del cerebro, lo que favorece el surgimiento de estrés, depresión, ansiedad y otras enfermedades físicas derivadas de estos estados, como las típicas migrañas, los problemas digestivos y las úlceras.

---

134. Véase el capítulo 1, apartado 2.1, "El pensamiento como creador de realidades y escultor de la arquitectura cerebral".

En cambio, aquellas que enfrentan los momentos difíciles como un desafío, por ejemplo, las que continúan estudiando, afrontan el estrés de los exámenes, se animan a cambiar de trabajo y están atentas a las nuevas oportunidades, son personas que ejercitan el córtex izquierdo. Con esta "práctica" optimista, siempre obtienen mejores resultados.

Por lo tanto, el secreto para la toma de decisiones exitosas está en el enfoque, y el método consiste en trabajar sistemáticamente en debilitar los "músculos" de los pensamientos asociados a emociones negativas y ejercitar los otros. Recordemos que los neurocircuitos que vamos creando pueden conducir tanto al éxito como al fracaso.

Por último, quisiera subrayar que al hablar de instalar emociones de manera voluntaria me refiero a situaciones que pueden definirse como cotidianas. De hecho, no hay técnica que pueda revertir determinados sentimientos ante hechos puntuales, como un divorcio, una pérdida importante o cualquier otro momento personal muy doloroso.

Fuera de ese contexto, la utilización del pensamiento y del cuerpo para revertir los estados de ánimo negativos o, a la inversa, para crear estados de ánimo positivos, da muy buenos resultados. Tengamos presente que automonitorizar las emociones no significa trabajar para reprimir lo que sentimos, significa desarrollar autoliderazgo emocional para orientar nuestro comportamiento.

4.2. La importancia de mejorar las funciones ejecutivas

Las funciones ejecutivas del cerebro son procesos cognitivos que organizan nuestros pensamientos, ideas y acciones y los dirigen hacia un fin determinado. Se consideran esenciales para que una persona pueda vivir con autonomía y actúan como sustento de la personalidad, la consciencia, la sensibilidad social y la empatía.[135] Algunos autores las han definido como "procesos que asocian ideas simples y las combinan para resolver problemas de alta complejidad".[136]

---

135. A. Estévez González *et al.*, "Los lóbulos frontales: El cerebro ejecutivo", *Revista de Neurología*, Volumen 31, n.º 6 (2000), pp. 566-577.

136. T. Shallice, "Specific impairments of planning", *Philosophical Transactions of the Royal Society of London* (Series B: Biological Sciences), The Royal Society, 298 (1982), pp. 199-209.

> Las funciones ejecutivas son esenciales para resolver problemas, por lo tanto, su correcto funcionamiento también está asociado a la inteligencia, fundamentalmente, a la que necesitamos para establecer con rapidez las relaciones entre los hechos, comprenderlos y tomar decisiones acertadas.

En palabras de Muriel Deutsch Lezak,[137] a quien se atribuye haber acuñado el término que se utiliza para conceptualizarlas: "Las funciones ejecutivas son las capacidades necesarias para llevar a cabo una conducta eficaz, creativa y socialmente aceptada."

De estas funciones dependen habilidades y acciones que son sumamente importantes en los procesos de toma de decisiones: la atención, el razonamiento, la elección de objetivos y el establecimiento de planes, la determinación de los cursos de acción (conducta) y la selección de los medios para lograr lo que nos proponemos. La autoevaluación y el autocontrol también dependen del correcto funcionamiento de este sistema.[138]

Cuando las funciones ejecutivas se alteran, por ejemplo, debido a una lesión provocada por un daño físico o una enfermedad, las personas afectadas tienen enormes dificultades en su vida cotidiana debido a que no pueden concentrarse, su comportamiento pasa a ser errático y cambia su personalidad (normalmente se vuelven irascibles). Recordemos el caso de Mirtha (que relaté en el capítulo 1), quien tuvo exactamente este problema: comenzó a ser otra persona tras un accidente en el que sufrió un daño importante en sus lóbulos frontales y no pudo retornar a la universidad en la que trabajábamos.

Evolutivamente, estas funciones comienzan a emerger durante el primer año de vida y se desarrollan durante diferentes edades, aunque tienen un importante pico entre los seis y los ocho años,

137. Neuropsicóloga estadounidense, autora de varios trabajos sobre evaluación y rehabilitación de personas con lesiones cerebrales.
138. J. Tirapu Ustárroz, *Estimulación y rehabilitación de las funciones ejecutivas*, Universidad Abierta de Cataluña. En: <http://es.scribd.com/doc/57770458/7-NeuroPsi-Estimulacion-Funciones-Ejecutivas>.

Mediante múltiples conexiones con diferentes áreas del cerebro, la corteza prefrontal recibe información proveniente de procesos internos: emocionales, motivacionales y somatosensoriales, y los integra para guiar la toma de decisiones.

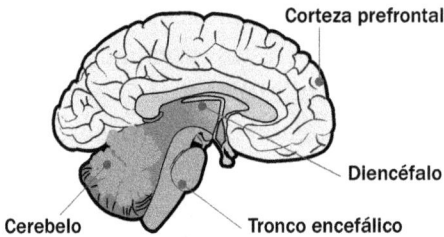

período en el cual los niños aprenden a autorregular su conducta y pueden fijarse pequeñas metas.

A los doce años ya existe una organización similar a la de los adultos; no obstante, se calcula que el desarrollo completo de estas funciones se produce alrededor de los dieciséis años. En todas las edades, incluida la vida adulta, pueden agilizarse y mejorarse mediante juegos y otras técnicas adecuadas.

Anatómicamente, las funciones ejecutivas se consideran la actividad principal de los lóbulos frontales, en concreto, de las áreas prefrontales.

Como resultado del trabajo de esta zona y sus extensas conexiones con otras, entre las cuales se encuentran el núcleo amigdalino, el diencéfalo y el cerebelo, se constituyen las imágenes que forman nuestros pensamientos y permiten monitorizar la información necesaria para tomar decisiones, es decir, para elaborar cursos de acción y llevarlos a la práctica.

La corteza prefrontal, que es una de las zonas más evolucionadas del cerebro humano, tiene también una función integradora: además de generar respuestas relacionadas con áreas motrices y sensoriales, recibe información del sistema límbico, lo cual le permite articular la información cognitiva con la emocional. También tiene conexiones recíprocas con el sistema reticular activador, implicado en los procesos de atención sostenida.

De estas someras descripciones, que tienen como objetivo explicar el sustento anatómico de las funciones que necesitamos para pensar,

> La cantidad de atención que una persona es capaz de prestar a un acontecimiento en particular recibe el nombre de densidad de atención.
>
> Cuanto mayor es el grado de concentración, mayor es la densidad de atención.
>
> Las neurociencias han demostrado que una adecuada densidad de atención mejora los procesos de toma de decisiones, ya que refuerza circuitos neurales que forman parte de la corteza prefrontal.

planificar y tomar decisiones, se desprende con claridad que las funciones ejecutivas son, sin ninguna duda, uno de los pilares fundamentales de nuestro desempeño en todos los ámbitos de la vida, no sólo en aquellos en los que se nos exige productividad, como ocurre en el mundo del trabajo, sino también en la vida social y afectiva. En consecuencia, la pregunta que nos ocupa (cuya respuesta constituye, en parte, el objetivo de este libro) es: ¿cómo podemos mejorarlas?

Dado que las funciones ejecutivas están relacionadas con el pensamiento y la acción, ergo, con la toma de decisiones, se han desarrollado varias herramientas para mejorar su rendimiento (hablamos aquí de personas sanas, ya que quienes han sufrido lesiones necesitan tratamientos especiales).

La primera consiste en prácticas para optimizar los procesos de atención, que se encuentran estrechamente relacionados con la percepción, la capacidad para resolver problemas y la toma de decisiones, y la concentración.

Afortunadamente, el avance de las neurociencias ha permitido el desarrollo de técnicas muy eficaces para mejorar estos procesos, incluso se han comprobado en el cerebro los efectos positivos de la meditación.

En los gimnasios cerebrales se utilizan prácticas que incluyen distintos tipos de ejercicios, como centrar la atención en un problema que no tiene una solución conocida o generar situaciones que, para resolverse, exigen "desaprender lo aprendido". Lo que se busca es sacar al cerebro de la zona de comodidad a la que tiende, ya que las conductas rutinarias y automáticas no sólo atrofian la atención, tam-

La risa mejora el funcionamiento del cerebro

Mientras se escaneaba el cerebro de un grupo de participantes en la Universidad de Stanford, California, se descubrió que los chistes activaban el núcleo accumbens, asociado con el sistema de recompensa.

Normalmente, la actividad en esta región provoca una sensación placentera, de bienestar, que puede perdurar durante varias horas e influye en la conducta.

bién conspiran contra la motivación y la creatividad, que son insumos importantes de la toma de decisiones.

El segundo gran aspecto que hay que trabajar se relaciona con optimizar la memoria, tanto la de trabajo,[139] imprescindible para mantener información al mismo tiempo que analizamos diferentes alternativas, como la de largo plazo, es decir, para recuperar los datos que necesitamos según el caso.

Por ejemplo, si estamos evaluando si comprar o no una propiedad, necesitamos de la memoria operativa para asociar con rapidez los estímulos que vamos recibiendo durante la visita mientras dialogamos con el vendedor y, al mismo tiempo, recuperar información almacenada en la memoria de largo plazo (conocimiento sobre el mercado inmobiliario, precios y experiencias anteriores).

Cuanto mejor funcionen ambos sistemas, más fácil será llevar adelante el proceso que nos conduzca tanto a la toma de la decisión más acertada como a una negociación favorable a nuestros intereses. De hecho, una persona estresada, con dificultades para mantener varios datos al mismo tiempo y, más aún, que necesite de un anotador porque tiene dificultades con su memoria de largo plazo, tendrá dificultades no sólo para comparar diferentes ofertas, sino también para desenvolverse de manera inteligente cuando discuta el precio o las condiciones de pago.

139. A. Baddeley, *Working memory*, Oxford University Press, Nueva York, 2007.

Algunos síntomas que revelan un mal desempeño de las funciones ejecutivas en personas sanas:

- Distracción, dificultades para focalizar la atención y concentrarse.
- Problemas de memoria.
- Dispersión: inconvenientes para iniciar y finalizar una tarea.
- Problemas para manejar secuencias de información.
- Dificultades para establecer el orden temporal y manejo del tiempo.
- Inconvenientes en la formulación de metas, planificación y ejecución.
- Impulsividad. Problemas para automonitorizar la conducta.

Dificultades para tomar decisiones acertadas.

Las actividades destinadas a mejorar el rendimiento de las funciones ejecutivas son muy importantes, ya que cuando éstas se debilitan se compromete hasta la autonomía: las personas afectadas terminan recurriendo a terceros porque cuando tienen que resolver un problema ni siquiera logran ver la luz al final del túnel.

Sin duda, nuestra capacidad para llevar adelante una vida eficaz, productiva y rica en relaciones sociales depende de nosotros, es decir, de cuánto estamos dispuestos a invertir para mejorar los procesos cerebrales que nos permitan definir nuestras metas con claridad, encontrar la forma menos compleja para alcanzarlas, despejar la hojarasca (eliminando todo lo que no sea imprescindible) y hallar el mejor camino para tomar las decisiones que mejoren nuestro desempeño y, a su vez, nuestra calidad de vida.

La meditación mejora el rendimiento cerebral

Los monjes budistas crean conexiones neuronales que no se observan en personas que no realizan esta práctica con profundidad.

Los grandes beneficios de la meditación para el cerebro han sido comprobados por varias investigaciones, entre ellas, las de la Universidad de Wisconsin-Madison (Estados Unidos), con ayuda del Dalai Lama y otros monjes muy experimentados en esta disciplina.

Segunda parte
Entrenando nuestro cerebro

7
Comencemos a "sacar partido a nuestro cerebro"

1. Todos podemos hacerlo

Durante la lectura de la primera parte de este libro hemos aprendido cómo es la dinámica que subyace en los mecanismos cerebrales que dan origen a nuestras percepciones, pensamientos, sentimientos, memoria, decisiones y conducta.

También hemos destacado que llegamos a este mundo con una plataforma extraordinaria que vamos modelando a lo largo de los años mediante el trabajo, el aprendizaje, la creatividad, el desarrollo personal y el crecimiento.

Al abordar el fenómeno de la neuroplasticidad, comentamos que el cerebro tiene una capacidad

> **Hacia la neuroplasticidad autodirigida**
>
> Todos podemos aprovechar, sacar partido a la capacidad que tenemos para orientar un fenómeno natural hacia los objetivos o áreas de actividad que elijamos.

dad de expansión acerca de la cual aún no se sabe todo; sin embargo, día a día se comprueba que mediante un proceso de neuroplasticidad autodirigida los seres humanos, en todas las edades, podemos potenciar nuestras habilidades siempre que existan motivación y ganas de afrontar nuevos desafíos y sumar nuevas experiencias.

En esta parte del libro analizaremos algunas de las principales técnicas implementadas en la actualidad para el desarrollo cerebral. Quienes decidan sumarse a este desafío pronto podrán comprobar que su potencial no depende de la cantidad y la variedad de células nerviosas con las que han sido dotados, sino del número de conexiones que se produzcan entre ellas a partir de los estímulos que reciben del entorno, es decir, de lo que ellos mismos hagan por su cerebro.

Esto no significa realizar un escáner para ver qué tienen dentro. Significa que, si en vez de dejar el cerebro "a la deriva" trabajan en pos del desarrollo de su potencial, las conexiones neuronales se incrementarán y mejorará su desempeño, tanto en lo cognitivo como en lo emocional. Por eso, cuando hablo sobre neuroplasticidad, siempre digo que "la experiencia no es lo que nos ocurre, sino lo que hacemos con lo que nos ocurre".

En este sentido, mi mayor expectativa relacionada con este libro es que "la experiencia" de su lectura contribuya para que comience a transitar por un camino que jamás se arrepentirá de recorrer: el de su propio desarrollo cerebral.

2. El entrenamiento cerebral en la práctica

Todo proceso de entrenamiento cerebral tiene básicamente cuatro etapas, que son las siguientes:

1. Diagnóstico neurocognitivo.
2. Diagnóstico sobre la capacidad de autorregulación emocional.
3. Entrenamiento neurocognitivo.
4. Entrenamiento emocional.

Cuando estos programas se llevan a cabo en las empresas, por ejemplo, al emprender una búsqueda para cubrir determinado puesto, lo primero que se hace es delinear el perfil neurocognitivo necesario para el empleo, y lo mismo para el perfil de autorregulación emocional.

Después se realiza una evaluación de los postulantes (también la evaluación es neurocognitiva y emocional) y, según la brecha o *gap* entre el perfil necesario y la

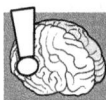

Beneficios integrales del entrenamiento cerebral

- Mejora el rendimiento intelectual.

- Mejora la vida emocional.

- Mejora las relaciones con los demás.

- Aumenta el bienestar con uno mismo.

- Ayuda a encontrar la felicidad.

evaluación del postulante, se diseña y desarrolla un plan de entrenamiento para que quien ha sido elegido "armonice" con el perfil requerido para el puesto. En este sentido, y en particular para cargos de importancia, las neurociencias aportan extraordinarias herramientas tanto para elegir como para mejorar el desempeño de las personas que se necesitan.

De la misma manera, y cualquiera que sea el ámbito de aplicación, es decir, tanto en el mundo del trabajo como en la vida cotidiana y su gran variedad de matices intelectuales y afectivos, el entrenamiento cerebral es un recurso de enorme valor. Sin duda, quienes decidan transitar por esas cuatro etapas se verán sorprendidos, en un período mucho más breve de lo que imaginan, por sus enormes beneficios.

2.1. Diagnóstico neurocognitivo

Se realiza a partir de un estudio que brinda la posibilidad de medir las capacidades cognitivas de una persona mediante la aplicación de técnicas que examinan el desempeño de determinadas funciones cerebrales. Por lo general se utilizan pruebas estandarizadas que constituyen un método completo y objetivo para verificar, a través de la presentación de diferentes actividades, cuáles son los aspectos que están dentro de los parámetros normales así como también aquellos en los que se deberá trabajar para desarrollarlos o potenciarlos.

El objetivo de este diagnóstico es diseñar y administrar el entrenamiento necesario para, con posterioridad, implementar sucesivas evaluaciones (nuevos diagnósticos) que posibiliten medir no sólo cuánto ha progresado, sino también cuáles son los aspectos sobre los que habrá que continuar trabajando.

El diagnóstico neurocognitivo permite analizar aspectos mentales de relevancia, como las fortalezas y debilidades de una persona en cuanto a, entre otros, velocidad en el procesamiento de información, memoria, resolución de problemas, capacidad de aprendizaje, planificación y toma de decisiones.

Los instrumentos que se utilizan (validados por estudios con neuroimágenes) permiten confeccionar de forma objetiva un perfil del rendimiento neurocognitivo, que da como resultado un mapa funcional de la actividad cerebral de la persona en estudio como el que se observa en el siguiente gráfico:

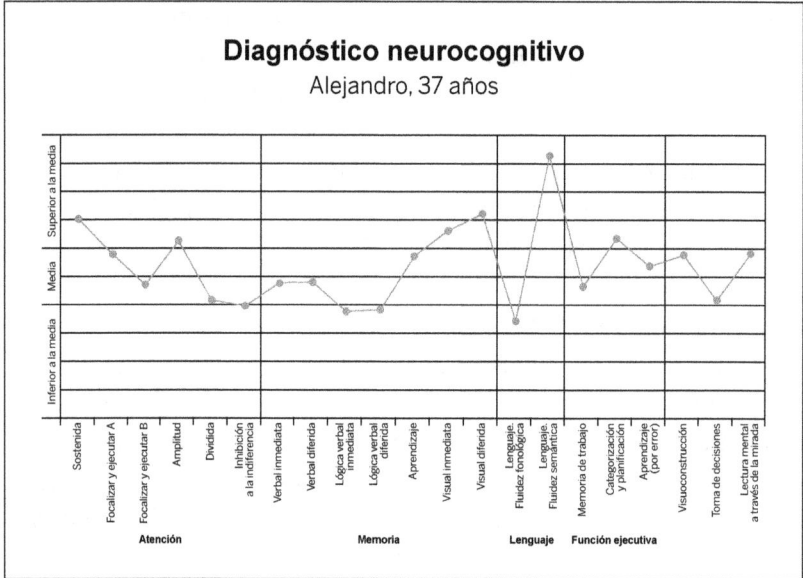

Diagnóstico neurocognitivo
Alejandro, 37 años

Este diagnóstico, cuando se utiliza en las empresas, no deja lugar a ninguna posibilidad de engaño o simulación y posee, además, un alto grado de fiabilidad en sus resultados, que son presentados de manera muy clara en cuadros de fácil comprensión, como el que se muestra en la imagen anterior.

En todos los casos, la batería de pruebas neuropsicológicas que se emplean posibilitan detectar los efectos en la conducta de una función cognitiva que está débil o afectada. Por ejemplo, si una persona tiene una alteración funcional en sus mecanismos de atención sostenida, presentará una disminución del rendimiento en las tareas (diseñadas para evaluar esta función) que realice durante el estudio. Del mismo modo, cuando hay dificultades en la planificación, los exámenes revelan impulsividad y comportamiento errático.

Como vemos, contamos con una herramienta extraordinaria para averiguar cómo estamos y comenzar con el entrenamiento necesario para desarrollar el enorme potencial de nuestras capacidades cerebrales.

2.2. Diagnóstico de la capacidad de autorregulación emocional

Este diagnóstico está destinado a medir no sólo en qué medida las emociones afectan el desempeño de, entre otras, las funciones ejecutivas de una persona, sino también su capacidad para regular el estrés y sobreponerse a situaciones adversas.

Por lo general se utilizan varias técnicas, como el *biofeedback*, que mide los procesos del cuerpo a través de sensores que se colocan sobre la piel, y el *neurofeedback*, que brinda información acerca de la actividad eléctrica del cerebro.

> El *biofeedback* permite hacer consciente la relación entre cognición y emoción al mostrar en una pantalla las reacciones fisiológicas que reflejan el nivel de estrés.

Cuando las personas están muy estresadas, baja su temperatura corporal porque sus vasos sanguíneos periféricos se contraen y circula menos sangre. El *biofeedback* mide variables como la sudoración, el ritmo cardíaco y la tensión muscular, que están vinculados de manera directa a la emotividad que vive el individuo en un momento determinado.

Estas técnicas se complementan con una batería de pruebas neuropsicológicas que permiten realizar un diagnóstico sobre el estado de ánimo de la persona en estudio y las repercusiones de sus emociones tanto en el desempeño de sus funciones intelectuales como en su calidad de vida.

3. ¿En qué consiste el entrenamiento neurocognitivo?

El entrenamiento neurocognitivo tiene como objetivo no sólo desarrollar capacidades cerebrales como el aprendizaje, la memoria y la velocidad en el procesamiento de información, sino también, y fundamentalmente, mejorar la salud mental y la calidad de vida.

Para explicar de manera sencilla cómo funciona, le propongo que imagine que está a punto de irse de vacaciones y realice un cálculo del dinero que tendrá que llevar para afrontar los gastos que demanden efectivo.

Si fuera posible realizar un escáner de su cerebro mientras realiza esta tarea, se observaría un mayor flujo sanguíneo en las áreas involucradas en la ejecución de cálculos. Esto sucede porque el cerebro demanda importantes cantidades de energía para las regiones que están trabajando, lo cual indica un correlato directo entre el flujo sanguíneo necesario y el metabolismo neural.

Anatómicamente, la explicación es la siguiente: la sangre que llega al cerebro, además de servir como sustento y nutrición de las neuronas, también modula la forma en que éstas procesan la información. Cuanta más sangre fluye hacia una región cerebral, mayor actividad se detecta, potenciando la función de la zona involucrada. Si esto se practica durante un tiempo, es posible lograr una modificación a largo plazo, facilitando el procesamiento de la información relacionada con la actividad que se decidió entrenar.

> Las funciones neurocognitivas responden a circuitos neuronales específicos, por lo tanto, necesitamos diferentes ejercicios para desarrollarlas.

Por ejemplo, un corredor de bolsa trabajará para mejorar su capacidad para mantener en línea la información relevante (memoria de trabajo) y un crupier se centrará en incrementar su velocidad de procesamiento-respuesta y en elevar su capacidad de atención.

Esto significa que, del mismo modo que un deportista necesita de la práctica tenaz para alcanzar un rendimiento físico óptimo, las habilidades cognitivas pueden desarrollarse y "perfeccionarse" mediante la aplicación de programas de entrenamiento estructurados y sistematizados.

Debemos tener siempre presente que, al igual que el cuerpo cuando realizamos actividad física, también el cerebro debe mantenerse activo y que su entrenamiento no sólo mejora las funciones que necesitamos para pensar y hacer más y mejor, sino que además produce un cambio en el cerebro mismo. A la inversa, si falta actividad, se debilita su funcionamiento.

4. ¿En qué consiste el entrenamiento emocional?

Para manejar nuestras emociones y controlar el estrés se trabaja de forma sistemática con un conjunto de técnicas destinadas principalmente a construir y potenciar la eficacia de varios neurocircuitos, entre ellos, los vinculados a la relajación, la empatía, la creatividad, el placer y el bienestar.

Por ejemplo, la resignificación permite reducir la intensidad de las experiencias negativas mientras que los pensamientos relacionados con la felicidad, el éxito y la alegría activan, refuerzan y establecen nuevos circuitos neuronales.

Aprender a emplazarlos en la mente de manera constante es un importante punto de partida para la automonitorización emocional. Lo único que se necesita es "voluntad" para focalizarse y centrarse en los cambios por realizar. Después, el cerebro se encargará de consolidar los resultados.

Todas las personas pueden aprender a manejar sus emociones.

Trabajando con la coherencia que requiere cada modo de procesamiento cerebral, es posible combinar determinadas acciones para provocar los cambios necesarios para su vida.

Del mismo modo, y debido a que las emociones tienen, para bien y para mal, grandes repercusiones fisiológicas, el participante puede elegir entre una diversidad de técnicas: desde ejercicios de respiración relajante y antiestrés hasta la meditación trascendental. Además es posible monitorizar el estrés utilizando un equipo de *biofeedback* y un entrenador que guíe todo el proceso.

El entrenamiento también incluye un conjunto de pruebas neuropsicológicas. Por ejemplo, si se detecta que una persona tiene una personalidad tipo A, que es muy propensa a enfermedades coronarias, se la prepara para que realice cambios en su conducta a través de diferentes ejercicios.

Recordemos que también mediante procesos voluntarios es posible lograr que el organismo libere determinados neurotransmisores, como

las endorfinas (que tienen un efecto sedante sobre el cuerpo y mejoran el sistema inmunológico) o la dopamina, que interviene en los sistemas de recompensa del cerebro.

Como vemos, las técnicas de autorregulación emocional no sólo contribuyen a la automonitorización del estrés y a la mejora del estado de ánimo y la actitud, modifican además neurocircuitos que, a priori, parecen muy resistentes (como el mal humor o la negatividad que caracteriza a algunas personas).

El objetivo es activar las estructuras cerebrales que se ocupan de inhibir o modular estados emocionales que están controlados por otras estructuras.[140]

Por ejemplo, una persona que se paraliza cuando tiene que hablar en público altera el funcionamiento de su corteza prefrontal, que es la que necesita para pensar, articular ideas y comunicarlas con claridad.

El entrenamiento para la autorregulación emocional proporciona enormes beneficios:

- Aumenta la resistencia al estrés.

- Disminuye la ansiedad y el cansancio.

- Mejora el rendimiento neurocognitivo: atención, concentración, aprendizaje, memoria, toma de decisiones.

- Aumenta la capacidad de relajación.

- Mejora el bienestar psicológico.

- Optimiza la integración entre cuerpo y mente.

- Contribuye al desarrollo de la inteligencia emocional.

- Mejora las relaciones con uno mismo y con los demás.

De manera similar, un tenista profesional que se deprime o rompe raquetas cuando las cosas no le van bien termina perdiendo el partido. Es suficiente con informarse sobre la historia de los *top ten* en este deporte para comprobar que la breve permanencia de algunos no se debió a problemas técnicos, sino a un inadecuado manejo de sus emociones.

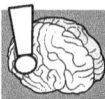

140. Véase el capítulo 1, apartado 2.1, "El pensamiento como creador de realidades y escultor de la arquitectura cerebral".

La realidad confirma que, cualquiera que sea el ámbito de desempeño, las personas que han recibido el entrenamiento adecuado tienen más herramientas para afrontar tanto los momentos desafiantes como las pequeñas cosas de la vida cotidiana. Por ello, en función de lo que he aprendido y de mi experiencia, recomiendo enérgicamente al lector interiorizarse sobre este tema y ponerlo en práctica. Puede comenzar al llegar al capítulo 9 de este libro, en el que ofrecemos un conjunto de herramientas que le permitirán hacerlo.

8
Entrenamiento neurocognitivo

Ahora sí: trabaje para mejorar su cerebro

Antes de comenzar con las prácticas, le proponemos que realice los siguientes ejercicios:

a) Lea con atención la siguiente lista, y memorice tanto las palabras como los números que las acompañan:

1. Gato	6. Invierno	11. Templo
2. Galpón	7. Fotografía	12. Gato
3. Araucaria	8. Bolígrafo	13. Bolígrafo
4. Piano	9. Parque	14. Araucaria
5. Mar	10. Coloso	15. Almanaque

a.1) Ahora cubra la lista y escriba las que recuerdes.

a.2) ¿Hay palabras que aparecen dos veces? ¿Cuáles? ¿Con qué números?

a.3) Repita la consigna de a.1. ¿Cómo le fue? ¿En qué porcentaje superó la marca anterior?

b) Imagine que recorre una tienda de regalos en Vigo y tiene $150. Compra dos libros para un amigo, uno de ellos cuesta $15 y el otro, $18, dos juguetes que cuestan $32 y $27 cada uno, un perfume de $44, y dos lápices de $4 cada uno. Dado que pagó todo en efectivo, ¿cuánto dinero le queda? Realice las cuentas mentalmente.

c) Un lipograma es un texto que excluye el uso de una o varias letras del alfabeto, por ejemplo: "Pedro se enojó mucho por el piso que elegimos en el edificio de Toledo. Intenté convencerlo de que no hubo mejor opción. De todos modos, es imprescindible que estés tú". ¿Qué letra falta en el lipograma del ejemplo? Elabore sus propios lipogramas:

1. _____

_____

2. _____

_____

Al hacer estos ejercicios ha cambiado físicamente su cerebro. No sabemos si realizó bien el cálculo que le propusimos ni tampoco si le fue bien con los lipogramas. En cualquier caso, y con seguridad, su cerebro ya no es el mismo.

Precisamente, el principal objetivo de esta parte del libro es ayudarlo en este sentido, acercándole un abanico de herramientas que, en conjunto, conforman lo que se conoce como **entrenamiento neurocognitivo** y, sin duda alguna, contribuirán al desarrollo de sus capacidades cerebrales.

En práctica
Instrucciones de uso

Este capítulo está diseñado para que entrene su cerebro durante un período de un mes: cuatro semanas de cinco días (lo dejaremos descansar durante sábados y domingos).

Cada día tendrá que realizar un conjunto de prácticas sencillas destinadas a agilizar diferentes funciones neurocognitivas.

No olvide tener a mano un cronómetro (recuerde que seguramente tiene uno en el teléfono móvil), un cuaderno y un bolígrafo.

El cronómetro le servirá para evaluar cuánto ha avanzado, ya que en la semana posterior a la que realizó el último ejercicio (el lunes siguiente al viernes de la se-

> Cada función neurocognitiva responde a circuitos neuronales específicos, por lo tanto, necesitamos diferentes ejercicios para desarrollarlos.

mana 4), puede volver sobre sus pasos y repetir y calcular de nuevo el tiempo que tarda.

SEMANA 1
Lunes
Práctica 1: Entrenamiento de la memoria semántica.
Para cada uno de los siguientes adjetivos, escriba cinco sinónimos o términos que expresen aproximadamente lo mismo.

Activo	Malo
Agradable	Simpático
Vago	Grueso
Suave	Interminable
Agresivo	Lejano

Práctica 2: Entrenamiento del hemisferio derecho (imaginación, creatividad, comprensión de metáforas) y de la memoria episódica.

a) Exprese mediante imágenes cada uno de los adjetivos de la práctica 1, por ejemplo, ¿qué ve mentalmente cuando piensa en la palabra "suave"? ¿Puede dibujarlo? Si le resulta muy difícil dibujar, haga una descripción de qué connota para usted cada término.

b) Una cada adjetivo con una persona que conozca y merezca esa calificación, por ejemplo, Luisa-agradable.

c) Haga un relato, mentalmente o sobre papel (como prefiera), un episodio que haya vivido con cada una de esas personas para justificar por qué las ha calificado de determinada manera. Por ejemplo, Luis-agresivo (Luis es el vecino que agredió reiteradas veces a otros en la reunión del martes 2 de agosto a las 19.00 horas). Es muy importante que haga un esfuerzo para recordar fechas y horas.

Práctica 3: Entrenamiento de la atención y la memoria de trabajo.

Realice mentalmente los siguientes cálculos y registre el tiempo que tarda:

Hora inicial _____ Hora final _____

11+16=	8+18=	17+9=	15+2=	La memoria de trabajo se relaciona con una mayor actividad de la corteza prefrontal, específicamente la región dorsolateral.
18-5=	28/4=	11-3=	7+9=	
12-4=	22-7=	35-3=	19-6=	
19x2=	32/8=	17+5=	15-3=	
120/4=	38-3=	54+13=	77+24=	
25x3=	84/3=	19x4=	18x3=	Varios estudios realizados con neuroimágenes corroboran que las actividades destinadas a agilizar la memoria de trabajo producen un mayor flujo sanguíneo en esta zona del cerebro.
42/21=	85-14=	13+52=	35x3=	
12x5=	90/3=	17-4=	29+12=	
16x6=	72/6=	16+4=	15x5=	
8x9=	2+7=	4x8=	7x2=	
23-7=	28-5=	17x3=	72/24	
12x12=	98/2=	96x2=	14x4=	
14+67=	23+45=	98-5=	12+34=	
76-14=	12+87=	23+45=	76-34=	
87-65=	98-45=	45+32=	17+48=	
64+15=	76-34=	25+78=	27-12=	
85/5=	99-17=	76+14=	67-12=	
11x5=	99-6=	14x3=	19-5=	
47+6=	44+15=	54-23=	42/7=	

Corteza prefrontal

Martes
Práctica 1: Entrenamiento de la memoria de corto plazo y del hemisferio izquierdo (organización, ordenamiento).

Imagine que se ha trasladado a Madrid y va de compras a El Corte Inglés. Ha hecho el siguiente listado de cosas necesarias para usted y su familia. Léalo lentamente tres veces, y trate de memorizarlas:

Camisa blanca	Champú	Triciclo
Crema antiarrugas	Tostadora eléctrica	Máquina de café
Biquini	Protector solar	Crema de afeitar
Perfume	Puzle	Tren eléctrico
Pelota de fútbol	Desodorante	Microondas
Jabón líquido	Chaqueta azul	Camiseta
Pantalón color crema	Acondicionador	Lavavajillas
Oso de peluche	Maquillaje	Cocodrilo musical

Ahora, sin mirar la lista, trate de reproducirla en un papel agrupando los productos en las siguientes categorías:

Perfumería	Indumentaria	Niños	Electrodomésticos

Práctica 2: Atención, razonamiento, entrenamiento para la toma de decisiones: reconocimiento y resolución de problemas.

Tiene cuatro tarjetas, idénticas en tamaño y forma, dispuestas sobre la mesa. Estas cuatro tarjetas son reversibles, es decir, se les puede dar la vuelta, y conoce la siguiente premisa: "En el reverso de cada tarjeta que tiene una letra V hay un número 7".

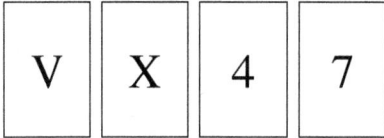

V	X	4	7

Para comprobar la validez de esta afirmación, ¿a cuántas tarjetas debe darles la vuelta, de manera necesaria y suficiente (mínima)?

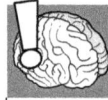

> Recuerde: la toma de decisiones implica elegir una opción entre dos o más, es decir, seleccionar de forma anticipada la mejor alternativa. Cuando los resultados de este trabajo son satisfactorios, se activa el sistema de recompensa del cerebro.
>
> Del mismo modo, cada vez que razona, compara, selecciona, planifica y decide está produciendo una intensa actividad en los lóbulos frontales.

Práctica 3: Entrenamiento de la memoria de trabajo y del hemisferio izquierdo.

Complete las siguientes operaciones matemáticas sin calculadora y, en lo posible, sin papel. Luego, controle con la calculadora, eso le servirá para aumentar la velocidad al utilizarla.

$22/2 = 11 \times 8 = 88$

$84/\underline{\quad} = 21 + \underline{\quad} = 31$

$95 - \underline{\quad} = 79 + \underline{\quad} = 67$

$3 \times \underline{\quad} = 111 - \underline{\quad} = 48$

$24 \times 32 = \underline{\quad} /2 = 384$

$4 \times \underline{\quad} = 32 + \underline{\quad} = 45$

$99 \times \underline{\quad} = 297 - \underline{\quad} = 240$

$25 \times 11 = \underline{\quad} /5 = 55$

$66/\underline{\quad} = 22 + \underline{\quad} = 172$

$26/\underline{\quad} = 13 \times \underline{\quad} = 52$

$22 \times 22 = \underline{\quad} /2 = 242$

$65 - \underline{\quad} = 52 + \underline{\quad} = 71$

Miércoles
Práctica 1: Entrenamiento de la memoria de corto plazo.

a) Utilice el cronómetro y memorice en dos minutos tantas palabras como pueda. Luego escriba en un papel todas las que ha podido recordar.

Castillo	Mujer	Cofre	Cifra	Ventana
Dedo	Número	Teclado	Foto	Coche
Tren	Semáforo	Carreta	Calle	Manzana
Tijera	Libro	Muñeca	Lámpara	Teléfono
Rubí	Gafas	Bicicleta	Falda	Hormiga
Candado	Camión	Vereda	Oro	Puerta
Veneno	Avión	Visillos	Petróleo	Ciprés

b) Escriba pequeñas oraciones con palabras que pueda relacionar, ejemplo:

La **mujer** con **gafas** y **falda** color **oro** cruzó con el **semáforo** en amarillo y, encima, hablando por **teléfono**.

Práctica 2: Entrenamiento de la atención, razonamiento, hemisferio izquierdo.

¿Qué número debe ir en la cabeza del tercer espantapájaros?

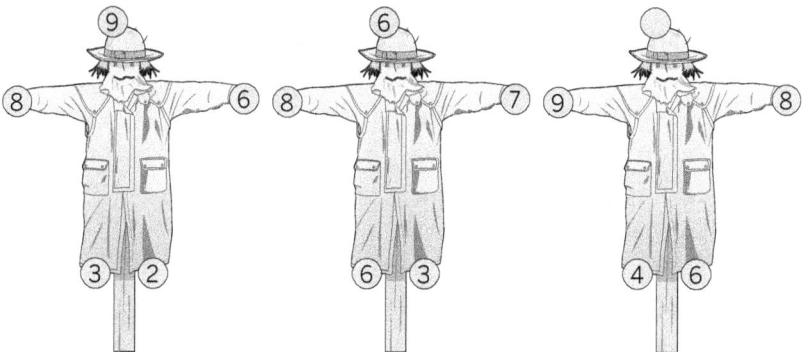

Práctica 3: Entrenamiento de la memoria episódica (a) e inhibición de automatismos de comportamiento (b).

a) Escriba en un papel lo que hizo en los tres últimos días (contando desde ayer hacia atrás) con lujo de detalles: a qué hora se levantó, qué desayunó, con quién, qué actividades desarrolló, qué almorzó, etc. En lo posible, repita este ejercicio una vez por semana.

b) Comience a inhibir algunos de sus *automatismos de comportamiento*, es decir, lo que hace cotidianamente sin que llegue a ser del todo consciente de ello. Sugerencias:

- Elija otro camino para ir al trabajo o para ir a buscar a los chicos al colegio.
- Vístase de manera diferente, cambie de peinado y de peluquería.
- Si hace gimnasia tradicional, pruebe con la danza u otras modalidades.
- Aprenda a tocar un instrumento. Las clases de música, entre ellas las que se realizan en equipos de adultos, son maravillosas para liberar a las funciones ejecutivas del cerebro de las preocupaciones cotidianas.
- Utilice su imaginación y escriba sus rutinas y cómo podría cambiarlas.

Del mismo modo, y dado que los automatismos de comportamiento suelen ser impuestos por estímulos ambientales, como los que proceden de los ámbitos de trabajo, le proponemos que elija un día al mes para realizar actividades diferentes a las que su cerebro está habituado.

Por ejemplo, es habitual que en las grandes ciudades haya al mediodía conciertos en las iglesias.

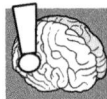

> Combatir la fuerza de la costumbre es saludable para el cerebro.
>
> Ten presente que los automatismos y la rutina nos llevan a hacer las cosas siempre de la misma manera, privándonos de experimentar emociones nuevas y, en definitiva, encontrar soluciones creativas para los problemas que se nos van presentando.

Si tiene una cerca, ¿por qué no utiliza su hora del almuerzo para conectarse con la música?

Eso le ayudará a eludir (aunque sea de vez en cuando) la zona de comodidad que genera la inercia.

Jueves
Práctica 1: Entrenamiento de la memoria de largo plazo.
Lea con suma atención, y en voz alta, todo lo que Consuelo apuntó para hacer el miércoles, que tuvo día libre en el trabajo. Puede hacerlo dos veces (no más).

"Dejar el coche en el mecánico para que lo revise. Pasar por la tienda a comprar el equipo de gimnasia para Borja, una falda de jean para Memy y el regalo para Patry. En la librería, comprar el último libro de Saramago para Juan y el rompecabezas que pidió Borja. No olvidar ir a la tienda para mascotas, el perro se ha quedado sin alimentos y hace falta un trasportín para el gato, también el comedero automático de $99 que recomendó Juan. Sacar las entradas de teatro para el sábado y averiguar horarios de clases de hip hop en Blue Dance. Encontrarme con July en el café París a las cinco y pasar por la tienda de exquisiteces para comprar jamón serrano y dos o tres tipos de queso. El viernes, retirar el coche del mecánico."

Ahora pase al ejercicio siguiente.

Práctica 2: Entrenamiento de las memorias operativa y semántica.
Combinando de diferentes maneras las letras que forman las siguientes palabras, pueden obtenerse nuevas palabras. Trate de encontrar estas nuevas palabras apelando a su memoria de corto plazo. Recuerda que puede haber más de una y que puede utilizar verbos y adjetivos, además de sustantivos.

Abril: _____	Aparten: _____	Tramar: _____
Local: _____	Cabello: _____	Alegre: _____
Escape: _____	Caros: _____	Caber: _____
Sartén: _____	Asma: _____	

Práctica 3: Retomando la práctica 1, memoria de corto plazo.
Ahora responda las siguientes preguntas:

¿De qué tela es la falda para Memy?

_____

¿Qué día tiene que regresar al mecánico para retirar el coche?

_____

¿Para quién es el regalo que tiene que comprar Consuelo?

_____

¿De qué autor es el libro que le encargó Juan?

_____

¿En qué café se encontrará con July?

_____

¿Qué compras tiene que hacer para Borja?

_____

¿Y en la tienda de exquisiteces?

_____

¿Qué día piensa ir al teatro?

_____

¿Sobre qué tipo de danza debe averiguar horarios?

_____

¿Qué tiene que comprar en la tienda de mascotas?

_____

¿Cuánto cuesta el comedero automático?

_____

Viernes
Práctica 1: Atención, capacidad de razonamiento.
Resolución creativa de problemas:

Usted es el propietario de un edificio que acaban de construir. Tiene 46 apartamentos para comercializar con opción de alquiler o compra. El primer fin de semana se presentan 17 personas, 4 alquilan, 3 compran y el resto no se decide.

El fin de semana siguiente recibe a 11 personas, entre las cuales 3 compran, 6 alquilan y el resto no se decide. El tercer fin de semana es un éxito: vienen 22 personas de las cuales 10 compran, 5 alquilan y el resto no se decide. La pregunta es: ¿qué edad tiene el propietario del edificio?

Escriba aquí su respuesta:

_____

La resolución creativa de problemas tiene como objetivo aumentar las estrategias de abordaje de éstos, apuntando a ampliar los distintos puntos de vista para resolverlos con mayor eficacia.

Desde un análisis neuro-anátomo-funcional, se encuentra implicada principalmente la región prefrontal.

Práctica 2: Entrenamiento de la atención sostenida, la memoria de trabajo y el hemisferio izquierdo (orden, secuencia).
Con la mayor velocidad posible, complete la tabla inferior (sin saltearse ninguna celda) con los símbolos que muestra el siguiente modelo, en el orden indicado y sobre todo... ¡sin distraerse!

Δ	μ	Ο	Π	β

La memoria de trabajo está estrechamente ligada a la capacidad de atención.

Este recuadro al lado del diagrama en el que debe trabajar no es casual.

Recuerde:
Una de las propiedades más importantes de esta capacidad cognitiva es la concentración, que implica la focalización de la atención sobre un estímulo en particular ignorando aquellos que son irrelevantes.

Autoevaluación: ¿Cuánto ha tardado? _____

¿Puede revisar y registrar la cantidad de errores? _____

Práctica 3: Concentración, memoria operativa y hemisferio izquierdo.

Para el siguiente ejercicio sugerimos que pida colaboración a otra persona, o bien que lo grabe y lo haga varios días después.

Recuéstese sobre la silla, cierre los ojos y trate de relajarse mientras su compañero lee muy lentamente en voz alta las siguientes instrucciones. Sígalas apelando a su imaginación, visualice cada uno de los pasos que describa quien le habla.

"Es un día de verano, el cielo está completamente despejado y va a comenzar un show de acrobacia aérea. Está sentado muy cómodo esperando el inicio. Aparece el primer avión y su estela dibuja en el cielo el número 2. Se acerca un segundo avión y, a la izquierda del número 2, escribe con su estela el número 3. Queda formado el 32. Usted se queda mirando el número 32, aparece otro avión y dibuja, a la derecha, el número 9. El siguiente, coloca a la izquierda, delante del 3, el número 5. Da una vuelta en círculo y coloca un 8 delante del número 5 que acaba de dibujar. Aparece otro avión y, al final del número, después del 9, dibuja un 6."

Muy bien, ya puede abrir los ojos. ¿Qué número quedó escrito en el cielo? Anótelo aquí: _____

Ahora repita el ejercicio mirando el texto y controle.

SEMANA 2
Lunes
Práctica 1: Memoria operativa, hemisferio izquierdo.

Calcule mentalmente y trace una línea entre cada cuenta y el resultado que le corresponde:

110- (9x2)	1124/2	1134-87	86-7+700	65x3x4	99+15-3	34 +(90x2)	88+45-7

1047	779	111	92	562	214	126	780

Controle con la calculadora, de paso, se ejercita para utilizarla con mayor rapidez.

Práctica 2: Creatividad, hemisferio derecho.

Ahora lo invitamos a utilizar una técnica[141] que consiste en encadenar una serie de preguntas y respuestas a partir de la interrogación ¿por qué?

Nosotros suministramos la primera, usted debes' crear las otras partiendo de cada frase inicial y escribirlas en una hoja de papel.

También puede realizar esta práctica verbalmente con otra persona, alternando los porqués y las respuestas asociadas:

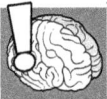

El cerebro utiliza distintas áreas según el tipo de pensamiento. Esto hace necesario una variedad de prácticas para lograr un entrenamiento eficaz.

Durante una investigación con resonancia magnética, se observó que determinadas prácticas estimulan las zonas relacionadas con la creatividad, que son diferentes de las que utilizamos cuando realizamos un razonamiento lógico o secuencial.

Cuando los participantes pensaban de forma creativa (resolviendo un crucigrama) se activaba un área del lóbulo temporal (vinculada al procesamiento conceptual) y también una zona del lóbulo frontal.
En cambio, cuando pensaban de manera metodológica (centraban su atención en la pantalla en la que aparecía el ejercicio) la activación se producía en la corteza visual.

El estudio se realizó en las Universidades Drexel y Northwestern. Informe completo en: http://www.Psychologicalscience.Org/media/releases/ 2006/pr060329.Cfm

a) El perro de mi vecina ladra todo el tiempo.

¿Por qué? Tal vez se sienta solo.

¿Por qué? Ella no está casi nunca en casa.

¿Por qué? Trabaja durante el día y también por la noche.

¿Por qué? Tiene que afrontar sola los gastos de la hipoteca.

¿Por qué? Hizo un acuerdo con su ex marido y se quedó con la casa. Acaba de divorciarse.

¿Por qué? Ya no está enamorada.

¿Por qué?

_____

_____

_____

141. A. Van Gundy, *Techniques of Structured Problem Solving*, Van Nostrand Reinhold, Co., Nueva York, 1998.

b) Este verano hubo más turistas que el año pasado en el Club Med de Cancún, en México.

c) La asistente del director siempre está de mal humor.

d) Matías suspendió otra vez el examen de matemáticas.

e) Borja está en Nueva York, pero no quiere salir de noche.

f) Los vecinos se oponen a la construcción del aeropuerto.

g) Carla no quiso acompañar a su pareja al último partido de la Supercopa.

h) Hubo siete detenidos en una pelea multitudinaria en Badalona.

Práctica 3: Atención y concentración, memoria visual.

La memoria visual facilita el registro, la retención y el recuerdo del material con modalidad de análisis visual. El entrenamiento en esta área mejora su funcionamiento, permitiendo la manipulación de imágenes con mayor rendimiento. Uno de los ejercicios que permite entrenar este tipo de memoria consiste en recordar una serie de objetos durante un tiempo determinado y repetir la práctica con cierta constancia.

a) Observe durante dos minutos estos objetos.

Ahora cubra las imágenes y escriba las que recuerde.

Martes

Práctica 1: Atención y concentración.

Marque con un círculo todos los números 8 (en total son 41) que encuentre en la siguiente tabla. Utilice un cronómetro para controlar el tiempo.

Hora inicial _____
Hora final _____

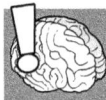

Prestar atención permite centrarse en un objetivo. Esto produce nuevas conexiones neuronales y fortalece otras ya existentes.

Hay varias estructuras que intervienen en los sistemas de atención, por ello, cuando los ejercicios apuntan al desarrollo de la atención, el cerebro aumenta su capacidad de concentración, generando un mayor potencial de aprendizaje, memoria y eficacia de las funciones ejecutivas.

1	4	5	6	9	8	7	5	6	7	0	8	5	3	5
7	8	5	6	8	6	9	0	8	7	6	6	3	8	5
6	7	8	2	8	2	1	3	8	2	4	5	8	9	7
9	8	0	4	7	6	8	5	4	3	8	2	4	5	8
6	5	1	8	5	6	5	8	9	0	2	3	4	8	1
1	4	5	1	0	9	8	5	6	4	8	7	6	5	2
8	2	3	3	1	4	5	6	8	0	5	4	8	0	9
2	3	7	8	2	8	9	0	4	5	8	7	6	5	8
1	2	3	9	6	3	4	1	2	7	5	2	3	4	1
8	0	9	8	1	2	4	8	6	5	4	8	2	3	9
0	8	1	2	3	4	5	8	7	6	3	5	7	8	3
1	4	6	8	5	6	7	8	8	9	0	2	8	2	4
2	8	9	8	3	4	5	6	8	9	0	7	6	7	8

Práctica 2: Memoria de corto plazo, creatividad.
Lea con atención la siguiente lista. Luego tápela y realice los siguientes ejercicios:

a) Escriba las palabras que ha leído tantas veces como sea necesario para recordarlas todas.
b) Escriba aquellas que están relacionadas, por ejemplo: pan-harina-alimento-campo (puede hacerlo mirando la lista) y, si lo desea, cree pequeños relatos a partir de éstas.

Harina	Campo	Sombrero	Molino	Invierno
Tenis	Pan	Cuarto	Alero	Clima
Rafa	Amarillo	Pipa	Tarde	Ladrillo
Banco	Paraguas	Semilla	Ladrillo	Casa
Toalla	Agua	Damas	Trigo	Pelota

Práctica 3: Atención, memoria operativa, hemisferio izquierdo.

Comenzando desde 12, sume de 6 en 6 hasta llegar a 72:

12 __ __ __ __ __ __ __ __ __ 72

Comenzando desde 18, sume de 9 en 9 hasta llegar a 126:

18 __ __ __ __ __ __ __ __ __ __

__ __ __ __ __ __ 126

Ahora, comenzando desde 97, reste de 5 en 5 hasta llegar a 2:

97 __ __ __ __ __ __ __ __ __ __

__ __ __ __ __ __ __ 2

Comenzando desde 98, reste de 7 en 7 hasta llegar a 7:

98 __ __ __ __ __ __ __ __ __ __

__ __ 7

Miércoles

Práctica 1: Memoria operativa, hemisferio izquierdo.

Ordene de forma secuencial las siguientes acciones que realizó Consuelo, reemplace los números de la izquierda por los que corresponden.

_____ 1. Puso dinero en su bolso.
_____ 2. Se dirigió al colegio a buscar a sus niños.
_____ 3. Eligió un libro sobre comida francesa.
_____ 4. Tomó el desayuno.
_____ 5. Cerró la puerta con llave.
_____ 6. Se dirigió hacia la caja.
_____ 7. Subió hasta el segundo piso.
_____ 8. Bajó por el ascensor.
_____ 9. Se dirigió al escaparate de libros de cocina.
_____ 10. Caminó dos calles.
_____ 11. Fue con ellos al parque de atracciones.
_____ 12. Tomó el metro.
_____ 13. Salió del metro y se dirigió a la librería.
_____ 14. A las 15.00 todos regresaron a casa.
_____ 15. Pagó el libro en efectivo.
_____ 16. Caminó dos calles y tomó el ómnibus.

Práctica 2: Razonamiento, pensamiento lateral, hemisferio derecho.

Conrado y Lucrecia nacieron el mismo día, el mismo mes y el mismo año, con pocos minutos de diferencia. Son hijos de la misma madre y del mismo padre. Sin embargo, no son mellizos ni gemelos. ¿Cómo es posible?

Escriba aquí su respuesta: _____

Práctica 3: Memoria, hemisferio derecho (expresiones faciales).

a) Observe durante no más de cinco minutos estos rostros, los nombres y la profesión.

Cree su propia estrategia para recordarlos, por ejemplo, busque una asociación con alguna persona conocida, trate de establecer una relación entre el nombre y el apellido o entre algún rasgo y el nombre y el apellido o la profesión. Ayuditas: Mariño es parecida a Marilyn Monroe y tiene un aspecto dulce, típico de las pediatras. Contreras tiene una expresión de "contrariado", como la de los contables en época de balance.

María Medina Recepcionista	Luis Rolón Informático	Alejandra Mariño Médica pediatra	Enrique Contreras Contable
Héctor Caldara Químico	Estela Blanco Traductora de francés	Gustavo Callegari Marino mercante	Graciela Martínez Filósofa

b) Ahora cubra la imagen precedente y escriba los nombres y las profesiones.

Si no le fue bien, repítalo una y otra vez. No se desanime: está trabajando con el sistema de memoria que más le cuesta a la mayoría de las personas.

Jueves
Práctica 1: Memoria de trabajo, hemisferio izquierdo.

a) En el hermoso barrio de Beverly Hills hay cuatro casas contiguas que pertenecen a los Tenenbaun, los Streep, los Gibson y los Ford. Los Tenenbaun viven al lado de los Gibson, pero no al lado de los Ford. Si los Ford no viven al lado de los Streep. ¿Quiénes son los que viven en la casa contigua a los Streep?

b) Alicia llegó tarde a una competición de natación en el colegio de su hija. Cuando preguntó por los resultados, le respondió una persona complicada: "Las cuatro mejores fueron Muriel, Paula, Clara y Maribel. Muriel llegó inmediatamente detrás de Paula, y Maribel quedó en medio de Clara y Muriel". ¿Quién ganó y cuál ha sido, entonces, el orden de llegada?

c) Jalisco compró una granja en México. Para comenzar: ¿cuántos animalitos tiene si todos son conejos, menos dos; todos son pollos, menos dos, y todos son patos, menos dos?

Práctica 2: Memoria semántica, hemisferio derecho.
Tome un papel y un bolígrafo, y explique, con la mayor precisión posible, el significado de los siguientes refranes. También puede utilizar una grabadora si lo que necesita es entrenar sus expresiones verbales.

a) Lo que Juan dice sobre Pedro, dice más sobre Juan que sobre Pedro.
b) Una golondrina no hace verano.
c) Dime de qué alardeas, y te diré de qué careces.
d) Quien tiene tienda, que la atienda, y si no, que la venda.
e) Genio y figura... hasta la sepultura.
f) Flojo trabaja doble.

Práctica 3: Memoria operativa, desarticulación y rearticulación de secuencias.
Lea lentamente la siguiente frase: "El conocimiento es poder." Ahora cierre los ojos. Repítala una vez en voz alta. Luego repita la frase de nuevo, palabra por palabra, pero esta vez hacia atrás.

Repita el ejercicio con los siguientes refranes populares. Observe y marque hasta cuál de ellos puede hacerlo sin equivocarse. Practique lo necesario hasta llegar al último sin inconvenientes.

• Pueblo chico, infierno grande.
• De tal palo, tal astilla.
• Mejor solo que mal acompañado.

- Nunca es tarde si la dicha es buena.
- Donde manda capitán, no manda marinero.
- Las cuentas claras conservan la amistad.
- Camarón que se duerme, lo lleva la corriente.
- No por mucho madrugar amanece más temprano.

Viernes

Práctica 1: Concentración, atención sostenida.

Con la mayor velocidad posible, complete la tabla inferior (sin saltearte ninguna celda) con los símbolos que muestra el siguiente modelo, y en el mismo orden.

↘	↗	↓	↑	←

Práctica 2: Hemisferio derecho, creatividad.
Convierta los siguientes círculos y luego los cuadrados en imágenes de objetos o personas, según el ejemplo, o bien, utilizando más de una figura. No olvide tener a mano el cronómetro. Tiempo máximo: 2 minutos para los círculos y 2 para los cuadrados.

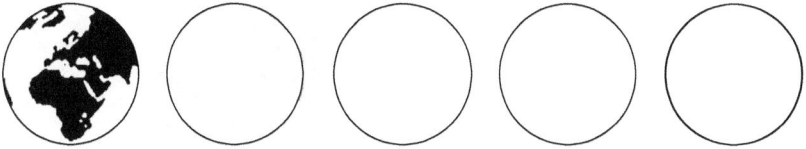

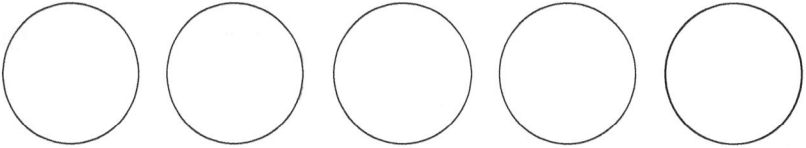

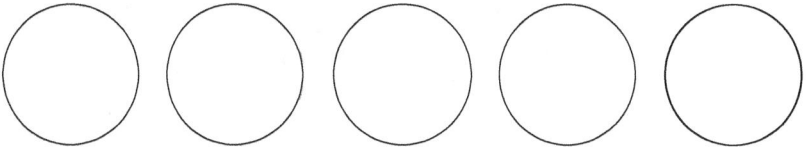

Práctica 3: Memoria semántica, hemisferio derecho.

Con las letras que se encuentran fuera del cuadro, complete las seis palabras en forma horizontal (todas están en singular).

	A		A		A	
B		N		E		A
	E		D		R	
C		M		S		N
	A		P		N	
M		N		E		A

L	M	A	R	N	O
C	R	D	T	E	A
I	O	C	M	A	A
A	T	C			

SEMANA 3

Lunes

Práctica 1: Razonamiento, toma de decisiones.

Cuatro amigos corren una carrera con sus caballos. Los primeros en llegar a la meta son José, Alberto, Moncho y Ernesto. El entrenador debe conocer el orden de llegada para entregarles los respectivos premios. Dado que José llegó inmediatamente detrás de Alberto, y Ernesto quedó entre Moncho y José, ¿cuál ha sido el orden de llegada? Resuélvalo mentalmente.

Práctica 2: Atención, memoria visual (a), hemisferio derecho, imaginación (b).

a) Observe con detenimiento esta imagen durante dos minutos. Luego, sin volver a observarla, responda las preguntas que hacemos en la página siguiente.

13 3 2006

¿En qué fecha fue tomada la fotografía?

_____

¿Cuántos vehículos aparecen y de qué tipo?

_____

¿Cuántas personas hay?

_____

¿Cuántas puertas de entrada tiene la iglesia en el frente ?

_____

¿El día está soleado, nublado o seminublado?

_____

¿Cuántas ventanas se ven de la casa del primer plano de la izquierda?

_____

¿Hay árboles y flores?

_____

¿Dónde está situada la camioneta?

_____

Práctica 3: Memoria de trabajo, hemisferio izquierdo.
Realice los siguientes cálculos mentalmente:

23 + 4 + 56 – 2 =	90 – 45 + 2 – 23=	12 + 34+ 67 – 3=
11 + 3 + 5 – 12 =	12 + 34 + 3 – 6 =	12 + 56 + 7 – 12 =
45 – 6 + 23 – 4 =	89 + 23 – 3 + 7 =	45 – 34 + 23 – 2 =
11 + 3 + 45 – 12 =	7 + 56 + 4 – 21 =	123 – 20 + 14 =

Si lo desea, controle con la calculadora; de paso, aumentará su velocidad para teclear.

Martes
Práctica 1: Memoria visual
Ahora lo invitamos a crear su propia práctica tomando como base la siguiente propuesta:

a) Busque una imagen gráfica a la que anteriormente no le haya prestado atención. Puede ser el envase de un producto que tenga en la alacena, un anuncio en una revista, la tapa de un libro o cualquier otra imagen que le resulte útil.
b) Obsérvela con detenimiento, tratando de retener también formas y colores.
c) Haga una descripción por escrito. Luego compare y realice su propia evaluación.

Práctica 2: Memoria operativa, memoria semántica, creatividad. Utilizando las mismas palabras, pueden formarse frases con significados muy diferentes, por ejemplo:

> Las prácticas que estimulan el pensamiento creativo actúan en un doble sentido, ya que maximizan las capacidades vinculadas a la resolución de problemas y agilizan los procesos de toma de decisiones.

BEBIDA, INGENIERO, COMPRÓ, EL, DEL, AYUDANTE, LA

• El ingeniero compró la bebida del ayudante.
• El ayudante compró la bebida del ingeniero.
• El ayudante del ingeniero compró la bebida.

Como nuestra intención no es encorsetarlo, le proponemos que escriba cinco frases utilizando las siguientes palabras; no es necesario que sean todas (como en el ejemplo).

LUISA, VARIAS, Y, JARDÍN, SE, DE, INSTALARON, CARLOS, TRAJERON, EN, POR, EL, CASA, LA, TRAJO, PLANTA, MAÑANA, MARÍA

1 _____
2 _____
3 _____
4 _____
5 _____

Práctica 3: Procesamiento serial de la información, hemisferio izquierdo.
Encuentre en B la figura que corresponde colocar en A.

Miércoles

Práctica 1: Concentración, atención sostenida.

Tache en el menor tiempo posible los siguientes símbolos. Registre cuánto tiempo le lleva:

Hora inicial _____ Hora final _____

©	Π	ʊ

X	©	←	O	Π	β	∞	©	≤	↘	μ	O	↗	Δ	Π	Σ	©	←	N	Π	↔	Σ
O	Π	β	∞	©	←	X	ó	←	X	©	←	O	Π	β	©	←	X	©	←	O	Π
μ	¤	←	X	©	←	O	Π	β	∞	©	Π	↔	Σ	Π	Σ	©	←	O	Π	β	∞
Π	β	∞	∞	©	←	X	Π	↔	Σ	X	O	Π	β	∞	Π	©	←	¤	ʊ	¤	©
X	©	←	O	Π	β	∞	©	←	X	©	←	O	Π	β	©	←	X	©	←	O	Π
Π	β	∞	∞	©	←	X	Π	↔	Σ	X	O	Π	β	∞	Π	©	←	¤	ʊ	¤	©
μ	Π	↔	Σ	μ	ó	ʊ	O	Π	β	μ	©	←	O	Π	ó	X	μ	ó	X	μ	©
Π	β	∞	∞	©	←	X	Π	↔	Σ	X	O	Π	β	∞	Π	©	ʊ	¤	ʊ	¤	©
X	©	←	O	Π	β	∞	©	←	X	©	←	O	Π	β	©	←	X	©	←	O	Π
n	¤	μ	∞	©	←	X	X	μ	∞	ʊ	←	X	μ	Π	Σ	μ	ó	¤	μ	∞	©
X	©	←	O	Π	β	∞	©	←	X	©	←	O	Π	β	©	←	X	©	←	O	Π
μ	¤	←	X	©	←	O	Π	β	∞	ʊ	Π	↔	Σ	Π	Σ	©	←	O	Π	β	∞
Π	β	∞	∞	©	←	X	Π	↔	Σ	X	O	Π	β	∞	Π	©	←	¤	ʊ	¤	©
X	©	←	O	Π	β	∞	©	←	X	©	←	O	Π	β	©	←	X	©	←	O	Π
μ	Π	↔	Σ	μ	ó	ʊ	O	Π	β	μ	©	←	O	Π	ó	X	μ	ó	X	μ	©
↔	Σ	¤	←	X	©	←	O	Π	β	∞	©	←	X	©	¤	O	Π	β	∞	O	Π
n	¤	ó	©	←	O	Π	β	©	ó	←	O	Π	β	∞	←	O	Π	β	←	O	Π

Práctica 2: Razonamiento, toma de decisiones.

Estefanía es jefa de sección y está realizando un análisis para determinar si la queja de Felipe por su salario, que compara con el de Sergio, es razonable. Observe que Felipe y Marcelo ganan más o menos lo mismo y que Felipe gana más que Maximiliano, y que éste gana menos que Sergio. ¿Cuál de las siguientes alternativas tiene mayor probabilidad de ser correcta?

    1. Felipe gana menos que Sergio.

    2. Felipe gana más que Sergio.

    3. Felipe podría ganar más o menos que Sergio.

Práctica 3: Razonamiento, hemisferio izquierdo.

Resuelva las siguientes series:

Jueves
Práctica 1: Fluidez verbal, memoria *priming*, hemisferio derecho.

a) Con la mayor rapidez posible, escriba de forma horizontal palabras en singular y encadenadas por la última sílaba, según el siguiente ejemplo:

Cere**bro**				
Brotare				
Remara				

b) Escriba el nombre de ciudades que pueda asociar con los siguientes nombres, lugares, objetos o conceptos. En algunos casos puede haber más de una.

Torre	
Río	
Estatua	
David	
Copacabana	
Partenón	
Capitolio	
Cristo Redentor	
Casa Blanca	
Cataratas	
Muro	
Louvre	
Moncloa	
Buckingham	
Fiordos	
Principado	
Gaudí	

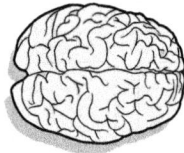

La capacidad visoespacial está estrechamente ligada al hemisferio derecho y alude a la posibilidad de pensar en imágenes y orientarse de manera espacial.

Incluye también la habilidad para ubicarse en los mapas y rotar los objetos en el espacio.

Práctica 2: Hemisferio derecho, capacidad visoespacial.[142]

a) ¿Cuál de las cuatro piezas inferiores es necesaria para formar, junto con las cuatro piezas superiores, un círculo perfecto?

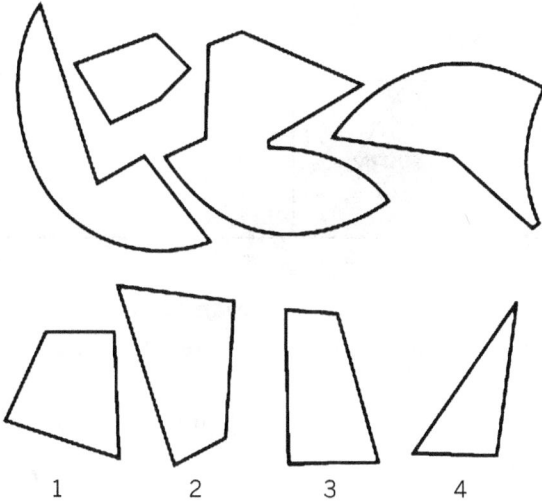

b) ¿Qué dado no puede construirse con esta plantilla?

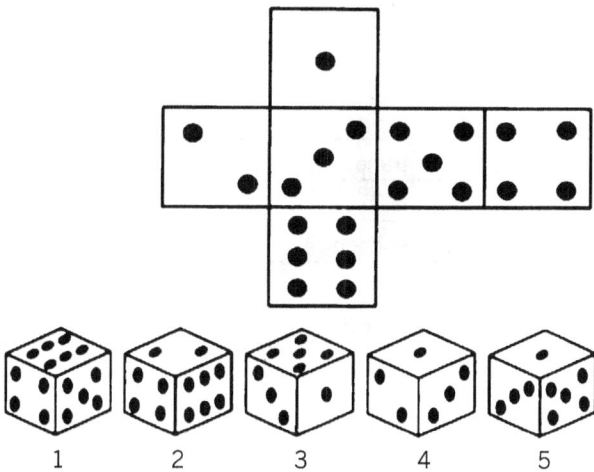

142. Tomados de Néstor Braidot, *Neuromanagement*, cap. 16.

c) Observe durante unos segundos el dibujo de la izquierda y luego, sin mirar, reprodúzcalo en el lado derecho.

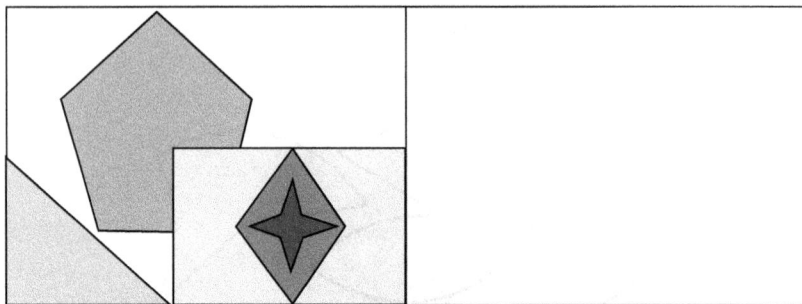

Práctica 3: Asociación de palabras; semántica, hemisferio derecho.
Lea las siguientes palabras y asócielas sin repetirlas para formar oraciones extensas.

Puede construirlas dentro del cuadro, uniendo las palabras con líneas de diferentes colores.

noche	y	mujer		llegó	vino
	temprano		nieta		
gato		río		él	a
	tía		marido		
tiempo		ahorra		adolescente	contenta
	la		tarde		su
arboleda		tranquila		trajo	cenar
	campo		de		
para		encuentra			se
	con		cerca	salta	
		alegría			del

Ejemplo: La mujer llegó temprano para cenar con su marido.

Viernes

Práctica 1: Memoria de trabajo, hemisferio izquierdo.

Complete las siguientes series:

3	11	19													155
5	11	17													113
2	11	20													173
8	17	26													179
128	122	116													26
181	172	163													10

Práctica 2: Memoria de corto plazo

Las siguientes son ciudades de Estados Unidos. Lea con atención la lista una sola vez.

Luego escriba las que recuerde con su número correspondiente.

1. Chicago	2. Boston	3. Miami
4. Atlanta	5. Detroit	6. Filadelfia
7. Dallas	8. Cleveland	9. Portland
10. Nueva York	11. Austin	12. Santa Bárbara
13. Baltimore	14. Houston	15. Washington

Práctica 3: Memoria *priming*.

Escriba diez palabras que comiencen con la sílaba que se indica en la primera fila de la siguiente tabla, exceptuando nombres propios.

MA	AL	TO	CA	OB	TRA	
madera						
matriz						

SEMANA 4
Lunes
Práctica 1: Concentración, memoria semántica.
Lea atentamente los siguientes fragmentos del cuento "Una flor amarilla", del escritor Julio Cortázar,[143] y apunte, para cada párrafo, una palabra que exprese la idea principal y otra para la idea secundaria. Trate de utilizar los cinco sentidos y tenga presente que una expresión puede evocar determinadas imágenes, sabores, aromas, lo cual facilita el proceso de comprensión y memorización.

a) "Contó que en un autobús de la línea 95 había visto a un chico de unos trece años, y que al rato de mirarlo descubrió que el chico se parecía mucho a él, por lo menos se parecía al recuerdo que guardaba de sí mismo a esa edad [...]."

b) "Se le parecía de tal manera que casi le dio risa, pero cuando el chico bajó en la rue de Rennes, él bajó también y dejó plantado a un amigo que lo esperaba en Montparnasse. Buscó un pretexto para hablar con el chico, le preguntó por una calle y oyó ya sin sorpresa una voz que era su voz de la infancia [...]."

c) "[...] Resumiendo, se las arregló para conocer la casa del chico, y con el prestigio que le daba un pasado de instructor de boy scouts se abrió paso hasta esa fortaleza de fortalezas, un hogar francés. Encontró una miseria decorosa y una madre avejentada, un tío jubilado, dos gatos [...]."

d) "[...] Empezó a ir todas las semanas a casa de Luc, la madre lo recibía con café recocido, hablaban de la guerra, de la ocupación, también de Luc. Lo que había empezado como una revelación se organizaba geométricamente, iba tomando ese perfil demostrativo que a la gente le gusta llamar fatalidad. Incluso era posible formularlo con las palabras de todos los días: Luc era otra vez él, no había mortalidad, éramos todos inmortales [...]."

143. Julio Cortázar, *Final de juego*, Editorial Sudamericana, Buenos Aires, 1994.

Párrafo	Expresión principal	Expresión secundaria
a	autobús	chico de unos 13 años
b		
c		
d		

Practique su capacidad de expresión verbal: sin releer, relate en voz alta estos fragmentos con sus propias palabras, además de las de Cortázar, como si estuviera contándole este cuento a otra persona.

Práctica 2: Concentración, atención sostenida, velocidad de procesamiento.

Tache en el menor tiempo posible los números 2 y 9:

```
23165489879878646541321321544898465431215977987546 34313
46879811020561654048468787451320567987866541210113 54867
98414210134354867984521016546879874512125458456451 015798
94125101647984512105498754321024679845103468789454 102574
68453101468798421056498721013549879854121034987541 241037
89421035498765412310165798451035468798452103498945 10157
87685432124879854510165784521013547982101416543514 210346
54987542102465454120234676845142016578674654315401 124687
84534152100135468789452142104879854541210043721764 98484
24012152454879764240121545787946342011241545878898 35240
42457889854240437467845010131648798254040417894641 24012
54576424101042454624013168574041012548798796586342 04012
54545454242401213215545784974254120124575642422100 315745
78942404878975214125454540132165879987252063106167 424021
01216967859825001357487494605254424040552635468798 6535
00215465596893720714754897635402504154749698320501 1744
78982540505274596250507457554254052054401789464124 0125
45764241010424546240131685740410125487987965863420 40125
45454542424012132155457849742541201245756424221003 157457
89424048789752141254545401321658799872520631061674 2402
10121696785982503456979784810042574574646597849452 12101
34557874944524121234648745746465978494521210134557 23423
```

Práctica 3: Memoria operativa, hemisferio izquierdo.
¿Qué figura completa esta serie?

A B C D	C A D B	D C B A	
A B C D	A C D B	B D A C	B C A A

A	B	C	D

Martes
Práctica 1: Memoria *priming*.
Utilice un cronómetro y escriba en diez minutos tantas palabras por columna como pueda. Todas deben remitir a productos que pueda encontrar mientras recorre un centro de compras importante, como El Corte Inglés o similar.

Pa	Ma	Ar	Ce	Pe

Práctica 2: Atención, concentración.
Encuentre en el menor tiempo posible la letra C:

OOOOOOOOOOOOOOOOOOOOOOOOOOOOOOOOOOOOOOOOOOOOOOOOOOOOOOOOOOOOOOOOO
OOOOOOOOOOOOOOOOOOOOOOOOOOOOOOOOOOOOOOOOOOOOOOOOOOOOOOOOOOOOOOOOO
OOOOOOOOOOOOOOOOOOOOOOOOOOOOOOOOOOOOOOOOOOOOOOOOOOOOOOOOOOOOOOOOO
OOOOOOOOOOOOOOOOOOOOOOOOOOOOOCOOOOOOOOOOOOOOOOOOOOOOOOOOOOOOOOOOO
OOOOOOOOOOOOOOOOOOOOOOOOOOOOOOOOOOOOOOOOOOOOOOOOOOOOOOOOOOOOOOOOO
OOOOOOOOOOOOOOOOOOOOOOOOOOOOOOOOOOOOOOOOOOOOOOOOOOOOOOOOOOOOOOOOO

Práctica 3: Memoria operativa, hemisferio izquierdo.
A partir del siguiente enunciado, escriba ocho operaciones matemáticas que den como resultado 14:

(15x3)-31= 14		

Miércoles
Práctica 1: Memoria semántica, hemisferio derecho.
Asociaciones ilógicas: este ejercicio tiene como objetivo desarrollar su capacidad de reversibilidad del pensamiento, para evitar respuestas lineales. Utilizando todos los sentidos, visualce las siguientes expresiones juntas y cree mentalmente una pequeña historia que las relacione:

Calculadora – barba	Pasta dental – cine	Cristal – harina
Pato – Madrid	Chocolate – tenaza	Muñeca – impresora
Aro – árbol	Pasta – rubio	Verde – arroz
Habano – horno	Alfombra – banana	Sombrero – jirafa

Ahora cubra la tabla precedente y trate de recordar la expresión a la que estaba asociada:

Calculadora –	Pasta dental –	Cristal –
Pato –	Chocolate –	Muñeca –
Aro –	Pasta –	Verde –
Habano–	Alfombra –	Sombrero –

Repita el ejercicio al revés

Barba –	Cine –	Harina –
Madrid –	Tenaza –	Impresora –
Árbol –	Rubio –	Arroz –
Horno –	Banana –	Jirafa –

Práctica 2: Memoria operativa y de corto plazo.

Recordar números: cuando no existe una motivación importante, como puede ser retener el número de teléfono de alguien que acabamos de conocer y nos gusta mucho, es conveniente practicar y adoptar **algunas estrategias mentales para recordar números**. A continuación le suministramos algunas para que luego aplique y evalúe cómo le fue:

> La forma más eficaz para recordar números consiste en visualizarlos y convertirlos en símbolos con significados creados a partir de asociaciones entre éstos y otros aspectos de la realidad.

a) Visualice el número: imagine que lo escribe con un color fuerte, en rojo por ejemplo, sobre una pared o una pizarra de color muy claro. También puede proyectarlo en el cielo, escribiéndolo como si fuera la estela de un avión. Lo importante es que la imagen que cree sea llamativa.

b) Asocie el número con otro concepto, por ejemplo, 86 con el Superagente[144] (si viste la serie), 747 con el famoso Jumbo en el que es probable que haya volado, 5 con el famoso perfume de Chanel, o simplemente con la dirección o el código postal del lugar donde vive.

c) También puede utilizar una fecha de cumpleaños que jamás olvida, la patente del coche o su propia fecha de nacimiento. Tanto la memoria episódica como la semántica pueden ayudarlo en esta construcción. Si utiliza esta estrategia recuerde lo importante de "visualizar" el número con la asociación elegida.

d) Aprenda cómo están ordenadas las teclas en su teléfono y trace mentalmente sucesivas líneas con la secuencia del número, por ejemplo,

---

144. *Superagente 86* fue una serie de la televisión estadounidense de 1965. Sus personajes principales, el Agente 86 y la Agente 99 parodiaban a los protagonistas de las películas de espionaje. Fue vista en varios países del mundo.

258 mediante una línea vertical hacia abajo en el medio del teclado, o 456 en la segunda línea horizontal de éste.

e) Recuerde que la repetición es fundamental para que el número se fije en su memoria a largo plazo, por eso también es conveniente escribirlo varias veces en un papel.

Practica:

Calle Lima, 4567	☎ 918 415 182
Vuelo 3599	☎ 923 215 699
El Salvador, 3865	☎ 963 450 737

Práctica 3: Razonamiento, toma de decisiones.

a) Patry es estudiante y tuvo la suerte de conseguir un trabajo de seis horas por día en una hamburguesería. Le pagan u$s 480 por mes. Dado que la situación mejoró, le propusieron trabajar dos horas más por día. Patry debe calcular cuánto ganará por mes para evaluar si le conviene. ¿Cuánto ganará si acepta la propuesta?

b) La mamá de Patry es modista y tarda ocho horas para cortar 20 prendas. Un cliente importante necesita 45 prendas. Antes de decidir si acepta o no el trabajo, debe evaluar si le alcanza el tiempo para hacerlo. ¿Cuánto tardará en cortar 45 prendas?

c) La hamburguesería en la que trabaja Patry tiene 300 mesas disponibles, de las cuales normalmente 60 están vacías por la noche. El dueño ha decidido crear una oferta más variada sólo si el porcentaje de mesas ocupadas supera el 75 por ciento. ¿Cuál es el porcentaje de mesas ocupadas? ¿Le conviene variar la oferta?

Jueves

Práctica 1: Atención, concentración.

Encuentre las siguientes ciudades de Europa en esta sopa de letras:
PARÍS, PRAGA, ROMA, ESTAMBUL, BUDAPEST, BERLÍN, VIENA, LONDRES

A	S	D	R	G	Y	U	O	S	J	Z	A	E	Y	P
N	U	T	I	M	S	A	S	C	A	V	I	E	N	A
P	E	E	R	I	O	P	D	O	C	H	A	N	A	U
A	P	S	A	L	A	G	A	G	H	O	L	B	S	J
L	A	T	L	V	O	S	H	R	A	L	O	U	G	E
V	R	A	E	I	L	N	E	O	I	T	I	D	X	O
I	T	M	G	E	O	E	D	O	G	S	B	A	E	P
E	I	B	R	R	E	Y	I	R	T	A	U	P	I	R
E	O	U	U	A	O	I	R	T	E	L	E	E	P	A
S	H	L	P	R	O	M	A	P	C	S	R	S	O	G
T	A	L	S	A	T	R	E	A	X	R	R	T	C	A
M	N	O	A	M	A	R	E	L	E	O	I	E	A	S
U	B	E	R	L	I	N	A	M	G	I	P	S	S	C
L	R	O	G	C	A	L	C	A	A	A	A	O	A	A
A	R	A	L	E	F	R	T	U	O	N	R	S	D	C

Práctica 2: Memoria de trabajo, hemisferio izquierdo.

Este ejercicio es prácticamente idéntico al que realizó al comenzar el entrenamiento. Evalúe cuánto ha progresado:

Realice los siguientes cálculos mentalmente, registrando:
Hora inicial _____ Hora final _____

11+18=	28+18=	27+9=	15+2=
18-5=	28/4=	11-3=	4+9=
12-4=	22-7=	35-3=	15-6=
19x3=	32/7=	16+5=	13-3=
120/4=	38-2=	54+13=	77+24=
25x3=	4/3=	19x4=	18x3=
42/22=	85-14=	13+52=	35x3=
12x5=	90/3	17-4=	29+12=
16x7=	72/6	16+4=	15x5=
8x9=	2+17=	14x8=	7x2=
23-7=	28-5=	17x3=	72/24
11x5=	99-6=	14x3=	19-5=
47+6=	44+15=	54-23=	42/7=

Práctica 3: Memoria episódica.

a) Escriba tantas palabras como le sea posible relacionadas con recuerdos de su infancia (excluya nombres propios).

b) Escriba nombres de personas relacionadas con recuerdos de su infancia.

c) Escriba las fechas de cumpleaños que más le importan. Si no las recuerda todas, consulte la agenda y luego aplique lo que aprendió sobre memorización de números.

Nombre	Fecha	Nombre	Fecha

Viernes

Práctica 1: Razonamiento, hemisferio izquierdo.

¿Cuál es la figura que completa las series a y b?

a)

b)

c) ¿Cuál de las cuatro figuras de la línea inferior debería ir en la línea superior para completar la secuencia?

Práctica 2: Memoria visual.

En cuanto a la cantidad de imágenes, esta práctica es similar a una que ya hizo en la semana 2. El objetivo es que evalúe cuánto ha avanzado:

a) Observe con atención las imágenes durante dos minutos.

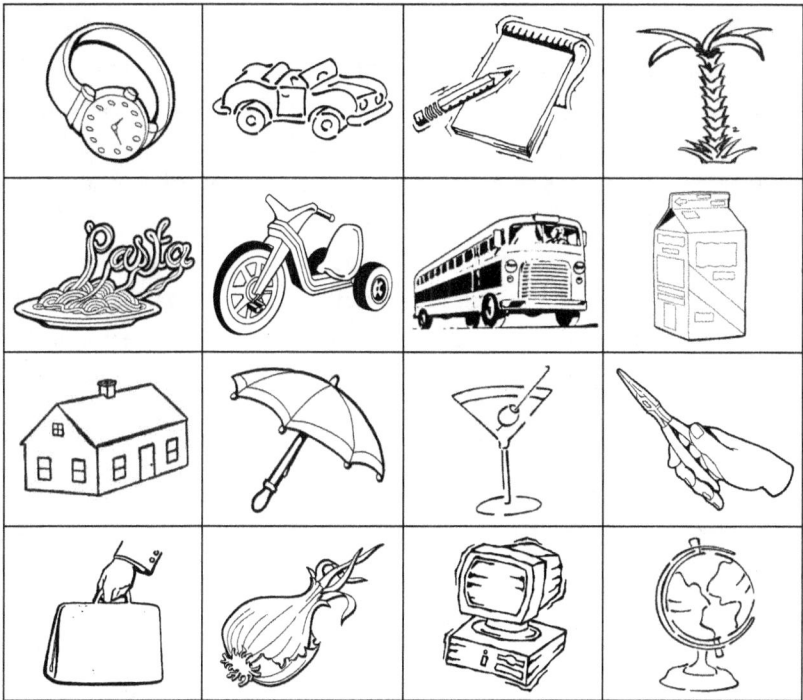

b) Ahora cubra las imágenes y escriba cuáles eran y, en lo posible, dónde estaban ubicadas.

Evalúe cuánto ha avanzado.

Práctica 3: Atención sostenida, memoria de trabajo, memoria de corto plazo.

¿Cuánto es capaz de comprender y memorizar?

Le proponemos que lea con atención el siguiente texto. Son fragmentos tomados del libro de Jean-Didier Vincent: *Viaje extraordinario al centro del cerebro.*[145] Luego deberá responder las preguntas que le haremos.

"Observadas con microscopio, las n+euronas presentan una apariencia fija, estática, muy alejada de la realidad. Se hablan gracias a sus múltiples contactos sinápticos que, lejos de ser estables, se establecen y se rompen, se abren y se cierran en función de señales eléctricas y químicas que les dan vida."

"Las células neurogliales ocupan los espacios entre neuronas y forman un conjunto compacto con espacios intercelulares que miden varias decenas de nanómetros. No establecen entre sí ningún contacto sináptico de tipo químico, pero pueden unirse mediante formaciones especiales denominadas uniones en hendiduras y uniones estrechas."

"Se distinguen cinco tipos de células neurogliales repartidas en el sistema nervioso central y periférico. Las células neurogliales del sistema nervioso periférico se denominan células de Schwann."

"El clima de nuestro cerebro es incierto, cambia en función de nuestro humor, y a veces éste es tan malo que nos impide salir, es decir, vivir, o , por el contrario, tan eufórico que nos empuja a la extravagancia."

"Paul Ekman distingue sólo seis categorías de emociones: la alegría, la sorpresa, el miedo, la cólera, el asco y la pena, a las que algunos autores añaden el interés y la vergüenza."

"La característica temporal de las emociones es su brevedad. Es, ante todo, una reacción a un acontecimiento exterior que comporta trastornos en el espacio corporal y una respuesta expresiva organizada por el cerebro [...]. El cuerpo se ve

145. Jean-Didier Vincent, V*oyage extraordinaire au centre du cerveau*

así afectado por el mundo y afecta a su vez a la psique en un vaivén entre el cerebro y los órganos irrigados por el sistema nervioso periférico y las hormonas."

"Seguramente, el cerebro es el órgano del cuerpo más sensible a la alternancia del día y de la noche. El reloj interno del cerebro está regulado de forma espontánea sobre un período de 25 horas –quizá un recuerdo procedente de la noche de los tiempos, cuando los días eran más largos debido a que la Tierra giraba más lentamente."

"El reloj está situado en el hipotálamo, en una región denominada núcleo supraquiasmático, donde mecanismos complicados provocan la interacción de moléculas sintetizadas en el período diurno con moléculas sintetizadas en el período nocturno, acarreando una oscilación global de dos conjuntos neuronales según un período de 25 horas. La destrucción del núcleo supraquiasmático detiene el reloj."

Le proponemos ahora que tome una hoja de papel y responda las siguientes preguntas. Si no puede hacerlo después de la primera lectura, no busque la respuesta en el texto. Complete aquí hasta donde pueda y vuelva a leerlo completo:

a) ¿Cómo se ven las neuronas en el microscopio según el relato de Vincent?
b) ¿Cómo dialogan entre ellas?
c) ¿Qué tipo de señales les dan vida a los contactos sinápticos?
d) ¿Dónde están las células neurogliales y cómo se unen entre sí?
e) ¿Cuántos tipos de células neurogliales se distinguen?
f) ¿Cómo se denominan las células gliales que se encuentran en el sistema periférico?
g) ¿Cómo es el clima del cerebro según Vincent?
h) ¿Qué emociones distingue Paul Ekman según este relato?
i) ¿Dónde está el reloj interno del cerebro? ¿Cuántas horas tiene el día para nuestro reloj biológico?
j) ¿Qué acontecimiento podría causar la destrucción de ese reloj?

Soluciones en el Anexo I

9
Entrenamiento para el autoliderazgo emocional

Las emociones, nosotros y los otros

Es suficiente con observar a nuestro alrededor: pareja, amigos, compañeros de trabajo, incluso a nosotros mismos, para ver con claridad que hay personas más proclives que otras a desestabilizarse emocionalmente. Algunas lo hacen ante problemas muy importantes, como los actuales "terremotos" que provoca una crisis económica que no termina de resolverse.

Otras suelen estar a los gritos por temas cotidianos que aunque debemos reconocer que son irritantes, como un embotellamiento de tráfico que nos impide llegar a tiempo a un lugar o un ordenador que se cuelga varias veces "justo" el día que debemos entregar un informe, lo cierto es que no tienen potencial para provocar daños importantes en nuestra vida.

Lo relevante para el tema que nos ocupa es que cualquier acontecimiento que nos desequilibre emocionalmente actúa en un doble sentido.

Por un lado, afecta las funciones ejecutivas del cerebro, lo cual seguramente nos hará menos productivos en las actividades que

Liderar nuestras emociones no significa reprimirlas.

Significa dejarlas fluir, aprender a reconocerlas y automonitorizarlas, dirigiéndolas en la dirección que deseamos o resulta más conveniente para nosotros mismos y para quienes forman parte de nuestro entorno.

desempeñemos (desde las que forman parte de nuestro trabajo hasta conducir el coche). Por el otro, puede dañarnos físicamente y comprometer nuestra salud.

Con independencia de si el problema es o no "para tanto", un estado de miedo, furia, odio, desesperación, pone en funcionamiento algunas estructuras del tronco encefálico que conforman el cerebro reptiliano (llevándonos a actuar de forma "primitiva"), así como también la amígdala y el hipotálamo que, como ya señalamos, son núcleos centrales del cerebro límbico, responsables del procesamiento emocional de los estímulos. En situaciones extremas, nuestra parte "pensante" queda directamente bloqueada.

Y eso no es todo: además de traernos problemas en nuestro ámbito familiar, laboral y social, la ausencia de liderazgo emocional también puede afectar a nuestra salud.

Algunas personas comienzan con problemas que son controlables, como la gastritis o la caída del cabello (el lector mismo puede constatar cómo aumentó en los últimos años la publicidad de antiácidos estomacales y la de productos para controlar la alopecia), mientras que otras pueden enfermar seriamente, desde engordar sin freno hasta perder la vida.

Quizá esto último puede parecer exagerado, sin embargo, la caída de las bolsas de valores (tanto en 2011 como en crisis anteriores) ha provocado paros cardíacos en algunas personas y hay hinchas de fútbol que han muerto porque su organismo no resistió la angustia desmedida a la que fue sometido durante un partido.[146]

Afortunadamente, estos casos son excepcionales, no obstante, las informaciones sobre el incremento de consultas médicas por estrés desde que comenzó la crisis económica mundial[147] constituyen una señal de alarma a la que debemos prestar la debida atención.

En cualquier caso, sea real o potencial el devenir de los acontecimientos, lo cierto es que "cuando nos tomamos las cosas muy a pe-

146. http://espanol.upi.com/Deportes/2011/06/18/Ftbol-argentino-Muerte-hincha-de-River-de-paro-cardiaco/UPI-60731308437098/
147. http://www.levante-emv.com/ciencia-salud/2009/03/24/crisis-economica-provoca-aumento-enfermedades-derivadas-estres/570218.html

cho" una situación de amenaza percibida dispara una serie de respuestas fisiológicas. Dichas respuestas, seamos conscientes o no, impactan sobre nuestro desempeño y tienen una influencia directa no sólo sobre nuestra salud, sino también sobre los procesos cognitivos de orden superior necesarios para razonar, estudiar, planificar, trabajar y tomar decisiones.

> El autoliderazgo emocional implica también reconocer las emociones que están experimentando los demás y modificar nuestro comportamiento de manera empática.
>
> En algunas ocasiones, esto exige "focalizar la atención" más en el otro que en nosotros mismos.

Partiendo de esta premisa, en este capítulo brindamos un conjunto de prácticas que están al alcance de todos para aprender a liderar los procesos emocionales.

Algunas son milenarias, como la meditación trascendental; otras son conocidas, como la utilización del pensamiento para modificar estados del cuerpo, y otras están dentro del grupo de herramientas de nueva generación.

En el caso de las técnicas milenarias, "lo nuevo" es que su eficacia está siendo comprobada por la ciencia. Día a día se publican experimentos que confirman que es posible crear y fortalecer neurocircuitos cerebrales asociados a emociones positivas y desactivar aquellos que, por su naturaleza negativa, condicionan de modo desfavorable nuestro pensamiento y nuestra conducta.

Varios de esos experimentos se han realizado durante ejercicios de meditación y el interés en profundizar en el conocimiento de sus resultados ha dado lugar, incluso, al desarrollo de una nueva rama de la neurociencia, denominada neurociencia contemplativa, que estudia los efectos de esta práctica en el cerebro.[148]

---

148. Una de las universidades pioneras en estos avances es la de Wisconsin (Estados Unidos), donde se realizaron varios experimentos con monjes budistas utilizando fMRI (resonancia magnética funcional por imágenes) para analizar los cambios que se iban produciendo en el cerebro durante sus prácticas de meditación.

Un estudio controlado realizado en Estados Unidos sobre los efectos de la meditación en el cerebro y la función inmune arrojó, entre otros, los siguientes resultados:

- Un aumento significativo en los meditadores, en comparación con los del grupo de control, de la actividad de la zona frontal izquierda asociada con las emociones positivas.

- Un incremento significativo de anticuerpos contra la gripe entre los sujetos que habían meditado en comparación con los integrantes del grupo de control (después de que se les aplicara la vacuna).

La investigación se realizó durante ocho semanas y participaron 25 meditadores. En cada práctica se midió la actividad eléctrica del cerebro antes e inmediatamente después de meditar. Estos hallazgos contribuyen a confirmar que la meditación puede cambiar de manera positiva la función cerebral y el sistema inmune.

DAVIDSON RICHARD *et al.*,
"Alterations in Brain and Immune Function
Produced by Mindfulness Meditation",
Psychosomatic Medicine 65 (2003), 564-570.
Artículo completo en:
http://www.psychosomaticmedicine.org/
content/65/4/564.short

Entre estos efectos, por cierto, muy positivos, se encuentra el fortalecimiento de los neurocircuitos de la concentración y la empatía, lo cual influye en un mejor rendimiento de las funciones ejecutivas (en el primer caso) y en el establecimiento de mejores vínculos familiares y sociales (en el segundo). Además, una de las técnicas, denominada *lojong*, ayuda a reducir el nivel de estrés y, en consecuencia, a mejorar la respuesta del sistema inmunológico del organismo.

En lo personal, recuerdo haber comprobado los beneficios psicológicos de la meditación cuando estuve entre bambalinas durante una competencia internacional de piano. Me llamó la atención el tiempo que una participante oriental le dedicaba sólo a mirar una fotografía. Según me explicó una experta, ninguna pieza puede tocarse bien si a la fuerza emotiva del concertista no se le suma habilidad técnica y capacidad de concentración.

Para lograr esto último, la meditación es altamente eficaz. De hecho, en cuanto comenzaron los desarrollos de la denominada "década del cerebro" se observó que la zona del cerebro responsable de la atención estaba muy activa durante prácticas de meditación mientras que otras, como los lóbulos parietales (involucrados en la integración de información sensomotora, entre otras actividades), permanecían con poca o nula actividad.

A la luz de estos conocimientos, en el capítulo anterior, "Entrenamiento neurocognitivo", hemos suministrado diversos ejercicios para mejorar la atención y la concentración. En el presente proporcionaremos un conjunto de herramientas que, aparte de la meditación, tienen un gran potencial para ayudarlo no sólo a evitar los daños que puede provocar en la salud un alto nivel de estrés, sino también, y fundamentalmente, para lograr un mayor rendimiento intelectual y una mejor calidad de vida.

Todas estas herramientas funcionan de forma acorde a la modalidad de trabajo del cerebro y tienen como objetivo activar y reforzar determinados neurocircuitos y, paralelamente, inhibir otros que por lo general son considerados nocivos, como los de la ira y el odio.

Es sabido que algunas personas tienen una gran facilidad para pensar de manera positiva: por lo general se levantan con una sonrisa, disfrutan del hecho de estar vivas, de tocar, mirar, sentir, hacer, y que otras comienzan el día abrumadas por la angustia o el mal humor, y tienen grandes dificultades para reírse y ver los aspectos positivos.

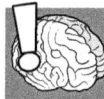

El autoliderazgo emocional incluye la capacidad para reconocer las propias emociones y las de los demás, en particular, los contrastes en sus estados de ánimo, temperamento, motivaciones e intenciones.

Los últimos descubrimientos sobre las neuronas espejo corroboran que, en sus formas más avanzadas, un entrenamiento adecuado ayuda a leer, además, los estados emocionales, las intenciones y los deseos de los demás.

Quienes pertenezcan al primer grupo encontrarán aquí un material que les será muy útil para mejorar esa plataforma con la que han sido dotadas. Los del segundo tipo deben prestarle atención a nuestra señal de alarma y comenzar ya su entrenamiento teniendo presente que autoliderar las emociones no significa reprimirlas, sino incorporar técnicas para orientarlas en pos de una mejor calidad de vida y, a su vez, de un mayor desarrollo de sus capacidades cerebrales.

En práctica

1. Todas las mañanas: genere una actitud emocional positiva

"Por favor" (insisto con las comillas), evite el noticiario apenas se despierta y no se preocupe, no va a quedar desconectado del mundo ya que podrá sintonizarlo "después".

Si no puede despertar sin la radio-reloj, tiene muchas opciones, música clásica, programas culturales y, si lo prefiere, puede optar por los de humor, entre tantos otros. Tal vez parezca superficial, sin embargo no lo es:

El cerebro necesita que sintonice en positivo desde la primera hora del día y, sobre todo, que sonría.

Recuerde que cuando nos reímos también se activa el núcleo accumbens, provocando una sensación de bienestar que va a persistir salvo que hagamos algo para suprimirla.

Además, la risa levanta el ánimo, estimula el sistema inmunológico e incrementa la creatividad y la lucidez mental. También tiene el poder de crear un buen ambiente y predisponernos para lograr una buena comunicación con nosotros mismos y con los demás.

La risa provoca la activación del núcleo accumbens, asociado con el sistema de recompensa, y de más de 32 músculos faciales.

Esta activación hace que el organismo segregue endorfina, una sustancia que, a través de un proceso químico, fluidifica las conexiones neuronales, favoreciendo los procesos cerebrales de atención y comunicación.

¿Esto es todo? Pues..., no. La risa relaja, reduce el nivel de estrés, mejora el rendimiento de las funciones ejecutivas del cerebro y nos ayuda a tomar decisiones acertadas. Algunos investigadores sostienen que reír cien veces durante el día equivale a hacer un ejercicio aeróbico en bicicleta durante quince minutos, por eso la risa ¡también ayuda a quemar calorías!

Entonces..., comencemos: para ello es suficiente con estirar la comisura de los labios y sonreír. Pruebe y verá que este gesto le cambia el humor. Recuerde: para que el organismo comience a liberar endorfinas es suficiente con "la mueca de la risa". No es necesario, aunque sí conveniente, desternillarnos a carcajadas para lograr un equilibrio entre el estar bien y el estar mal.

> Los efectos positivos de la risa se encuentran avalados por cientos de investigaciones.
>
> Esto no significa que para estar bien debamos detenernos a mirar una comedia, comprar una revista cómica o sintonizar a los narradores de chistes.
>
> Todos podemos reír simplemente con la voluntad de hacerlo.

También puede ayudarlo generando con el pensamiento una sensación de alegría, por ejemplo, recordando un momento divertido o una escena de la vida real o de una película que le hayan provocado mucha risa.

Lo importante es que al levantarse sonría y que lo haga frente al espejo. Al principio, seguramente lo hará de manera forzada. Con el tiempo, comprobará los enormes beneficios de esta práctica.

2. Todos los días: genere sus propios espacios de relajación y concentración

El entrenamiento emocional siempre comienza con la aplicación de una técnica de relajación y existen varias para lograr este objetivo. En todos los casos: **lo primero es aprender a respirar.**

Básicamente, existen dos tipos de respiración, la torácica o clavicular y la abdominal o diafragmática.

- La **respiración torácica** se realiza con los músculos intercostales, expandiendo y contrayendo el tórax. De esta manera los pulmones se llenan de aire en su región media.
- La **respiración diafragmática** es más profunda, fundamentalmente porque permite un mayor ingreso de aire en los pulmones.

Debe tener presente que el orden de las siguiente prácticas es meramente orientativo, ya que la meditación, que ponemos en tercer lugar, incluye a las dos primeras.

Práctica 1: Ejercicio de respiración diafragmática

Genere un ambiente con música suave y busque una posición cómoda, tendido de espaldas en la cama o sobre una alfombra o colchoneta en el suelo. Cierre los ojos y continúe con los siguientes pasos (puede aprenderlos de memoria o bien grabarlos para autoguiarse durante el proceso):

1. Sin esforzarse y sin levantar los hombros, toma la mayor cantidad de aire que pueda, dirigiéndolo a la parte inferior de los pulmones.
2. Espire a fondo, por la nariz, tratando de expulsar todo el aire. Concéntrese en el movimiento del diafragma, intente que la espiración sea larga y profunda. Puede emitir un sonido, por ejemplo, "om". Eso permitirá que la espira-

Cuando estamos estresados solemos respirar mal y a veces de forma acelerada.

Esto puede desencadenar un fenómeno de hiperventilación, disminuyendo la cantidad de oxígeno que ingresa en nuestro cerebro y así realimentar la sensación de aceleramiento.

Por eso es muy importante que seamos conscientes de cómo funciona este automatismo, ya que ello permitirá corregir los errores que cometemos por desconocimiento de esta importantísima función.

ción sea continua y lenta, generando además un efecto de relajación al hacer vibrar la caja torácica y la zona abdominal.

3. Repita el proceso no menos de cinco veces mientras reitera el ciclo: el aire ingresa en los pulmones, el diafragma baja, y el abdomen se expande.

En el primer momento observará que su abdomen se hincha mientras el diafragma desciende con suavidad. Posteriormente, al espirar, los pulmones se irán vaciando permitiendo que el vientre se relaje para comenzar de nuevo el ciclo. Si coloca una mano en el abdomen mientras hace este ejercicio, podrá registrar las etapas que hemos relatado.

Práctica 2: Ejercicio de respiración completa
La respiración completa combina las dos y constituye la respiración ideal. Se realiza después de la diafragmática:

1. Inhale con lentitud, expanda el abdomen, luego el tórax y por último la parte superior de los pulmones.
2. En el mismo orden, deje salir con suavidad el aire, permitiendo que el abdomen ceda mientras exhala.
3. Exhale completamente, trayendo los músculos del abdomen hacia adentro.
4. Inhale de nuevo por la nariz de forma suave y lenta, mientras distiende el abdomen. Complemente con imágenes mentales placenteras, por ejemplo, un lugar que le genere paz y tranquilidad. Lleve la respiración hasta el fondo de los pulmones permitiendo que el pecho se expanda ligeramente sin que los hombros se eleven.
5. Exhale con lentitud por la boca mientras se concentra en los músculos del abdomen sin mover los hombros mientras lo hace. Puede realizar el ejercicio mental de expulsar de su interior aquello que lo incomoda o lo tensiona.
6. Repita estos pasos dos veces más.

Práctica 3: Meditación

La meditación es el arte o la técnica de "acallar la mente" silenciando interferencias que entorpecen la consciencia y la concentración, tanto la que nos llega de afuera como nuestra propia voz interior. Es la técnica más eficaz de autoobservación, ya que nos permite realizar un análisis desasociado de la realidad y, paralelamente, lograr una consciencia superior.

Ya no hay dudas de que esta práctica modifica el cerebro (en la citada investigación se observó también un aumento de la materia gris en algunas zonas, como el hipocampo) y mejora el rendimiento intelectual al liberar las funciones ejecutivas de bloqueos o interferencias. Además de clarificar la mente, la meditación "cura" el estrés, disminuyendo o llevando a cero las tensiones y los pensamientos negativos, mejorando nuestras relaciones con los demás y con nosotros mismos.

Aunque nuestra sugerencia es que aprenda esta técnica en instituciones específicas, con guías experimentados, para acercarse al tema le proponemos un ejercicio sencillo.

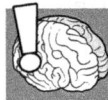

> En varias investigaciones los beneficios de la meditación han sido comprobados por la neurociencia. Por ejemplo, en un estudio realizado por la Universidad de Massachusetts (Estados Unidos) junto con el Instituto Bender (Alemania), se llegó a la conclusión de que meditar profundamente durante 27 minutos por día a lo largo de ocho semanas genera cambios favorables en las áreas del cerebro asociadas con la empatía, el estrés y la memoria.[149]

Ejercicio de meditación

Para que la meditación provoque cambios importantes en el cerebro y, además, nos ayude a lograr la armonía necesaria para autoliderar nuestras emociones, es importante adoptarla como una práctica diaria de unos treinta minutos (no menos). Le sugerimos que grabe este ejer-

---

149. Más información en: http://www.wildmind.org/tag/britta-holzel.

cicio para autoguiarsde durante el proceso, o bien que las primeras veces lo haga con otra persona.

1. Adopte una postura confortable, sentado o, incluso, si lo prefiere, recostado. Cierre los ojos.

2. Afloje los músculos, concéntrese y aplique las técnicas de respiración que ya aprendió. Explore su cuerpo desde la cabeza a los pies. Localice cualquier parte que permanezca tensa y transmita hacia ella un mensaje de relajación.

3. Permita que sus pensamientos se dispersen, se alejen flotando. Silencie las voces del pasado y las preocupaciones del futuro. El presente es el único momento en que podemos construir.

4. Concéntrese en su respiración o sencillamente vacíe la mente mientras va dando instrucciones a su físico, a cada una de las partes para que se relaje.

5. Inicie un conteo descendente de 10 a 1 mientras se va relajando más y más. En este estado, totalmente relajado, emplace en su mente un lugar especial donde se haya sentido bien, muy bien. Puede ser un espacio de la infancia, un lugar de vacaciones, de su casa. Lo importante es que lo recuerde positivamente. Utilice todos sus sentidos: evoque colores, formas, aromas, sonidos, texturas (toque, mire, escuche, deguste, huela).

6. En este lugar instale un sillón cómodo, una pantalla delante y los elementos que necesita para sentirse cómodo al trabajar en sus visualizaciones. Éste será su "taller mental".

7. En el taller mental puede poner en pantalla una búsqueda, una investigación, un objetivo. Algo a lo que desee encontrarle una solución. El objetivo puede ser amoroso, de salud, profesional..., el que sea más importante para usted en ese momento. Cuanto más rico en información sea su taller mental, más probabilidades hay de que halle las soluciones a las que su mente consciente no arribaría (la meditación favorece el pensamiento intuitivo y la creatividad).

8. Regrese con lentitud al nivel de atención normal satisfecho por el trabajo realizado, retorne al nivel de atención con un conteo

ascendente mientras activa la circulación abriendo y cerrando las manos: 1..., 2..., 3..., 4..., 5..., 6..., 7..., 8..., 9..., 10.

Autoevaluación

Sugerimos realizar estas prácticas con constancia durante un mes y llevar una especie de diario donde quede registrado cómo se sentía antes y después de realizar los ejercicios utilizando una puntuación sencilla en la que el mayor número indique el mejor resultado obtenido, por ejemplo:[150]

1. Muy tenso
2. Tenso
3. Moderadamente tenso
4. Ni tenso ni relajado
5. Moderadamente relajado
6. Relajado
7. Muy relajado

	Semana 1		Semana 2		Semana 3		Semana 4	
	Antes	Después	Antes	Después	Antes	Después	Antes	Después
Lunes								
Martes								
Miércoles								
Jueves								
Viernes								
Sábado								
Domingo								

150. M. Davis *et al.*, *Técnicas de autocontrol emocional*, Martínez Roca, Barcelona, 2002.

3. Cada tres días: trabaje con sus sentidos, potencie la percepción exterior

Percibir más de lo que solemos percibir, es decir, entrenar nuestro sistema perceptivo para captar más estímulos de los que por lo general ingresan en nuestro cerebro, contribuye simultáneamente a un mayor desarrollo neurocognitivo y emocional. Esto es posible mediante la implementación de un conjunto de prácticas que exigen concentración.

Para comenzar, busque un lugar cómodo y tranquilo, donde pueda relajarse y trabajar sin interrupciones durante treinta minutos.

Práctica 1: Potenciar la percepción visual exterior

Observe su entorno y enfoque la atención tratando de percibir mediante la vista la mayor cantidad de cosas que pueda. Comience a distinguir entre las diferentes submodalidades de la percepción visual:

Forma _____

Tamaño _____

Color _____

Contraste _____

Sombra _____

Claridad _____

Distancia _____

Proporción _____

Movimiento _____

Localización _____

Perspectiva _____

Límites _____

Profundidad _____

Escriba al lado de cada submodalidad los aspectos que ahora percibe conscientemente (aquellos que antes de la mención de la submodalidad no registraba).

Práctica 2: Potenciar la percepción auditiva exterior

Preste atención a su entorno y trate de percibir mediante el oído la mayor cantidad de cosas que pueda. Comience a distinguir las diferentes submodalidades de la percepción auditiva.

Volumen
Timbre
Tonalidad
Duración
Tiempo
Frecuencia
Dirección
Distancia
Palabra

Escriba al lado de cada submodalidad los aspectos que ahora percibe conscientemente (aquellos que antes de la mención de la submodalidad no registraba).

Práctica 3: Potenciar la percepción kinestésica (tacto, olfato, gusto) exterior

Preste atención a su entorno y trate de percibir aromas, texturas, sabores y sensaciones táctiles en la mayor cantidad de cosas que pueda. Comience a distinguir las diferentes submodalidades de la percepción kinestésica.

Forma
Tamaño
Peso
Textura
Consistencia
Presión
Movimiento

Temperatura
_____

Ubicación
_____

Humedad
_____

Aromas
_____

Sabores
_____

Escriba al lado de cada submodalidad los aspectos que ahora percibe conscientemente (aquellos que antes de la mención de la submodalidad no registraba).

4. Cada tres días (intercalar con la práctica anterior): potencie su percepción interior

Potenciar la percepción implica trabajar para agudizar lo que captamos del mundo exterior y, paralelamente, desarrollar nuestra capacidad de percepción interior. Para comenzar, busque un lugar cómodo y tranquilo donde pueda relajarse y trabajar sin interrupciones durante treinta minutos.

Práctica 1: Potenciar la percepción visual interior

Con los ojos cerrados y en estado de relajación, enfoque la atención en su interior utilizando su capacidad de visualización. Evoque imágenes de personas, acontecimientos, objetos, rostros, lugares que haya visto anteriormente.

Trate de percibir todas las submodalidades visuales que pueda: imagine, con lujo de detalles, luz, color, forma, aspecto, es decir, utilice todas las representaciones que se le ocurran o vayan surgiendo espontáneamente.

Práctica 2: Potenciar su percepción auditiva interior

Con los ojos cerrados y en estado de relajación, enfoque la atención en su interior utilizando su capacidad de visualización. Evoque sonidos que recuerde: voces, diálogos, tonos, conversaciones.

Enriquezca esta evocación con todas las submodalidades auditivas que pueda: imagine el ruido que hace el viento en la copa de los árboles, el sonido de las olas cuando golpean contra los acantilados, el de una canción o cualquier otro que se emplace en su mente. Enriquezca esas evocaciones con la mayor cantidad de detalles y submodalidades que pueda.

Práctica 3: Potenciar su percepción kinestésica (tacto, olfato, gusto) interior

Con los ojos cerrados y en estado de relajación, enfoque la atención en su interior. Evoque aromas, sabores, texturas. Enriquezca estos recuerdos con la mayor cantidad de detalles y submodalidades kinestésicas que pueda.

Con su capacidad de visualización creativa imagine el aroma del pan recién horneado, el sabor de su postre preferido, la textura de diferentes superficies. Lo importante es que enriquezca este tipo de percepción interior con la mayor cantidad de submodalidades que pueda.

5. Cada tres días (intercalar con las prácticas anteriores): utilice alguna o varias de sus rutinas habituales para agudizar sus capacidades de percepción

Después de tres repeticiones de las dos prácticas anteriores, incorpore esta nueva serie en la que podrá aprovechar rutinas habituales para aplicar en ellas lo que ya aprendió para potenciar la percepción.

Práctica 1: Películas y potenciación visual

Al menos una vez por semana elija una película que no haya visto. Quite totalmente el sonido y los subtítulos (si está hablada en un idioma que no conoce). Durante aproximadamente unos diez minutos, trate de comprender mediante las imágenes qué está ocurriendo (si lo considera necesario, puede repetir esta acción una vez). Luego, con sonido y subtítulos, verifique qué estaba sucediendo en realidad y qué comprendió y qué no.

Práctica 2: Películas y potenciación auditiva

Al menos una vez por semana cierre los ojos mientras "mira" el tramo de una película que esté hablada en un idioma que domina. Durante aproximadamente unos diez minutos, trate de comprender mediante las voces y demás sonidos qué está ocurriendo (si lo considera necesario, puede repetir esta acción una vez). Luego verifique qué estaba sucediendo en realidad y qué comprendió y qué no.

Práctica 3: En la ducha, rutinas con potenciación

Al menos una vez cada tres días, dúchese con los ojos cerrados, en lo posible cubiertos para evitar abrirlos. Complete esta rutina hasta concluir con el secado de su cuerpo.

6. Reconocimiento de emociones

El conocimiento de nuestras emociones no es una tarea sencilla y más de una vez requiere ayuda terapéutica. Tal como vimos al analizar el tema de los marcadores somáticos, gran parte de nuestra conducta se desencadena por disparadores no conscientes que nos llevan a actuar de una u otra manera. Sin embargo, es posible realizar una aproximación, es decir, realizar algunos ejercicios que nos permitan tomar consciencia sobre cómo nos sentimos.

Práctica 1: Identificar emociones

Lea los siguientes párrafos, extractados de la famosa novela de Isabel Allende *La casa de los espíritus*.[151] Luego:

a) Apunte los estados emocionales a los que remiten.
b) Recurra a su memoria de largo plazo y reflexione sobre situaciones de su propia vida en las que haya experimentado esas emociones u otras similares.

"[...] El odio de Esteban y Férula no demoró mucho tiempo en estallar. Empezó como un malestar disimulado y un deseo de ofenderse en los pequeños detalles, pero fue creciendo hasta que ocupó toda la casa [...]."

"[...] Clara lo tomó del brazo y lo acompañó hasta la salida. En la última mirada que intercambiaban, Esteban comprendió que lo había aceptado y lo invadió la alegría. Al tomar el coche, iba sonriendo sin poder creer en su buena suerte [...]."

151. Isabel Allende, *La casa de los espíritus*, Editorial Sudamericana, Buenos Aires, 1994.

"[...] Barrabás inspiraba terror. Los proveedores huían precipitadamente cuando se asomaba a la calle y en una oportunidad su presencia provocó pánico entre las mujeres que hacían fila frente al carretón que repartía la leche [...]."

"[...] Tenía miedo de todo. El matrimonio de su hermano la sumió en la incertidumbre, porque pensaba que ése sería un motivo más de alejamiento para Esteban [...]."

"[...] Por primera vez desde que podía recordar, Férula se sentía feliz. Estaba más cerca de Clara de lo que nunca estuvo de nadie, ni siquiera de su madre [...]."

"[...] Clara escribió en su cuaderno de anotar la vida que Férula la amaba mucho más de lo que ella merecía o podía retribuir. Por ese amor desmesurado, Férula no quiso irse de Las Tres Marías, ni siquiera cuando cayó la plaga de las hormigas. "

"[...] Todo me daba rabia, me enojaba cuando veía a los niños rondando las cocinas para robarse el pan [...], cuando el mal humor empezaba a estorbarme y me sentía incómodo en mi propio pellejo, salía a cazar [...]. Cuando pienso en esos tiempos, me da una tristeza. La vida se me pasó muy rápido [...]."

Práctica 2: Episodios emocionales recientes

Tome una hoja de papel y divídala en tres partes: mañana (antes del almuerzo), tarde (antes de la cena), noche (después de la cena). Ahora recurra nuevamente a su memoria episódica: registre momentos que recuerde de la jornada anterior y los sentimientos asociados a aquéllos. ¿Puede escribir por qué se sintió así?

Le sugerimos que comience un sábado rememorando los acontecimientos del viernes anterior. Este ejercicio lo ayudará a detener el tiempo en usted mismo y exteriorizar sus sentimientos mediante una especie de catarsis. No lea, por ahora, la práctica siguiente.

Práctica 3: Registro de emociones positivas y negativas; causa y consecuencia

a) **Emociones propias:** leyendo lo que ha escrito en la práctica anterior, y dado que tiene muy frescos los recuerdos de ayer, separe las emociones positivas de las negativas y analice lo siguiente:

- Emociones positivas (por ejemplo, alegría, bienestar). Descripción de acontecimientos subsiguientes.
- Emociones negativas (por ejemplo, asco, enojo). Descripción de acontecimientos subsiguientes.

Ahora trate de identificar las relaciones causa-consecuencia. Ello le permitirá tomar consciencia de por qué se sintió de un modo determinado, cómo impactó en su conducta y cómo reaccionaron los demás ante ésta.

Este ejercicio también lo ayudará a reflexionar sobre los cambios que necesita realizar, por ejemplo, la necesidad de salir de la negatividad y trabajar de manera sistemática para emplazar en su mente pensamientos que conduzcan a experimentar emociones positivas.

b) **Emociones de los demás:** este ejercicio es similar al anterior, excepto que lo coloca a usted en el lugar de espectador. Recurriendo a su memoria episódica, evoque a una persona con la cual haya interactuado en el día anterior, puede ser su jefe, su hijo, un compañero de trabajo, su pareja.

- Trate de describir sus estados emocionales y los acontecimientos, tratando de descubrir relaciones causa-consecuencia.
- ¿Y usted? ¿Cómo ha actuado con ellos? ¿Cuáles fueron los resultados?

7. Visualización creativa

La visualización creativa es una técnica cuya eficacia también ha sido comprobada por las neurociencias. Como ya sabe, consiste en utilizar la imaginación para influir positivamente en el logro de determinados objetivos. Ahora vamos a experimentarla en profundidad.

Práctica 1: Mediante su pensamiento genera una sensación de bienestar físico y espiritual

Después de relajarse por completo con las técnicas que ya ha aprendido, puede trabajar con representaciones mentales para inducir cambios emocionales positivos: recuerde que el cerebro no distingue entre lo real y lo imaginario.

Puede hacerlo utilizando el "taller mental" que aprendió con la técnica de meditación, utilizando todos los sentidos. Por ejemplo, sumergirse en el agua "tibia" y "verde" del mar Caribe, escuchar el "sonido de las olas", probar el "sabor" del agua salada, "sentir" el ruido del viento. También puede bucear y disfrutar de ese maravilloso silencio, descansar a la sombra de un árbol o nadar suavemente en un lago. Hay tantas imágenes como lo posibiliten su experiencia y su imaginación. Lo importante es que logre el resultado que le propone esta práctica: una sensación de bienestar, de placer.

Primeros pasos en el camino hacia el autoliderazgo emocional.

- Relájese.
- Practique ejercicios de concentración.
- Comuníquese mejor consigo mismo a través de su cuerpo.
- Recurra a la visualización creativa.
- Genere un estado de ánimo positivo.
- Piense en positivo: recuerde que el lenguaje mental crea realidades.

Práctica 2: Genera emociones positivas con el pensamiento

Puede hacerlo rememorando algún acontecimiento familiar en el que se haya sentido muy feliz o un momento de su vida en el que haya alcanzado el éxito que deseaba: el nacimiento de sus hijos, la imagen de su abuela, su padre o cualquier otra persona amada, momentos felices de la infancia, un examen por el que haya sido felicitado, el momento en que experimentó la felicidad de tener su primera vivienda... Seguramente hay muchos episodios felices en su vida.

Lo importante es que su cerebro reciba un mensaje como el siguiente: "Sonrío, me siento bien". Trate de acompañar estos sentimientos con su cuerpo porque el lenguaje no verbal también crea realidades. Por ejemplo, y esto ya lo señalamos al principio, cuando

> **Recuerda:**
>
> Las neurociencias cognitivas han corroborado que todos podemos entrenar nuestro cerebro para pensar, sentir, comunicarnos y decidir de forma más eficaz.
>
> Varios experimentos científicos han constatado que es posible revertir sólo con el pensamiento los estados de ánimo negativos.

ríe el cerebro recibe el mensaje y allí se inicia un ciclo mediante el cual éste vuelve a enviar información al cuerpo: el sentirse bien se expresa con una sonrisa.

En realidad, existen trucos muy sencillos para gestionar nuestras emociones. Por ejemplo, al sonreír y modificar conscientemente una expresión facial o la postura, cambia también el perfil anímico y, más aún si esa emoción positiva se sostiene durante el día, terminará contagiando a los demás, lo cual, se lo aseguro, le facilitará las cosas.

Práctica 3: Excluye la posibilidad de fracaso y visualiza sus metas como realizadas

Nuevamente, retorne al taller mental. Esta vez, hágalo para proyectarse en la pantalla logrando lo que desea. Por ejemplo, si anhela vivir en París, visualícese trabajando en esa hermosísima ciudad, caminando por sus calles y entrando en las oficinas donde se encuentra su lugar de trabajo.

Si lo que anhela es comprar un apartamento en Barcelona, "visualícese" viviendo, por ejemplo, en el Barrio Gótico, es decir, recorriendo no sólo las habitaciones de la casa (observando los muebles, los colores de las paredes, la textura de las cortinas, la disposición de la cocina, etc.), sino también el edificio y las calles.

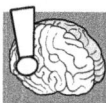

Para ello es necesario incorporar, de forma consciente y proactiva, **lo que queremos que nuestro cerebro asuma y tome como real** para repetir actitudes y recuperar recursos ya existentes en nuestro interior.

Tenga presente lo siguiente:

No existen personas con buena suerte o mala suerte: existen personas que, a través de sus pensamientos, ponen límites a sus posibilidades de fracaso, y otras que, por el contrario, bloquean sus posibilidades de éxito.[152]

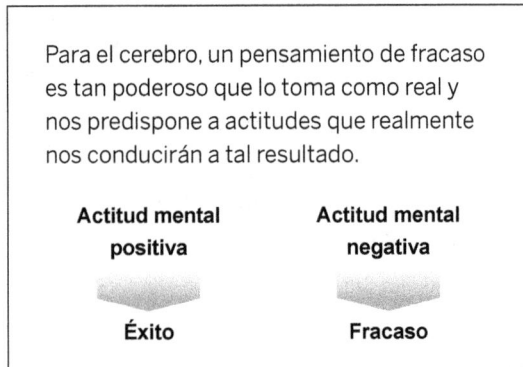

> Para el cerebro, un pensamiento de fracaso es tan poderoso que lo toma como real y nos predispone a actitudes que realmente nos conducirán a tal resultado.
>
> | Actitud mental positiva | Actitud mental negativa |
> | --- | --- |
> | Éxito | Fracaso |

Por lo tanto:

- Si damos mayor lugar a pensamientos de fracaso, seguramente tendremos grandes posibilidades de que éste en verdad se produzca.
- En cambio, si nuestros pensamientos otorgan mayor lugar al éxito, nuestro cerebro recibirá el mensaje y desencadenará conductas favorables a su concreción.

Tenga presente que las emociones también anticipan nuestro estado de ánimo. Por ejemplo, pensar en un acontecimiento feliz nos genera una emoción por el solo hecho de rememorarlo. Del mismo modo, nuestra mente evocará con mayor facilidad los recuerdos felices cuando estamos contentos y los desagradables cuando estamos tristes o deprimidos.

Si tenemos consciencia de estos procesos, lo que debemos hacer es incorporar capacidades para *generar emociones positivas* mediante

---

152. Néstor Braidot, *Venta inteligente*, Editorial Puerto Norte-Sur, Madrid, 2006.

la imaginación. Si lo logramos, es muy probable que la comunicación que establecemos con nosotros mismos y los demás sea mucho más eficaz.

8. Comuníquese mejor consigo mismo y con los demás a través de su cuerpo

Del mismo modo que el estado interior afecta nuestras expresiones corporales (por eso solemos decir de alguien que la rabia se le nota en "la cara"), las posturas que vamos adquiriendo afectan, a su vez, nuestro estado interior.

Por ejemplo, está comprobado que el cuerpo de una persona cambia cuando atraviesa un largo período depresivo: deja de caminar de forma erguida y es común que los hombros se encorven bajo el peso de la angustia. En pacientes que lograron curarse, se observó que la postura permanecía debido al cambio que habían sufrido los tejidos y la musculatura.

En estos casos, si no hay una toma de consciencia para revertirla, existe el riesgo de que la persona continúe sintiéndose deprimida. En cambio, si se recupera la postura normal, también mejoran las condiciones psíquicas. Para comprender mejor estos conceptos, comencemos a practicar.

Práctica 1: Mejora su postura

a) Baje los hombros, déjelos caer. Suelte el maxilar inferior y ponga cara triste. ¿Cómo se siente?

b) Levante los hombros, adopte una posición erguida, sonría, si es posible ríase a carcajadas (aun de forma forzada) y verifique: ¿cómo se siente?, ¿no está mejor?

Posiblemente, en un primer momento no lo note. Sin embargo, algunas posturas corporales conducen a sensaciones internas que son coherentes con ellas. Por ejemplo:

Predisposición positiva

Las posturas que denotan energía: cuerpo erguido, cabeza levantada, rostro sonriente, generan una predisposición positiva.

Predisposición negativa

Las posturas que denotan pesimismo, tristeza, desánimo, generan precisamente eso: más tristeza, desánimo y pesimismo, lo cual conducirá a mayores posibilidades de fracaso.

Cambiando nuestra postura podemos revertir nuestro estado de ánimo.

Analice su postura. ¿Cómo camina? ¿Cómo se sienta? ¿Cómo se para? Si se aproxima a la que aquí hemos utilizado para ejemplificar la predisposición negativa, cámbiela lo antes posible.

Tenga presente que las emociones se incrustan en el cuerpo, y viceversa.[153]

9. Reencuadra su lenguaje

El lenguaje crea realidades; de hecho, al decir las cosas de un modo o de otro influimos en las reacciones de los demás y, a su vez, abrimos o cerramos puertas tanto para nosotros mismos como para quienes forman parte de nuestro entorno. Un entrenamiento adecuado en autoliderazgo emocional exige una revisión del uso que hacemos de las palabras.

Práctica 1: ¿Cómo describe sus experiencias?

Las palabras con las que describimos nuestras experiencias a menudo distorsionan la percepción alterando el valor de los hechos, resaltando y otorgando más fuerza a unos aspectos respecto de otros. Por ejemplo, tomemos las palabras "pero", "y" y "aunque", y analicemos su influencia en lo que expresan según como las insertemos en una frase. Por ejemplo:

153. Véase Néstor Braidot, *Venta inteligente*.

- Quiero aprender biología, PERO no tengo tiempo.
- Quiero aprender biología Y no tengo tiempo.
- Quiero aprender biología AUNQUE no tengo tiempo.

Ahora observe lo siguiente:

- "Pero" anula la expresión y valoración anterior resaltando la que le sigue.
- "Y" equilibra ambas partes.
- "Aunque" provoca más atención sobre la primera expresión, al revés que "pero".

Nótese la diferencia de la frase en la que predomina el encuadre "PERO no tengo tiempo" respecto del equilibrio que se plantea en la segunda frase, "Y no tengo tiempo". Mientras que en la tercera, aun cuando también expresa "no tengo tiempo", prevalece el aspecto positivo de la primera parte, "quiero aprender biología".

Práctica 2: Expresiones positivas y negativas

Las palabras tienen un poder del que muy pocas veces somos conscientes: pueden alegrar, molestar, agradar, incentivar, herir, alentar, etc.

En el plano interno, y esto es importantísimo, refuerzan nuestras actitudes positivas o negativas dado que nuestros pensamientos están conformados por palabras. Cuando determinados términos se repiten, es decir, forman parte de nuestros hábitos lingüísticos, se van creando neurocircuitos relacionados con emociones (positivas y negativas) que van direccionando nuestra conducta de forma metaconsciente.

Por ese motivo, y también por el enorme potencial de las palabras para desencadenar reacciones en los demás, todo programa de entrenamiento para el autoliderazgo emocional debe incluir un trabajo sistemático en este sentido.

Las tablas siguientes incluyen palabras positivas y negativas. Le proponemos que las lea con atención:

Palabras de connotación positiva		Palabras de connotación negativa	
Sí	Gracias	No	Irrespetuoso
Desafío	Eficaz	Pero	Ni
Siempre	Encantado	Frío	Enfermo
Correcto	Adelante	Irresponsable	(como adjetivo)
Ejemplar	Nosotros	Jamás	Tramposo
Bueno	Querido	Horrible	Odio
Agradable	Luminoso	Limitado	Inseguro
Encantador	Dinámico	Pésimo	Destruir
Gratis	Bien	Costo	Terrible
			Despido

Ahora analice: ¿cuántas veces las utiliza? ¿Cómo? ¿Con quién? ¿Qué otras palabras puede agregar a su lista?

Reflexione sobre las frases que utiliza habitualmente y realice cambios. Verá los resultados en el corto plazo, por ejemplo:

En vez de	Mejor
Odio el invierno.	Me encanta el verano.
Este trabajo es pésimo.	Esto no quedó bien, es necesario hacer las siguientes modificaciones.
No quiero...	Prefiero...
Ni loco...	La verdad es que...
Jamás iré.	Es raro que yo vaya...
Es muy caro.	¿Es posible mejorar el precio?

Práctica 3: Lectura especializada

Lo analizado hasta aquí es meramente orientativo, ya que un desarrollo completo excede el marco de este libro. Por esa razón, y dado que reencuadrar el lenguaje es una herramienta, subrayamos una vez más, *muy importante*, le sugerimos la siguiente lectura:

- Rafael Echeverría, *Ontología del lenguaje*, Editorial Granica, Buenos Aires, 2007.

10. Aprenda a crear un buen clima emocional

De manera constante en nuestra vida cotidiana intentamos comprender el comportamiento de los demás, y el cerebro (recuerde lo que señalamos sobre las neuronas espejo) nos permite captar las intenciones que subyacen en este comportamiento. Lo mismo le sucede a "los otros" con "nosotros" y da como resultado la creación de un determinado clima emocional que influye en todo lo que hacemos.

En este apartado proporcionamos algunas claves para que utilice su pensamiento consciente para generar un ambiente positivo, tanto para usted como para los demás. Debe tener presente que todos nos sentimos como pensamos que nos sentimos.

- Practique lo que aprendió sobre relajación y visualización creativa "antes" de salir de casa.
- Sonría apenas se despierte, sonría luego frente al espejo.
- Organice su ropa la noche anterior. Si se viste con prisas y luego no está conforme con su aspecto físico se sentirá incómodo y, sin ninguna duda, de algún modo lo "comunicará".
- Cuando interactúe con los demás, por ejemplo, cuando llegue a su lugar de trabajo o salga del edificio en que vive, salude cordialmente a las personas con las que de manera inevitable tiene que relacionarse.
- En los diferentes ámbitos que frecuente, sea flexible ante los temas de conversación que propongan los demás.
- Aplique lo que aprendió sobre reencuadrar el lenguaje. Sea consciente de sus expresiones, estúdielas y modifíquelas en su beneficio.
- Evite los aceleramientos y no imponga su punto de vista. Escuche siempre lo que le dicen: la armonía no es posible cuando no se respetan las opiniones ajenas.
- Propóngase como meta mantener un trato agradable con la gente. Le aseguro que le irá mejor. Haga todo lo que esté a su alcance para erradicar el mal humor y la impaciencia.
- Evite las comparaciones: son odiosas. Tanto las que usted pueda hacer entre otros, por ejemplo, si tiene gente a su cargo, como las

referidas a usted mismo. No se compare con los demás, céntrese en sus propias metas, disfrute y siga adelante. No compare a su pareja actual con su pareja anterior, ni a sus hijos entre sí, ni siquiera mentalmente.

- Si alguna persona de su entorno hizo algo que le molesta mucho, no se obsesione. Deje de pensar en ello, retómelo más adelante y comuníquelo con tranquilidad. No se lo guarde.
- Es muy probable que se cruce o tenga que interactuar con personas negativas, ineficaces, mal intencionadas y desagradables: forman parte de la vida. Considérelas "un dato de la realidad". Es muy importante que logre inmunizarse ante los sentimientos que puedan provocarle.
- Focalice la atención en las personas y los aspectos positivos de la vida. Evite hacer lo que los noticiarios, que sólo se centran en los problemas y las malas noticias. La vida está repleta de actos de heroísmo, creación y belleza.
- Si logran fastidiarlo, recurra mentalmente a las técnicas de relajación e intente revertir la situación.
- Defienda sus convicciones con firmeza, eso sí: si nota que hay discrepancias, revise su punto de vista. Siempre existe la posibilidad de que nos equivoquemos.
- Si algo le salió mal, ¡no se deprima! Acéptelo, corrija y siga adelante. Intente que la ira o la amargura no lo dominen cuando no logre sus objetivos o cuando alguien que le importa mucho no cumple con sus expectativas.
- Evite las ironías, el humor negro y las conversaciones sobre política y religión en ámbitos que no están destinados para ello, como el lugar de trabajo. Para expresar su opinión, ya sea sobre la visita del Papa a su país o sobre la exigencia de que en algunos países las mujeres lleven velo, hay otros ámbitos: las redes sociales, las reuniones con amigos, la militancia política, etc.
- Festeje. Festeje sus logros, los de sus compañeros de trabajo, los de sus hijos, los de sus padres, los cumpleaños, las bodas. No pierda ninguna ocasión para festejar y trate de contagiar su entusiasmo. Para ello no es necesario hacer fiestas grandilocuentes que

agotan las energías y el presupuesto. Hay mil formas sencillas de festejar, lo importante es hacerlo.

- Proporciónese espacios para el placer y el hedonismo.
- Cambie de hábitos: haga cosas a las que su cerebro no está acostumbrado. Eso lo ayudará a movilizar neuronas que están adormecidas y, posiblemente, a descubrir espacios interesantes.
- Realice una práctica asistida en autoliderazgo emocional. En el siguiente apartado le contamos de qué se trata.

11. Prácticas asistidas

Las prácticas asistidas se realizan de forma individual y grupal en instituciones especializadas. Las individuales se diseñan a medida de las necesidades de cada persona, tras un análisis que ponga en claro los principales aspectos sobre los que se deberá trabajar. Las grupales son semiestándar, se realizan en equipo y son sumamente eficaces.

Tal como vimos al comienzo de la segunda parte de este libro, es imprescindible realizar un diagnóstico que permita evaluar la capacidad para liderar las emociones y manejar el estrés, es decir, cuál es el grado de resistencia de la persona bajo análisis, con qué velocidad se tensiona y cuál es su modo de recuperación (si es que existe).

La principal técnica aplicada (que ya mencionamos en el capítulo 7) es el *biofeedback*, tanto en la etapa de diagnóstico como en ejercicios posteriores, en los que se implementa el programa diseñado.

A medida que un participante avanza en su entrenamiento con un *coaching* especializado, y mediante un software especial, puede analizar su propia evolución observando en sencillos gráficos los efectos de lo físico en el estado de ánimo y las repercusiones de los pensamientos, emociones y preocupaciones en su salud. Luego se aplican las técnicas que permitan superar problemas y corregir errores.

Cuando se trabaja en equipo, la metodología incluye talleres de formación diversa, como juegos, didácticas manuales, prácticas asistidas guiadas por un especialista, ejercicios con palabras, juegos de rol, etc.[154]

---

154. Véase www.braidot.com.

El trabajo es amplio y profundo, por eso el objetivo de este capítulo, que ha sido más bien enunciativo, es contagiarle nuestro entusiasmo para que comience a transitar un camino que, sin duda, le reportará enormes beneficios.

Recuerde:

En el entrenamiento emocional no hay un techo. Trabajando sistemáticamente, todos podemos modificar los circuitos cerebrales responsables de aquello que no nos hace bien o nos juega en contra, para así cambiar nuestra manera de pensar, hablar, sentir, actuar, y obtener resultados acordes con este esfuerzo, cualquiera que sea nuestra profesión o nuestro lugar en el mundo.

Anexo 1
Entrenamiento neurocognitivo.
Respuestas

Ejercicios introductorios
   b) Te quedan $6.
   c) La letra que falta es la a.

Semana 1
Martes, **práctica 2:** Debes darle la vuelta a las tarjetas V y 7.
Miércoles, **práctica 2:** El número es el 7. En cada espantapájaros, a la suma de los números de las manos se resta la suma de los números de los pies.
Viernes, **práctica 1:** La tuya. El propietario del edificio es usted.
Viernes, **práctica 3:** El número es el 853296.

Semana 2
Miércoles, **práctica 1:** La secuencia correcta de las actividades de Consuelo es la siguiente:

   1. Tomó el desayuno.
   2. Puso dinero en su bolso.
   3. Cerró la puerta con llave.
   4. Bajó por el ascensor.
   5. Caminó dos calles.
   6. Tomó el metro.
   7. Salió del metro y se dirigió a la librería.
   8. Subió hasta el segundo piso.
   9. Se dirigió al escaparate de libros de cocina.
   10. Eligió un libro sobre comida francesa.

11. Se dirigió hacia la caja.

12. Pagó el libro en efectivo.

13. Caminó dos calles y cogió el bus.

14. Se dirigió al colegio a buscar a sus niños.

15. Fue con ellos al parque de atracciones.

16. A las 15.00 todos regresaron a casa.

Miércoles, **práctica 2:** Nacieron con uno o más hermanos a la vez, son trillizos o cuatrillizos.

Jueves, **práctica 1:**

a) Los Tenenbaun.

b) Ganó Paula y le siguen, en este orden: Muriel, Maribel y Clara.

c) Jalisco tiene tres animales para comenzar: un conejo, un pollo y un pato.

Viernes, **práctica 3:** Las palabras son: calamar, bandera, tendero, camisón, campana, manteca.

Semana 3

Lunes, **práctica 1:** Llegó primero Alberto y le siguen, en este orden: José, Ernesto y Moncho.

Martes, **práctica 3**, solución:

A cada forma geométrica de la parte superior le corresponde la forma geométrica opuesta de la parte inferior.

Miércoles, **práctica 2:** Felipe podría ganar más o menos que Sergio.

Miércoles, **práctica 3**, series:

a) En la serie superior la ficha es el 4. En la serie inferior es el 5, dado que aumenta de uno en uno.

b) En la serie superior la ficha es el 1 (va en orden decreciente, de dos en dos), en la serie inferior la ficha es 6 (va aumentando de dos en dos).

c) La ficha faltante es el 3 porque la suma de los valores de cada fila superior e inferior siempre da 6.

d) En la serie superior la ficha es 4 y en la inferior es 6. Ambas se incrementan alternando entre una y dos unidades: +1, +2, +1, +2, etc.

Jueves, **práctica 2**, capacidad visoespacial:

   a) La pieza es la número 2.

   b) El dado es el número 3.

Semana 4

Lunes, **práctica 3**: La figura es la C. Las letras se desplazan en el sentido de las agujas del reloj.

Miércoles, **práctica 3**:

   a) Si Patry acepta el trabajo cobrará 640 €: (8 x 480) / 6.

   b) Le llevará 18 horas.

   c) El porcentaje de mesas ocupadas por la noche en la hamburguesería es del 80 por ciento. Al dueño le conviene agregar una mayor variedad de platos.

Jueves, **práctica 1**, sopa de letras:

A	S	D	R	G	Y	U	O	S	J	Z	A	E	Y	P
N	U	T	I	M	S	A	S	C	A	V	I	E	N	A
P	E	E	R	I	O	P	D	O	C	H	A	N	A	U
A	P	S	A	L	A	G	A	G	H	O	L	B	S	J
L	A	T	L	V	O	S	H	R	A	L	O	U	G	E
V	R	A	E	I	L	N	E	O	I	T	I	D	X	O
I	T	M	G	E	O	E	D	O	G	S	B	A	E	P
E	I	B	R	R	E	Y	I	R	T	A	U	P	I	R
E	O	U	U	A	O	I	R	T	E	L	E	E	P	A
S	H	L	P	R	O	M	A	P	C	S	R	S	O	G
T	A	L	S	A	T	R	E	A	X	R	R	T	C	A
M	N	O	A	M	A	R	E	L	E	O	I	E	A	S
U	B	E	R	L	I	N	A	M	G	I	P	S	S	C
L	R	O	G	C	A	L	C	A	A	A	A	O	A	A
A	R	A	L	E	F	R	T	U	O	N	R	S	D	C

Viernes

Práctica 1:

   a) Figura D.

   b) Figura D.

   c) Figura A.

Agradecimientos

Aprendemos cuando nos preguntan, aprendemos cuando nos cuestionan. Aprendemos cuando observamos a los demás. Aprendemos del diálogo y aprendemos del silencio.

A mi esposa Lucía, por su compañía incondicional y su sentido de practicidad. Gracias, Lucía, por "bajarme a tierra" más de una vez.

A mis hijos Natalia y Pablo que, por pertenecer a otra generación, siempre tienen "otra visión" de las cosas, una visión que me ha llevado más de una vez a cambiar mis propios paradigmas.

Agradezco a los integrantes del equipo de profesionales que me ayudó en esta obra, especialmente a Viviana Brunatto, por su eficiencia en los trabajos de investigación, corrección de estilo y revisión final; a Ángel Sabatini, diseñador y amigo de toda la vida; a los integrantes del CINAP (Centro de Investigaciones y Prospectiva de la Universidad Nacional de La Plata). También deseo agradecer especialmente a mi asistente, María Paz Linares, por razones que van mucho más allá de su indiscutible capacidad: su lealtad y la confianza con que puedo dejar muchos de mis temas en sus manos.

A Roger Domingo, director editorial de Planeta por su apoyo y continuo respaldo. A Paula Carrion, quien con su dedicación y colaboración ha sido fundamental para llegar en tiempo y forma con la edición para España de esta obra.

A Claudio Iannini, gerente general de Ediciones Granica por su interés y apoyo para esta edición para Latinoamérica. A Gabriela Scalamandré por su disposición y celeridad para terminar en tiempo los ajustes para esta edición. A todos: gracias.

NÉSTOR BRAIDOT
nestor@braidot.com
www.braidot.com

Bibliografía consultada

Abelson, R. P. *Computer Smulation of Personality*, Wiley, Nueva York, 1963.

Abler, B., *et al.* "Neural Correlates of frustration", *Neuroreport*, 16 (2005), 669-672.

Aggleton, J. P. *The Amigdala: Neurobiological Aspects of Emotion, Memory and mental Disfunction*, Wiley, Nueva York, 1992

Allende, Isabel. *La casa de los espíritus*, Editorial Sudamericana, Santiago de Chile, 1994.

Anderson, S., *et al. Humans Asociative Memory*, V. H. Winston, Nueva York, 1973.

Anderson, D., y Field, D. "Online and Offline Assessment of the Television Audience", en *Responding to the Screen, Reception and Reaction Processes*, J. Bryant y D. Zillman (Eds.), Routledge, Londres, 1991.

Anderson, J. R. *Language, Memory, and Thought*, Erlbaum, Hillsdale (Nueva Jersey), 1976.

Anderson, N. H. *Methods of Information Integration Theory*, Academic Press, Nueva York, 1982.

Antonijevic, N., y Chadwick, C. "Estrategias cognitivas y metacognición", *Revista de Tecnología Educativa*, 7, 4 (1982), 307-321.

Arkes, H. R., y Hammond, K. R. *Judgment Ad Decision Making: a Interdisciplinary Reader*, Cambridge University Press, Londres, 1986.

Aronfreed, J. "Moral Development, From the Standpoint of a General Psychologcal Theory", en Lickona, T. (ed.), *Moral Development and Behavior*, Holt, Rinehart & Winston, Nueva York, 1976.

Atkinson, M. *Explanations In the Study of Child Language Development*, Cambridge University Press, Londres, 1982.

Baddeley, Alan D., *et al. The Handbook of Memory Disorders*, John Wiley, Chichester, 1996.

Baddeley, Alan D., *et al.*, *Working memory*, Oxford University Press, Nueva York, 2007.

Bandler, R. *Use su cabeza para variar*, Cuatro Vientos, Santiago de Chile, 1994.

Baron Cohen, S. *La gran diferencia*, Editorial Amat, Barcelona, 2005.

Barrios, M., y Guardia, J. "Relation of the Cerebellum with Cognitive Function: Neuroanatomical, Clinical and Neuroimaging Evidence", *Rev Neurol*, 33, 6 (2001), 582-591.

Bartlett, Frederick C. *Remembering*, Cambridge University Press, Cambridge, 1967.

Baumgartner, T.; Esslen, M., y Jancke, L. "From emotion perception to emotion experience: Emotions evoked by pictures and classical music", *International Journal of Psychophysiology*, 60 (2006), 34-43.

Bear, Mark F., y Connors, Barry W. *Neurociencia, explorando el cerebro*, Masson Williams y Williams, Barcelona, 1995.

Beauregard, M., y O'Leary, D. *The spiritual brain*, Harper Collings Publishers, Nueva York, 2007.

Bechara, A., y Damasio, A. "The somatic marker hypothesis: a neural theory of economic decision-making", *Games and Economic Behavior*, 52 (2005), 336-372.

Berns, G. *Satisfaction: The Science of Finding True Fulfillment*, Henry Holt and Co., Nueva York, 2005.

Blackmore, C. *The Mind Machine*, BBC Books, Londres, 1998.

Blood, A., y Zatorre, R. "Intensely pleasurable responses to music correlate with activity in brain regions implicated in reward and emotion", 2001, en: http://www.pnas.org/cgi/content/abstract/98/20/11818.

Bowers, K. S., y Meichebaum, D. *The Unconscious Reconsidered*, Wiley, Nueva York, 1984.

Braidot, N. *Venta Inteligente*, Editorial Puerto Norte-Sur, Madrid, 2006.

Braidot, N. *Neuromanagement*, Ediciones Granica, Buenos Aires, 2008.

Braidot, N. *Neuromarketing*, Editorial Planeta, Barcelona, 2009.

Braidot, N. *Neuromarketing, neuroeconomía y negocios*, Editorial Puerto Norte-Sur, Madrid, 2005.

Brizendine, L. *The Female Brain*, Morgan Road Books, Nueva York, 2006. Versión castellana *El cerebro femenino*, Editorial Del Nuevo Extremo, Buenos Aires, 2007.

Brizendine, L. *El cerebro masculino*, RBA Libros, Barcelona, 2010.

Brodal, A. *Neurological Anatomy*, Oxford University Press, Nueva York, 1982.

Brothers, Leslie. "The social brain: a project for integrating primate behaviour and neurophysiology in a new domain", *Neuroscience*, 1 (1990), 27-51.

Campayo, R. *Desarrolla una mente prodigiosa*, Edaf, Madrid, 2005.

Cardinali, D. *Manual de neurofisiología*, Editado por el autor, Universidad Nacional de Buenos Aires, 2005.

Carroll, J. B. *The Human abilities*, Cambridge University Press, Cambridge (Massachusetts), 1993.

Chalmers, D. *The Conscious Mind*, Oxford University Press, Nueva York, 1996.

Churchland, P. M. *Matter and Consciousness*, Bradford Press, Cambridge (Massachusetts), 1984.

Churchland, P. S. *Neurophilosophy: Toward a Unified Science of the Mind-Brain*, MIT Press Bradford Books, Cambridge (Massachusetts), 1996.

Classen, C. *Worlds of Sense: Exploring the Senses in History and Across Cultures*, Routledge, Londres, 1993.

Cohen, N. J., y Eichbaum, M. *Memory, Amnesia and the Hippocampal System*, MIT Press, Cambridge (Massachusetts), 1993.

Collinss, A. y Quillian, M. "Retrieval time from semantic memory", *Journal of Verbal Learning and Verbal Behavior*, 1969.

Cortázar, J. *Final de juego*, Alfaguara, Buenos Aires, 1987.

Crook, T, y Adderly, B. *La cura de la memoria* (Ediciones Granica, Buenos Aires, 2005).

Cudicio, C. *PNL y comunicación*, Ediciones Granica, Barcelona, 1992.

Cytowic, R. *Synaesthesia: a Union of Senses*, Springer Verlag, Nueva York, 1989.

Damasio, A. *En busca de Spinoza*, Editorial Crítica, Barcelona, 2006.

Damasio, H., y Damasio, A. R. *Lesion Analisis in Neuropsychology*, Oxford University Press, Nueva York, 1989.

Damasio, A. *El error de Descartes: la razón de las emociones*, Andrés Bello, Madrid, 1999.

Dávila, J. "Percepción, ¿realidad o ficción?", en http://www.encuentros. uma.es, Facultad de Ciencias de la Universidad de Málaga, 2007.

Davis, M., *et al. Técnicas de autocontrol emocional*, Ediciones Martínez Roca, Barcelona, 2002.

Davis, K., y Newstrom, J. *Comportamiento humano en el trabajo*, Mc Graw Hill, México, 1991.

Davitz, H. J. *The Language of Emotion*, Academic Press, Londres, 1969.

De Chazal, M.E. "Incidencia de los gestos del director en el resultado sonoro del coro: un estudio comparativo", *Actas IX Reunión de la Sociedad Argentina para las Ciencias Cognitivas de la Música*, 2010, 257-263.

De Sousa, R. *The Rationality of Emotion*, MIT Press, Cambridge (Massachusetts), 1991.

De Verdilhac, M. *Utilice su cerebro al cien por cien*, Editorial Susaeta, Madrid, 1994.

Denninson, P., y Denninson, G. *Brain Gym*, Ediciones Robinbook S.L., Barcelona, 1997.

Díaz L. *La memoria de las células*, Kier, Buenos Aires, 2008.

Dienes, Z., y Perner, J. "A theory of implicit and explicit knowledge", *Behavioral and Brain Sciences*, 22, 5 (1991), 735-808.

Dispenza, Joe. *Desarrolla tu cerebro*, Ediciones Palmyra, Madrid, 2008.

Doidge, N. *El cerebro se cambia a sí mismo*, Aguilar, Madrid, 2008.

Dudai, Y. *The Neurobiology of Memory: Concepts, Findings, Trends*, Oxford University Press, Oxford, 1989.

Dweck, C. *Mind Set*, Editorial Vergara, Buenos Aires, 2007.

Eccles, John. *The Evolution of the Brain: Creation of the Self*, Routlege, Londres, 1989.

Echeverría, R. *Ontología del lenguaje*, Ediciones Granica, Buenos Aires, 2007.

Edelman, G. *The Remembered Present: a Biological Theory of Consciussness*, Basic Books, Nueva York, 1989.

Ehrenberg, Miriam, y Ehrenberg, Otto. *Cómo desarrollar una máxima capacidad cerebral*, Edaf, Madrid, 1986.

Ekman, P. *Emotions Revealed: Recognizing Faces and Feelings to Improve Communication and Emotional Life*, Phoenix (Orion), Londres, 2004.

Fernández Berrocal, P., y Ramos Díaz, N. *Desarrolla tu inteligencia emocional*, Editorial Kairós, Barcelona, 2002.

Fonseca, A., y Aldrey, S. *Mental Trainer*, Libros Cúpula, Barcelona, 2008.

Frackowiak, R., *et al. Human Brain Function*, Academic Press, Nueva York, 1998.

Franzen, G., y Bouwman, M. *The Mental World of Brands*, World Advertising Research Center, 2001.

Freeman, Water J. *Societies of Brains: A Study in the Neurosciences of Love and Hate*, Lawrence Erlbaum, Hillsdale (Nueva Jersey), 1995.

Gamon, D. *Potencia tu fuerza mental: ejercicios para desarrollar las seis zonas de la inteligencia*, Susaeta, Madrid, 2003.

Gamon, D., y Bragdon, A. *Potencia tu fuerza mental*, Tikal, Madrid, 1992.

Gathercole, S. E., y Baddeley, A. D. *Working memory and language*, Erlbaum, Hove (Inglaterra), 1993.

Gawain, S. *Visualización creativa*, Editorial Sirio, Málaga, 1990.

Gazzaniga, M. S., y Le Doux, J. E. *The Integrated Mind*, Plenum Press, Nueva York, 1978.

Gazzaniga, Micheal S. *NatureS Mind: the Biological Roots of Thinking, Emotion Sexuality, Language and Intelligence*, Basic Books, Nueva York, 1992.

Goldbert, E. *El cerebro ejecutivo*, Editorial Crítica, Barcelona, 2004.

Golombek, D. *Cerebro: últimas noticias*, Ediciones Colihue, Buenos Aires, 2002.

Greenfield, S. *El poder del cerebro*, Editorial Crítica, Barcelona, 2007.

Greenspan, Stanley L. *El crecimiento de la mente y los ambiguos orígenes de la inteligencia*, Paidós, Barcelona, 1997.

Gundy, A. Van, *Techniques of structured problem solving*, Van Nostrand Reinhold, Co, Nueva York, 1998.

Gur, R. C., *et al.* "Differences in the distribution of gray and white matter in human cerebral hemispheres", *Science*, 207, 44-36, 1226-8.

Guyton, A. C. *Anatomía y fisiología del sistema nervioso, neurociencia básica*, Editorial Médica Panamericana, Madrid, 1974.

Haier, Richard, et al. "The neuroanatomy of general intelligence: sex matters", *NeuroImage*, 25 (2005), 320-327.

Hall, E. *El lenguaje silencioso*, Alianza Editorial, Madrid, 1989.

Hart, L. *Human Brain and Human Learning*, Books for Educators, Kent (Washington), 1998.

Hebb, D. *The organization of behavior; a neuropsychological theory*, John Wiley & Sons, Nueva York, 1949.

Hernáez-Goñi, P.; Tirapu-Ustárroz, J.; Iglesias-Fernández, L., y Luna-Lario, P. "Participación del cerebelo en la regulación del afecto, la emoción y la conducta", *Rev Neurol*, 51 (2010), 597-609.

Howes, D. *Empire of the Senses: The Sensual Culture reader*, Berg Publishers, Oxford, 2005.

Hubel, D. *Eye, Brain, and Vision*, Scientific American Library, Nueva York, 1988.

Humphrey, N. *A History of the Mind: Evolution and the Birth of Consciousness*, Simon & Schuster, Nueva York, 1992.

Iyengar, S.; Kinder, D. *News that matters*, University of Chicago Press, Chicago, 1987.

Izard, C. E.; Kagan, J., y Zajonc, R. B. *Emotion, Cognition and Behaviour*, Cambridge University Press, Nueva York, 1984.

Jáuregui, J. *Cerebro y emociones*, Maeva Ediciones, Madrid, 1997.

Johnson, M. *The Body in the Mind: the Bodily Basis of Meaning, Imagination, and Reason*, University of Chicago Press, Chicago, 1957.

Kagan, J. *Unstable Ideas: Temperament, Cognition, and Self*, Cambridge University Press, Nueva York, 1989.

Kandel, E.; Jessell, T., y Schwartz, J. *Neurociencia y conducta*, Prentice Hall, Madrid, 1997.

Kandel, E. *En busca de la memoria: el nacimiento de una nueva ciencia de la mente*, Katz Editores, Madrid, 2007.

Kawashima, R. *Enciclopedia Brain Trainer*, Ediciones Temas de Hoy, Madrid, 2008.

Keen, S. *El lenguaje de las emociones*, Paidós, Buenos Aires, 1994.

Knight, R. T. "Contribution of human hippocampal region to novelty detection", *Nature*, 383 (1996), 256-259.

Koenig, O. "Hemispheric Asymmetry in the Analysis of Stroop Stimuli: a Developmental Approach", *Developmental Neuropsychology*, 5 (1989), 245-260.

Kolb, B., y Whishaw, I. Q. *Fundamentals of Human Neuropsychology*, W. H. Freeman, Nueva York, 1985.

Kolers, P. A. "Perception and Representation", *Annual Review of Psychology*, 34 (1983), 129-166.

Kosslyn, Stephen M., y Koenig, Oliver. *Wet Mind the New Cognitive Neuroscience*, Free Press, Nueva York, 1992.

Kosslyn, S. M. *Image and Mind*, Harvard University Press, Cambridge (Massachusetts), 1980.

Koyama, T.; McHaffie, J.; Laurienti, P., y Coghill, R. "The subjective experience of pain: Where expectations become reality", *PNAS*, 102 (2005), 12950-12955.

Lakoff, G. *Women, Fire and Dangerous Things: What Categories Reveal about the Mind*, University of Chicago Press, Chicago, 1987.

Lapp, D. *Potencie su memoria en una semana*, Gestión 2000, Barcelona, 2001.

Le Vay, S. *The sexual brain*, MIT Press, Cambridge (Massachusetts), 1993.

LeDoux, Joseph. *The Emotional Brain*, Simon and Shuster, Nueva York, 1996.

Lezak, Muriel, *et al. Neuropsychological assessment*, Oxford University Press, Oxford, 2006.

Lieberman, P. *Human Language and our Reptilian Brain*, MIT Press, Cambridge (Massachusetts), 2002.

Lipton, B. *La biología de la creencia*, Ediciones Palmyra, Madrid, 2007.

Llinás, Rodolfo R. *El cerebro y el mito del yo*, Norma, Bogotá, 2003.

Loftus, E. "The reality of repressed memories", *American Psichologist*, 48 (1993).

Loftus, E. *The Myth of Repressed Memory*, St. Martins Press, Nueva York, 1994.

MacLean, P. *The Triune Brain in Evolution: Role in paleocerebra functions*, Plenum Press, Nueva York, 1990.

Maturana, H. *La realidad ¿objetiva o construida?*, Anthropos, México, 1996.

Medina, J. *Exprime tus neuronas*, Gestión 2000, Barcelona, 2011.

Miller, J. *States of Mind*, Pantheon Books, Nueva York, 1983.

Milner, P. M. "A model for visual shape recognition", *Psychol Rev.*, 81 (1974), 521-535.

Milts Philip, J. *Memory's Ghost: The Nature of Memory and the Strange of Mr. M.*, Simond and Schuster, Nueva York, 1996.

Monserrat, J. "El libre albedrío", en: http://www.tendencias21.net.

Montejo, P., y Montenegro, M. *Gimnasia para la memoria*, Espasa Calpe, Madrid, 1997.

Moore, C., y Frye, D. *The acquisition and utility of theories of mind*, Lawrence Erlbaum Associates, Nueva York, 1991.

Mora, F. *¿Se puede retrasar el envejecimiento del cerebro? 12 claves*, Alianza Editorial, Madrid, 2010.

Naqvi, N.; Shiv, B., y Bechara, A. "The role of emotion in decision making: A cognitive neuroscience perspective", *Current Directions in Psychological Science*, 15 (2006), 260-264. Antonakis, J.; Ashkanasy, N., y Dasborough, Marie T. "Does leadership need emotional intelligence?", *The Leadership Quarterly*, 20 (2009), 247-261.

Neisser, U., y Harsch, N. *Phantom flashbulbs false recollections of hearing the news about Challenger. Affect and accuracy in recall: studies of flashbulb memories*, Cambridge University Press, Nueva York, 1992.

Nogués, Ramón R. *Sexo, cerebro y género*, Paidós, Barcelona, 2003.

Oliden, J. *Gimnasia mental*, Editorial Océano, Barcelona, 2006.

Oliverio, A. *La memoria, el arte de recordar*, Alianza Editorial, Madrid, 2000.

Paivio, A. *Mental representation: a dual-coding approach*, Oxford University Press, Nueva York, 1986.

Perna, G. *Las emociones de la mente*, Ediciones Tutor, Madrid, 2005.

Posner, M., y Raichle, M. *Images of Mind*, W. H. Freeman, Nueva York, 1994.

Postrel, V. *The Substance of Style: How the Rise of Aesthetic Value is Remaking Commerce, Culture, and Consciousness*, Harper Collins, Nueva York, 2003.

Pribram, K. H., y Luria, A. *Psychophysiology of the Frontal Lobe*, Academic Press, Nueva York, 1973.

Puente, A. *Memoria semántica, teorías y modelos*, McGraw Hill, Caracas, 1995.

Pueyo, A. Manual de psicología diferencial, McGraw Hill, Madrid, 1997.

Purves Dale, A., *et al. Invitación a la neurociencia*, Editorial Médica Panamericana, Madrid, 2001.

Rizzolatti, G., y Sinigaglia, C. *Las neuronas espejo*, Paidós, Barcelona, 2006.

Rodríguez de la Torre, M. *Todo sobre el cerebro y la mente*, Planeta, Barcelona, 2010.

Rose, S. *The Making of Memory: from Molecules to Mind*, Bantam Press, Londres, 1993.

Rubia, Francisco J. *El cerebro nos engaña*, Ediciones Temas de Hoy, Madrid, 2000.

Rubia, Francisco J. *El sexo del cerebro*, Ediciones Temas de Hoy, Madrid, 2007.

Rubia, Francisco J. *La conexión divina*, Drakontos Bolsillo, Barcelona, 2009.

Ruiz, J.C.; García-Ferrer, S., y Fuentes, I. "La relevancia de la cognición social en la esquizofrenia", *Apuntes de Psicología*, 24, 1-3 (2006), 137-155.

Rumelhart, D. E. "The building blocks of cognition", en R. Spiro, B. C.; Brewer, Bruce, y Brewer, W.F., *Theoretical issues in reading comprehension*, Erlbaum, Nueva York, 1980.

Sagan, Carl. *El cerebro de Broca*, Editorial Grijalbo, Barcelona, 1984.

Sánchez Iniesta, T. *Organizar los contendidos para ayudar a aprender*, Magisterio del Río de la Plata, Buenos Aires, 1999.

Schultz, W. "Multiple reward signals in the brain", *Nature Reviews of Neuroscience*, 1, 3 (2000), 199-207.

Schwartz, J.; Stapp, H., y Beauregard, M. "Quantum theory in neuroscience and psychology: a neurophysical model of mind/brain interaction", Lawrence Berkeley National Laboratory, Paper LBNL-56291, 2004.

Searle, J. R. *The Rediscovery of the Mind*, Bradford Books, MIT Press, Cambridge (Massachusetts), 1992.

Shacter, D. Memory *Distortion: How Minds, Brains and Societies Reconstruct the Past*, Harvard University Press, Cambridge (Massachusetts), 1995.

Shallice, Tim. *From Neuropsychology to Mental Structure*, Cambridge University Press, Nueva York, 1989.

Shone, R. *Visualización creativa*, Edaf, Madrid, 1984.

Shorter, Edward A. *A History of Psychiatry: From the Era of the Asylum to the Age of Prozac*, Wiley, Nueva York, 1998.

Sierrafitzgerald, O. "The Theory of Multiple Intelligences: A Suitable Neurocognitive Context for the Neuropsychological Hypotheses On the Factors and Mechanisms of Superiority", *Rev Neurol*, 33, 11 (2001), 1060-1064.

Silk, Kenneth R. *Biological and Neurobehavioral Studies of Borderline Personality Disorder*, American Psychiatric Press, Washington, 1994.

Smith, E., *et al*. "Structure and process in semantic memory: a featural model for semantic decisions", *Psychological Review*, 1974.

Springer, S. P., y Deutsch, G. *Cerebro izquierdo, cerebro derecho*, Editorial Gedisa, Barcelona, 2006.

Squire, L. R. y Knowlton, B. J. *Memory, hippocampus and brain systems; the cognitive neurosciences*, MIT Press, Cambridge (Massachusetts), 1995.

Taylor, J. *Un ataque de lucidez*, Editorial Debate, Barcelona, 2009.

Thompson, P., *et al*. "Genetic influences on brain structure", *Nature Neuroscience*, 4, 12 (diciembre de 2001).

Tocquet, R. *Biodinámica del cerebro*, Tikal Ediciones, Gerona, 1994.

Tomasello, M. *The Cultural Origins of Human Cognition*, Harvard University Press, Cambridge (Massachusetts), 1999.

Tomatis, A. *Pourquoi Mozart?*, Editions Robert Laffont, París, 1991.

Turner, J. *On the Origins of Human Emotions*, Stanford University Press, Stanford, 2000.

Vázquez, G. *Neurociencias, bases y fundamentos*, Editorial Polemos, Buenos Aires, 2006.

Vincent, Jean-Didier. *Voyage extraordinaire au centre du cerveau*, Odile Jacob, París, 2007.

Westcott, M. *Toward a Contemporary Psychology of intuition*, Holt, Rinehart & Winston, Nueva York, 1968.

Wheeler, R., y Carelli, M. "The Neuroscience of Pleasure. Focus on "Ventral Pallidum Firing Codes Hedonic Reward: When a Bad Taste Turns Good", *Neurophysiol*, 96 (2006), 2175-2176.

Witelson, Sandra, *et al*. "The exceptional brain of Albert Einstein", *The Lancet*, 19 de junio de 1999.

Wujec, T. *Mental Gym*, Editorial Atlántida, Buenos Aires, 1991